国家高新区创新能力评价报告 2022

科学技术部火炬高技术产业开发中心
中国科学院科技战略咨询研究院　著

科学技术文献出版社
SCIENTIFIC AND TECHNICAL DOCUMENTATION PRESS
·北京·

图书在版编目（CIP）数据

国家高新区创新能力评价报告.2022 / 科学技术部火炬高技术产业开发中心，中国科学院科技战略咨询研究院著.—北京：科学技术文献出版社，2023.5
ISBN 978-7-5235-0273-0

Ⅰ.①国… Ⅱ.①科… ②中… Ⅲ.①高技术产业区—产业发展—研究报告—中国—2022 Ⅳ.① F127.9

中国国家版本馆 CIP 数据核字（2023）第 088642 号

国家高新区创新能力评价报告2022

| 策划编辑：李 蕊 刘文文 | 责任编辑：李 鑫 | 责任校对：张永霞 | 责任出版：张志平 |

出 版 者	科学技术文献出版社
地 址	北京市复兴路15号　邮编 100038
编 务 部	（010）58882938，58882087（传真）
发 行 部	（010）58882868，58882870（传真）
邮 购 部	（010）58882873
官 方 网 址	www.stdp.com.cn
发 行 者	科学技术文献出版社发行　全国各地新华书店经销
印 刷 者	北京时尚印佳彩色印刷有限公司
版 次	2023年5月第1版　2023年5月第1次印刷
开 本	889×1194　1/16
字 数	201千
印 张	12.75
书 号	ISBN 978-7-5235-0273-0
审 图 号	GS京（2023）0775号
定 价	98.00元

版权所有　违法必究

购买本社图书，凡字迹不清、缺页、倒页、脱页者，本社发行部负责调换

《国家高新区创新能力评价报告2022》
编辑委员会

主　　　任：吕先志　贾敬敦　王胜光

副 主 任：李有平　徐　轶　刘会武

编写组组长：徐　轶　刘会武
编写组副组长：尚雁洁　庞鹏沙　杨　斌　何　燕

编写组成员：（按姓氏拼音排序）
　　　　　　曹　方　陈宝新　杜　琴　高彦廷
　　　　　　谷潇磊　韩思源　胡贝贝　胡一鸣
　　　　　　黄燕飞　李婧婧　李一骢　庞林花
　　　　　　彭嘉伟　强彬彬　王　琪　王　熙
　　　　　　王崇锦　王晶晶　王胤杰　韦海洋
　　　　　　张冲亚　张艳秋　章增飞　赵祚翔
　　　　　　周道韫　周君璧　朱常海　邹秀萍

前 言

创新是引领发展的第一动力，是建设现代化经济体系的战略支撑。实现跻身创新型国家前列的战略目标，需要加快推进国家创新体系建设。2012年，《中共中央 国务院关于深化科技体制改革加快国家创新体系建设的意见》指出，"要建立全国创新调查制度，加强国家创新体系建设监测评估"，2017年科技部、国家统计局联合印发《国家创新调查制度实施办法》，对创新活动统计调查和创新能力监测评价工作提出具体要求。国家高新区创新能力评价已经成为我国创新调查与评价监测制度的重要组成部分。2020年7月，《国务院关于促进国家高新技术产业开发区高质量发展的若干意见》进一步提出"要加强国家高新区数据统计、运行监测和绩效评价"。

为积极履行国家关于开展创新能力监测评价工作的要求，自2013年开始，科技部全面开展基于国家层面、区域层面、产业层面和企业层面的创新能力评价工作，科学技术部火炬高技术产业开发中心（以下简称"火炬中心"）和中国科学院科技战略咨询研究院联合研究制定"国家高新区创新能力评价指标体系"（见附录），并持续开展国家高新区创新统计调查工作，发布《国家高新区创新能力评价报告》。《国家高新区创新能力评价报告2022》已是该系列报告的第10期。

《国家高新区创新能力评价报告》主要基于"国家高新区创新能力评价指标体系"展开，该指标体系由"创新资源集聚、创新创业环境、创新活动绩效、创新的国际化和创新驱动发展"五大方面的25个二级指标构成。《国家高新区创新能力评价报告》以总指数形式呈现国家高新区的创新能力和创新发展水平；分项指数主要根据二级指标分别在五大方面揭示国家高新区的创新能力建设和创新发展绩效，分项指数和二级指标本身也是对国家高新区创新发展现状的动态监测。连续10年来，《国家高新区创新能力评价报告》持续跟踪、监测和评价国家高新区创新能力的发展变化，已经成为社会各界了解和认识国家高新区发展的一扇窗户，为相关部门的决策和管理提供依据。

习近平总书记在党的二十大报告中指出："全面建设社会主义现代化国家，是一项伟大而艰巨的事业，前途光明，任重道远。"衷心希望有更多的团队和个人加入国家高新区创新发展研究的队伍，提供宝贵意见和建议，共同促进国家高新区创新能力评价工作的不断完善，共同推动国家高新区建设成为创新驱动发展示范区和高质量发展先行区，共同助力有条件的高新区早日建成世界领先科技园区。

绪 论   1

    一、国家高新区经济实力显著增强   *2*

    二、国家高新区创新资源要素不断集聚   *3*

    三、国家高新区创新创业环境明显改善   *3*

    四、国家高新区创新投入产出成效显著   *4*

    五、国家高新区创新国际化破局前行   *5*

    六、国家高新区创新驱动引领经济高质量发展   *5*

    七、东部地区国家高新区优势更为突出   *6*

第一章   国家高新区创新能力指数总览   7

    一、2021年指数表现   *8*
        （一）总指数表现情况   *8*
        （二）分项指数变化趋势和当年表现   *9*

    二、不同区域国家高新区表现对比   *13*
        （一）四大地区国家高新区表现对比   *13*
        （二）各省域国家高新区表现对比   *14*

    三、不同类别国家高新区指数对比   *18*
        （一）三类园区及其他园区表现对比   *18*

（二）稳定期和新升级园区表现对比　　　　　　　　　　*20*
　　（三）自创区园区、非自创区园区表现对比　　　　　　　*21*

第二章　创新资源集聚评价　　　　　　　　　　　　　　　**23**

　一、创新人才聚集　　　　　　　　　　　　　　　　　　　*25*
　　（一）人才政策体系不断完善，从业人员数量持续增长　　*25*
　　（二）从业人员结构不断优化，"双高"趋势明显　　　　*26*
　　（三）R&D人员小幅减少，区域不平衡有所缓和　　　　 *30*

　二、科技资金投入　　　　　　　　　　　　　　　　　　　*34*
　　（一）企业R&D投入占全国企业R&D经费支出近半，
　　　　　中关村、深圳超千亿元　　　　　　　　　　　　　*34*
　　（二）财政科技拨款快速增长，北京、上海财政科技投入
　　　　　全国领先　　　　　　　　　　　　　　　　　　　*37*
　　（三）科技活动经费全面提升，人员人工费用支出最高　　*41*

　三、创新主体培育　　　　　　　　　　　　　　　　　　　*42*
　　（一）东部园区研发机构数占比过半，世界一流园区遥遥领先　*43*
　　（二）当年认定高企超四万家，东部地区占六成以上　　　*47*
　　（三）高企创新指标贡献超七成，经济规模优势逐步释放　*51*

第三章　创新创业环境评价　　　　　　　　　　　　　　　**55**

　一、"双创"活力表现　　　　　　　　　　　　　　　　　*57*
　　（一）各类孵化载体稳步增长，人才服务机构增速最快　　*58*
　　（二）在孵企业破15万家，西部地区在孵企业占比提升　　*60*
　　（三）新注册企业数再创新高，企业发展活力突出　　　　*65*

　二、服务效能表现　　　　　　　　　　　　　　　　　　　*70*
　　（一）政策体系持续优化，"双创"支持资金不断增长　　*70*
　　（二）创新服务机构数不断增加，北京、江苏占比超一成　*71*
　　（三）产学研合作不断深化，委托境内企业费用占比最高　*75*

　三、金融环境表现　　　　　　　　　　　　　　　　　　　*80*
　　（一）产业投资基金蓬勃发展，外资参与基金增长迅速　　*81*
　　（二）创业风投机构增四成，高新区上市企业数量差距明显　*82*

（三）机构风险投资增速加快，与硅谷差距逐渐缩小　　　　　　83

第四章　创新活动绩效评价　　89

一、产业结构优化　　91
　　（一）高技术产业国际市场表现优异，专利产出成果发展态势
　　　　良好　　91
　　（二）高技术产业发展呈区域化差异，四川、广东表现突出　　94
　　（三）高技术制造业快速增长，经济引领作用突出　　97
　　（四）高技术服务业人员占比稳步提升，北京、上海领先　　99

二、创新成果产出　　102
　　（一）知识产权服务机构增加近四成，各类创新成果竞相涌现　　102
　　（二）专利产出效率持续提升，所有权转让及许可数翻番　　105
　　（三）知识经济持续发育，东部地区优势明显　　107

三、技术要素发展　　110
　　（一）技术交易规模大幅增长，中关村占比超三成　　110
　　（二）企业各项收入均衡增长，高新技术产品规模持续扩大　　115

四、企业及行业利润　　117
　　（一）企业净利润占全国四成，利润率实现小幅上涨　　117
　　（二）高技术制造业营收利润率优于全国，医药制造业表现
　　　　抢眼　　120
　　（三）细分领域电子及通信设备制造、信息服务业营收规模
　　　　领先　　121

第五章　创新的国际化评价　　123

一、国际创新合作　　125
　　（一）国际研发平台建设步伐加快，成熟园区更具优势　　126
　　（二）委托境外研发费用小幅回升，东部地区最高　　130

二、国际人才集聚　　134
　　（一）国际人才持续汇聚，中关村留学归国人员占比超两成　　135
　　（二）人才国际化水平稳步提升，东部地区具有显著优势　　137

三、国际创新成果　　141

（一）国际创新成果丰硕，五家园区PCT专利申请超千件　　*141*
　　　（二）本土企业是国际创新主力，深圳成果产出效率最高　　*142*

　四、国际贸易交流　　*145*
　　　（一）国际贸易规模快速增长，利用外资占全国一半以上　　*146*
　　　（二）高附加值贸易持续扩大，企业出口结构不断优化　　*146*

第六章　创新驱动发展评价　　**151**

　一、辐射带动　　*153*
　　　（一）经济规模不断扩大，区域经济带动作用突出　　*153*
　　　（二）经济规模头部效应显著，七家园区营收超万亿元　　*155*

　二、效率提升　　*158*
　　　（一）企业生产效率加速增长，人均上缴税额出现上涨　　*158*
　　　（二）劳动生产率快速回升，合肥保持领先地位　　*160*

　三、共享发展　　*162*
　　　（一）薪酬水平持续提升，上海紫竹表现最优　　*162*
　　　（二）发展成果普惠共享，高技术服务业优势突出　　*164*

　四、绿色发展　　*169*
　　　（一）节能降耗效果突出，西部地区能耗下降幅度最大　　*169*
　　　（二）生态文明建设日益加强，创新发展环境不断优化　　*172*

附　录　国家高新区创新能力评价指标体系及相关说明　　**175**

　一、指标体系　　*176*
　二、指标解释及数据来源　　*177*
　　　（一）创新资源集聚　　*178*
　　　（二）创新创业环境　　*179*
　　　（三）创新活动绩效　　*180*
　　　（四）创新的国际化　　*181*
　　　（五）创新驱动发展　　*182*
　三、测算过程　　*183*
　四、园区分类说明　　*185*

国家高新区创新能力评价报告2022

绪 论

2021年，国家高新区持续集聚创新资源，打造良好创新创业环境，不断加大创新投入，在疫情防控期间积极拓展国际化业务，创新经济实力不断壮大，创新驱动高质量发展成效突出。《国家高新区创新能力评价报告2022》以2021年169家国家高新区为对象，评价所涉及的数据均来源于经国家统计局批准、火炬中心组织实施的国家高新区年度统计调查（此报告最新数据为2021年度数据）。以下是《国家高新区创新能力评价报告2022》的主要内容。

一、国家高新区经济实力显著增强

1. 2021年，全国共有169家国家高新区，高新区园区生产总值（相当于全口径增加值）为15.3万亿元，占全国GDP（114.4万亿元）的13.4%。

2. 2021年，169家国家高新区入统企业共计18.2万家，同比增长9.8%。入统企业共实现营业收入495 096.0亿元、工业总产值293 432.8亿元、净利润35 862.0亿元、出口总额52 120.0亿元，分别同比增长15.7%、14.5%、18.7%和16.5%。

3. 2021年，国家高新区企业共实现营业利润40 701.1亿元，同比增长18.7%；其中，服务业企业全年实现营业利润12 303.6亿元，同比增长4.0%。国家高新区园区企业的营业利润率、增加值率和工业增加值率分别为8.2%、20.2%和22.3%，较上年同期均略有增加。

二、国家高新区创新资源要素不断集聚

1. 企业研发人员密度远超全国水平，从业人员"双高"[①]趋势明显、结构更加优化。2021年国家高新区企业每万名从业人员中研发人员全时当量数为743人年，是全国平均水平的9.7倍。本科及以上学历从业人员占比由39.5%提升至40.9%，中层及以上管理人员数占比由8.2%提升至8.3%，专业技术人员占比由28.2%提升至29.2%，从业人员高学历化和高技能化趋势明显。

2. 企业科技活动经费快速增长，企业R&D投入占全国R&D经费支出的近五成。2021年，国家高新区企业科技活动经费支出合计为23 486.0亿元，同比增长20.2%；企业R&D经费内部支出（简称"企业R&D投入"）为10 359.0亿元，同比增长12.7%，占全国企业R&D经费支出的48.2%。

3. 研发机构持续集聚，高新技术企业队伍不断壮大。2021年，国家高新区省级及以上各类研发机构数量同比增长9.8%，集聚了全国80%以上的国家工程研究中心、国家重点实验室、国家工程实验室。入统的高新技术企业数量为114 921家，占国家高新区企业总数的63.3%，同比提高3.2个百分点；其中当年认定的高新技术企业数量为42 214家，同比增长11.8%。

三、国家高新区创新创业环境明显改善

1. 创新服务机构快速增长，产学研合作不断深化。2021年，国家高新区省级及以上各类创新服务机构数量为6976家，同比增长17.4%；企业产学研合作经费支出为2374.4亿元，同比增长24.8%，呈良好发展势头。

2. 产业投资基金蓬勃发展，创投机构风险投资增速加快。国家高新区积极通过设

---

① 这里的"双高"是指高学历和高技能。

较上年提高2.2个百分点。从产业结构来看，相较于高技术服务业，高技术制造业呈现出企业数量少、营业收入高、净利润高、上缴税费多和出口总额多等特点。

五、国家高新区创新国际化破局前行

1. 国际创新合作加速推进。2021年，国家高新区内外资研发机构数为4568家，同比增长19.3%；内资控股企业设立的境外研发机构数量迅速增长，达1628家，同比增长16.8%；企业委托境外开展研发活动费用支出为289.7亿元，同比增长27.4%。

2. 全球创新竞争能力进一步提升。2021年，国家高新区企业所拥有的境外专利和境外注册商标数分别为21.9万件和14.5万项，分别同比增长20.3%和12.7%。当年申请的PCT国际专利约为3.5万件，占全国PCT专利受理量的47.9%。

3. 国际贸易规模快速增长，高附加值贸易持续扩大。2021年，国家高新区企业出口总额为52 120.0亿元，同比增长16.5%，占全国比重的24.0%；对境外直接投资额为2344.2亿元，同比增长62.8%。企业高新技术产品出口总额为32 247.2亿元，同比增长19.4%，占全国比重的51.0%，较上年提高0.7个百分点；实现技术服务出口总额3394.3亿元，同比增长16.4%，占全国服务出口比重的13.3%，较上年提高6.9个百分点。

六、国家高新区创新驱动引领经济高质量发展

1. 经济效率和发展效益显著，发展质量较高。2021年，国家高新区劳动生产率为41.4万元/人，是全国全员劳动生产率（14.6万元/人）的2.8倍；人均营业收入为197.5万元/人，同比增长10.0%，11年来累计提高87.1万元/人。

2. 创新人才吸引力增强，劳动者薪酬水平持续提升。2021年，国家高新区企业从业人员数从2020年的2091.6万人增长至2383.5万人，同比增长5.2%；从业人员中有研究生（博士、硕士）183.5万人、本科生843.0万人、大专生534.4万人，分别同比增长9.8%、8.7%、6.4%。企业从业人员平均薪酬为17.6万元/年，同比增长13.3%，是

全国城镇单位从业人员年平均工资（84 860.5元/年）的2.1倍；近11年来，高新区企业单位增加值中劳动者报酬所占比重持续攀升，2021年为43.1%。

3．生态环境持续优化。2021年，国家高新区工业企业万元增加值综合能耗为0.403吨标准煤，世界一流高科技园区的能耗值平均为0.094吨标准煤/万元，远低于所在地平均水平。2021年对国家高新区进行的问卷调查显示，截至2021年底，共有23家国家高新区获批建设国家生态工业示范园。

七、东部地区国家高新区优势更为突出

国家高新区优质创新资源和关键创业活动大多集中在东部地区国家高新区。东部地区国家高新区集聚了国家高新区整体65.9%的研发人员、56.3%的研发机构、63.7%的当年新认定高新技术企业、57.5%的创新服务机构、83.6%的创投机构风险投资、57.9%的在孵企业，在知识经济发育、产业价值链层级方面均显著优于其他地区。2021年东部地区国家高新区的企业100亿元增加值拥有知识产权数量和各类标准数量高达7786件，分别是东北地区、西部地区、中部地区的1.8倍、1.7倍和1.3倍；高技术产业营业收入占营业总收入比例为40.7%，分别是东北地区、西部地区、中部地区的2.2倍、1.3倍和1.7倍；企业单位增加值中劳动者报酬所占比重为47.4%，分别高出东北地区、西部地区、中部地区16.6个百分点、12.5个百分点和10.4个百分点。

国家高新区创新能力评价报告2022

第一章 国家高新区创新能力指数总览

一、2021年指数表现

根据国家高新区创新能力评价指标体系，采用科学计算方法，利用2021年火炬统计数据进行测算，2021年国家高新区创新能力指数总体表现如下。

（一）总指数表现情况

国家高新区创新能力总指数持续增长，从基期2010年开始到2021年，创新能力总指数从100.0点提升至424.4点，11年内增长了324.4点，年均增长29.5点，这表明国家高新区整体创新发展水平不断提升并呈快速增长态势（图1-1）。

图1-1　2010—2021年国家高新区创新能力总指数

从指数的增长幅度和速度来看，2011—2021年国家高新区创新能力总指数历年的增长幅度均在12点以上，除2015年，其余年份基本保持在10%以上的增速。尤其是2017年以来，国家高新区创新能力总指数处于高速增长态势，年均增长幅度保持在30点以上，分别为34.7点、48.8点、43.8点、45.5点、52.5点（图1-2）。近年来，虽然受到新冠病毒感染疫情、国际经济贸易摩擦等宏观因素影响，国内外发展环境日趋复杂，不稳定性、不确定性明显增强，但国家高新区始终坚持"高"和"新"的战略定位，创新发展道路更为坚定，在我国经济高质量发展中的引领示范作用进一步增强。

图1-2　2011—2021年国家高新区创新能力总指数增长情况

（二）分项指数变化趋势和当年表现

2010—2021年，国家高新区创新能力5个分项指数均保持增长态势。其中，创新创业环境指数增长最为显著，增长幅度也最大；其次是创新的国际化指数，正处于二次快速增长阶段；创新资源集聚指数增长平稳；创新活动绩效指数增长相对缓慢，但近3年有加快增长态势；创新驱动发展指数增长最为缓慢（图1-3）。

立产业投资基金，推动新兴产业集群的发展。2021年国家高新区内产业投资基金规模达26 893.0亿元，同比增长14.9%。创投机构当年对企业的风险投资总额为3619.2亿元，同比增长92.8%，增速显著，超过硅谷地区2021年风险投资为441亿美元（折合人民币2845.1亿元）。

3. 各类孵化载体稳步增长，企业发展活力突出。2021年，国家高新区拥有国家级科技企业孵化器815家、国家备案众创空间1185家，同比分别增长10.3%和3.3%。创业服务体系的逐步完善推动高新区创业企业的持续增长。2021年，国家高新区当年新注册企业数88.6万家，同比增长18.4%，平均每天新注册企业2427家，较上年每天多注册380家；在孵企业数突破15万家，同比增长9.2%，平均每家高新区拥有在孵企业891家，较上年增加75家。

四、国家高新区创新投入产出成效显著

1. 专利数量增长迅速，专利质量持续提升。2021年，国家高新区企业申请、授权、拥有发明专利数分别为53.1万件、23.7万件、121.9万件，增速均在12%以上，占我国境内外发明专利总数的比例分别为33.5%、34.1%和33.9%，除授权发明专利数占比略有下降外，其余占比较上年均有所提升。企业申请发明专利占申请专利总数的比例、授权发明专利占授权专利总数的比例、拥有发明专利占拥有专利总数的比例分别为50.7%、31.2%、32.9%，是全国平均水平的1.5倍、2.1倍和1.4倍，技术含量较高的发明专利在国家高新区企业专利中占据了更大的比例。

2. 企业技术交易规模大幅增长，交易活跃度高于全国。2021年，国家高新区企业当年完成技术合同交易额为10 283.3亿元，同比增长28.3%，是2010年以来技术合同成交额增长幅度最大的一年；企业从业人员人均技术合同成交金额为41 021元，是全国就业人员人均技术合同成交额（4995.7元）的8.2倍。

3. 高技术产业不断壮大，产业结构持续优化。2021年，国家高新区中属于高技术产业的企业为101 257家，同比增长12.3%，占国家高新区入统企业总数的55.8%，较上年提高2.3个百分点；高技术产业增加值为47 577.8亿元，占高新区整体的46.4%，

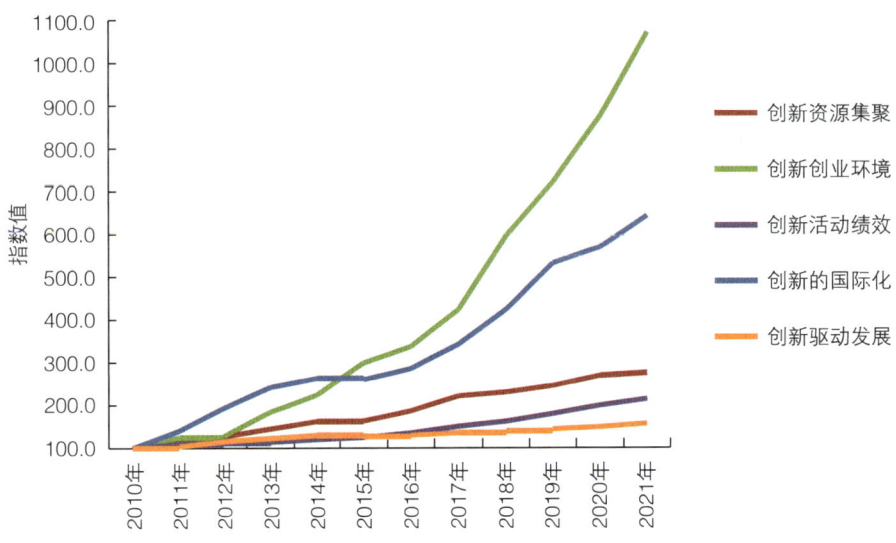

图1-3　2010—2021年国家高新区创新能力5个分项指数变化趋势

从分项指数的具体数值来看，2021年，国家高新区创新资源集聚指数为268.9点，创新创业环境指数为1070.3点，创新活动绩效指数为213.8点，创新的国际化指数为642.2点，创新驱动发展指数为155.8点（表1-1）。5个分项指数中创新创业环境指数最高，其次为创新的国际化指数，接下来依次是创新资源集聚指数、创新活动绩效指数和创新驱动发展指数。就创新创业环境指数而言，国家高新区在改善创新创业硬件方面的相关工作成效最为显著，这主要归功于国家高新区具有创业孵化和内生增长的先天基因，在支持国家大众创业、万众创新的相关政策上具有先天优势。但从创新创业环境"硬件改善"到创新驱动"软件提升"的过程中，后者的实现难度更大，这也是国家高新区在未来工作中仍需重视和加强的方面。

表1-1　2010—2021年国家高新区创新能力分项指数

分项指数	2010年	2011年	2012年	2013年	2014年	2015年	2016年	2017年	2018年	2019年	2020年	2021年
创新资源集聚	100.0	111.2	126.2	144.3	161.5	162.6	186.0	220.5	229.6	244.5	268.2	268.9
创新创业环境	100.0	124.5	127.3	184.4	224.0	298.8	337.3	422.5	596.6	720.0	874.2	1070.3
创新活动绩效	100.0	109.0	111.6	113.8	119.6	124.3	134.4	149.8	161.7	179.0	198.6	213.8
创新的国际化	100.0	140.1	193.0	241.9	262.6	259.5	285.4	341.9	424.0	530.7	568.5	642.2
创新驱动发展	100.0	104.1	115.1	122.4	129.2	126.4	129.3	134.4	138.4	142.9	147.9	155.8

从分项指数的同比增速来看，2021年国家高新区创新能力5个分项指数均有不同程度的增长，增长幅度由大到小排名，分别是创新创业环境指数（增长196.1点）、创新的国际化指数（增长73.7点）、创新活动绩效指数（增长15.1点）、创新驱动发展指数（增长7.9点）、创新资源集聚指数（增长0.7点）（图1-4）。创新资源集聚指数和创新活动绩效指数同比增速均放缓，其他指数较2020年增长均有不同程度的加快，其中创新的国际化指数增速增长最快，同比翻了将近一番。

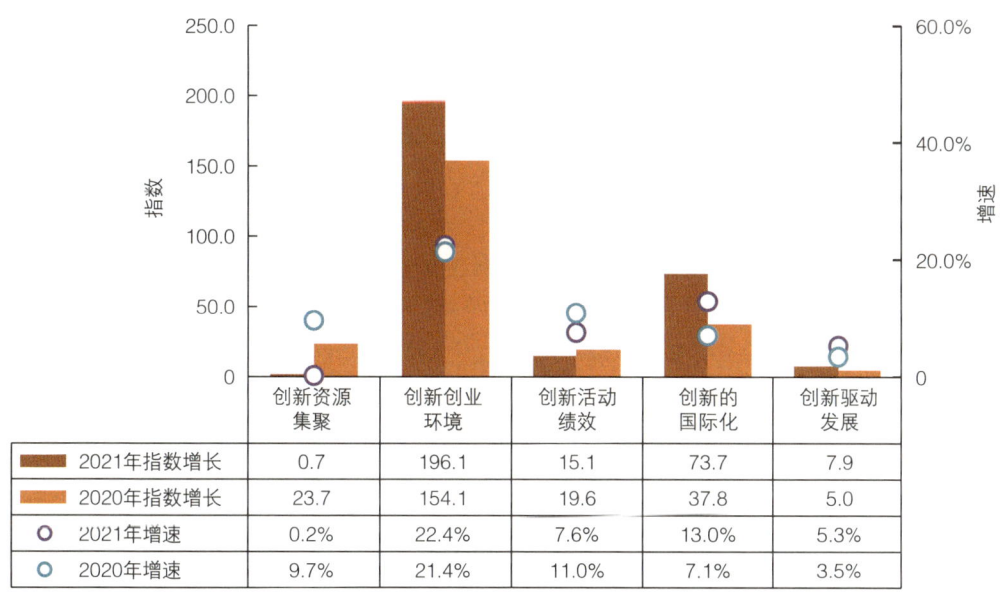

图1-4　2020—2021年国家高新区创新能力分项指数变化情况

从分项指数对总指数增长的贡献情况来看，2021年，国家高新区创新能力总指数较上年度增长52.5点，其中，对总指数增长贡献最大的是创新创业环境指数，贡献39.2点，贡献度为74.7%；其次是创新的国际化指数，贡献7.4点，贡献度为14.0%；而创新活动绩效指数、创新驱动发展指数和创新资源集聚指数分别贡献了3.8点、2.0点和0.1点（图1-5）。

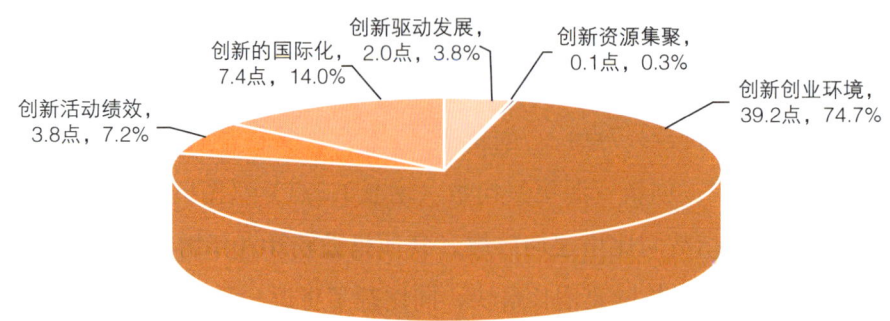

图1-5　2021年国家高新区创新能力分项指数的增长和贡献率

从近年5个分项指数对国家高新区创新能力总指数增长的贡献率来看，自2013年起，创新创业环境指数对国家高新区创新能力总指数的贡献一直居于高位，其余4个分项指数的贡献率处在交替变化中，但对总指数贡献率的差距在缩小（图1-6）。

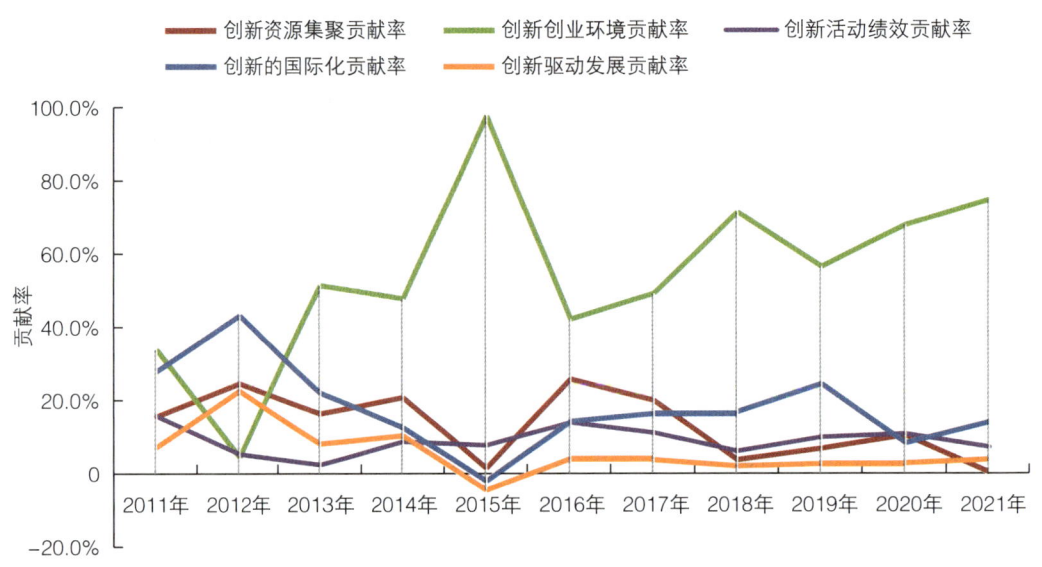

图1-6　2011—2021年国家高新区创新能力指数增长贡献率对比

在各国家高新区层面，2021年，169家国家高新区中，有142家国家高新区的创新能力总指标加权增长率为正值，占比为84%，较2020年降低2个百分点。结合国家高新区创新能力指数总体提升来看，各高新区创新能力的差异正在逐步拉大，其具体表现本书将在后面的章节进行介绍。

二、不同区域国家高新区表现对比

按照园区所处地区或省（自治区、直辖市）的不同对国家高新区群体进行划分[①]，从创新能力总指标和5个一级指标角度对不同区域国家高新区的加权增速进行对比，来观察不同区域国家高新区在2021年创新能力提升过程中的差异和特征表现。

（一）四大地区国家高新区表现对比

对比东北、东部、西部和中部地区国家高新区群体2020年、2021年的创新能力总指标加权增长率，可以看到：一是四大地区国家高新区平均加权增长率有所下降，从2020年的9.9%下降到2021年的8.4%，下降1.5个百分点；二是四大地区国家高新区的创新能力均有不同程度提升，2021年，创新能力总指标加权增长率从高到低依次为：东北地区、中部地区、西部地区、东部地区（图1-7）。

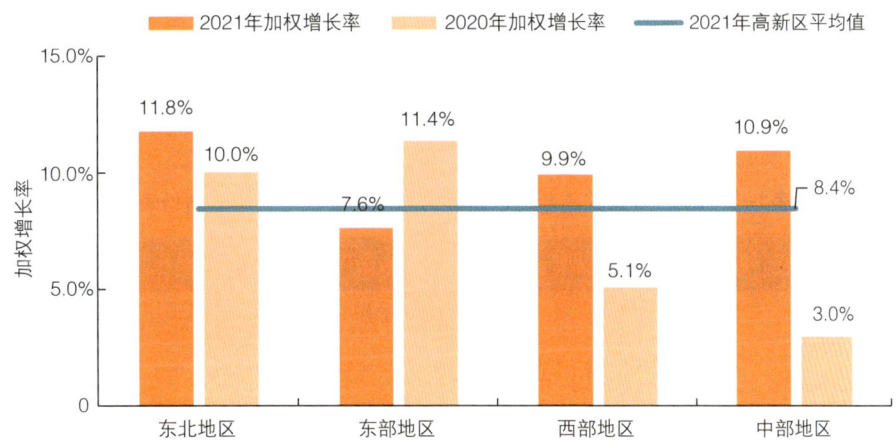

图1-7　2020—2021年四大地区国家高新区创新能力总指标加权增长率对比

将构成国家高新区创新能力的5个一级指标进行分解，通过对其加权增长率的分析，观察不同区域国家高新区创新发展表现，可以看到：一是东北、东部和西部地区高新区均实现了创新能力的全面增长，东部和西部地区高新区创新创业环境提升显著。二是中部地区高新区创新资源集聚能力下降明显，但在创新创业环境和创新的国际化方面呈追赶态势（图1-8）。

---

① 不同地区和省（自治区、直辖市）的国家高新区群体分类，参见附录"四、园区分类说明"。

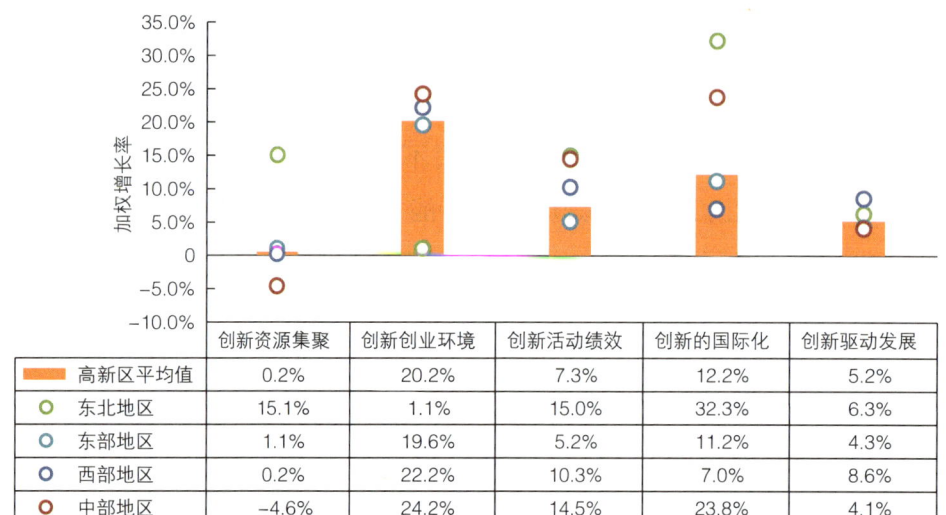

图1-8　2021年国家高新区创新能力5个一级指标加权增长率的地区分布

（二）各省域国家高新区表现对比

按照园区所属省级行政区（以下简称"省份"）对国家高新区群体进行划分，观察其创新能力总指标的加权增长率的不同表现（表1-2）。

表1-2　2021年国家高新区创新能力总指标加权增长率的省份表现

省份	创新能力总指标加权增长率	省份	创新能力总指标加权增长率
新疆	28.2%	江苏	9.0%
海南	23.6%	福建	8.8%
山西	21.7%	河北	8.6%
宁夏	20.0%	天津	7.7%
湖北	18.1%	云南	7.5%
贵州	15.1%	江西	7.5%
河南	15.1%	上海	4.8%
辽宁	14.1%	广东	4.7%
山东	11.0%	安徽	4.6%
浙江	10.7%	四川	4.6%
陕西	10.6%	广西	3.2%
重庆	9.6%	北京	2.8%

续表

省份	创新能力总指标加权增长率	省份	创新能力总指标加权增长率
甘肃	1.8%	内蒙古	0.1%
湖南	0.8%	吉林	−0.2%
青海	0.2%	黑龙江	−1.8%

2021年，在30个有国家高新区分布的省份中，有93.3%的省份区域创新能力得到持续提升。按各省份国家高新区创新能力总指标加权增长率的不同，将国家高新区划分为4个等级（图1-9），可以看到：一是超过15%的省份共有7个，较2020年增加1个，分别为新疆、海南、山西、宁夏、湖北、贵州、河南；二是10%~15%（含）的省份共有4个，较2020年减少2个，分别为辽宁、山东、浙江、陕西；三是0~10%（含）的省份共有17个，较2020年增加3个，创新能力的提升相对明显；四是出现负增长（0及以下）的省份共有2个，较2020年减少2个，分别为吉林、黑龙江，其中黑龙江由2020年的17.8%降为2021年的−1.8%，增长稳定性有待提升。

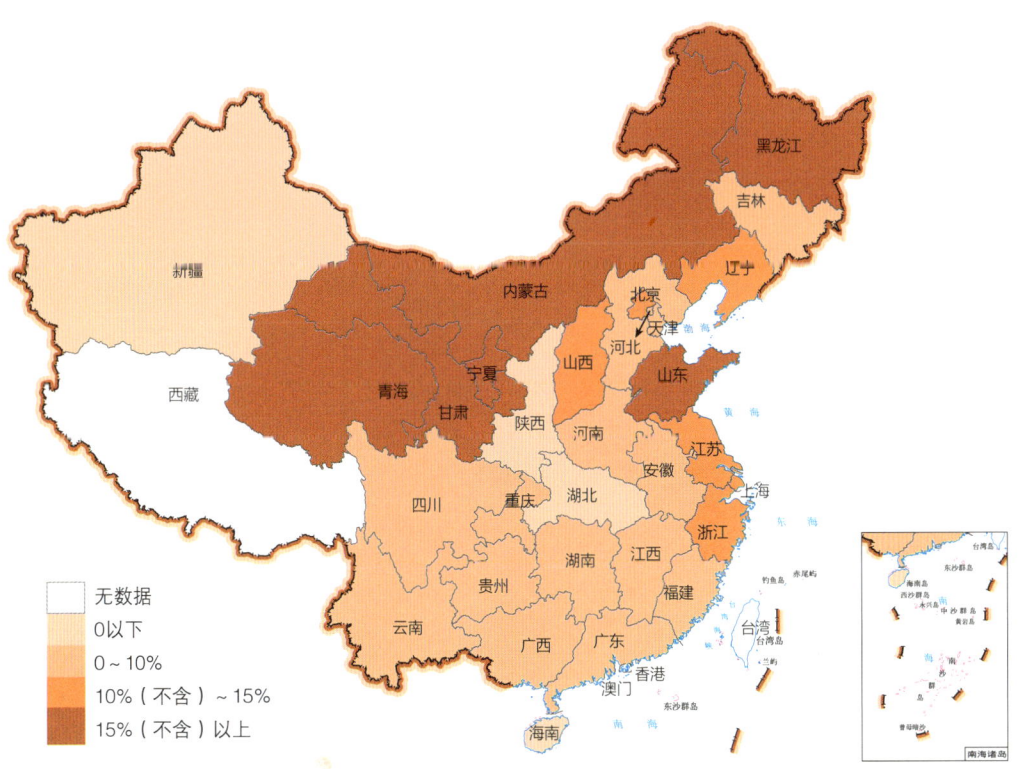

图1-9 2021年国家高新区创新能力加权增长率的省份分布

对构成国家高新区创新能力的5个一级指标进行分解，得出各省份内国家高新区一级指标的加权增长率，见表1-3、图1-10。

表1-3 2021年国家高新区创新能力5个一级指标加权增长率省份分布

省份	创新资源集聚	创新创业环境	创新活动绩效	创新的国际化	创新驱动发展
黑龙江	-1.8%	15.6%	-0.2%	-42.6%	-1.0%
吉林	-6.8%	-23.3%	11.3%	36.4%	-2.6%
辽宁	21.7%	20.9%	11.9%	6.4%	8.0%
北京	0.5%	19.8%	3.5%	8.0%	-11.9%
福建	2.0%	26.8%	4.4%	9.2%	4.1%
广东	-4.7%	16.2%	3.6%	11.2%	1.6%
海南	3.6%	67.8%	-3.9%	29.6%	29.1%
河北	4.8%	42.9%	3.9%	-27.1%	3.1%
江苏	6.0%	22.3%	6.0%	11.6%	2.8%
山东	8.8%	17.2%	11.8%	19.1%	4.0%
上海	-5.7%	20.9%	7.0%	17.3%	-7.0%
天津	7.1%	20.6%	18.1%	-11.9%	-4.7%
浙江	4.4%	35.9%	7.6%	7.1%	-0.1%
甘肃	-7.8%	-10.4%	18.3%	-12.3%	8.6%
广西	-22.3%	18.1%	14.3%	10.0%	-2.0%
贵州	5.2%	24.9%	6.3%	69.6%	2.4%
内蒙古	-17.4%	-2.1%	21.1%	-23.9%	4.4%
宁夏	27.8%	-2.6%	26.4%	57.2%	10.5%
青海	-18.2%	44.3%	-12.0%	-28.7%	3.3%
陕西	5.5%	31.1%	9.4%	22.3%	-5.0%
四川	-2.2%	13.9%	11.8%	-7.7%	0.2%
新疆	30.7%	68.9%	1.6%	66.5%	4.9%
云南	20.6%	46.6%	-6.7%	-12.9%	-11.9%
重庆	-0.1%	16.8%	2.4%	24.4%	12.8%
安徽	-11.1%	12.5%	10.8%	1.7%	5.7%
河南	2.9%	15.0%	23.0%	24.1%	13.3%
湖北	-3.9%	40.7%	18.1%	61.8%	0.3%
湖南	-5.4%	4.3%	10.6%	-20.7%	1.8%
江西	-8.0%	24.9%	9.8%	8.6%	3.1%
山西	-3.5%	36.6%	17.3%	14.9%	37.2%

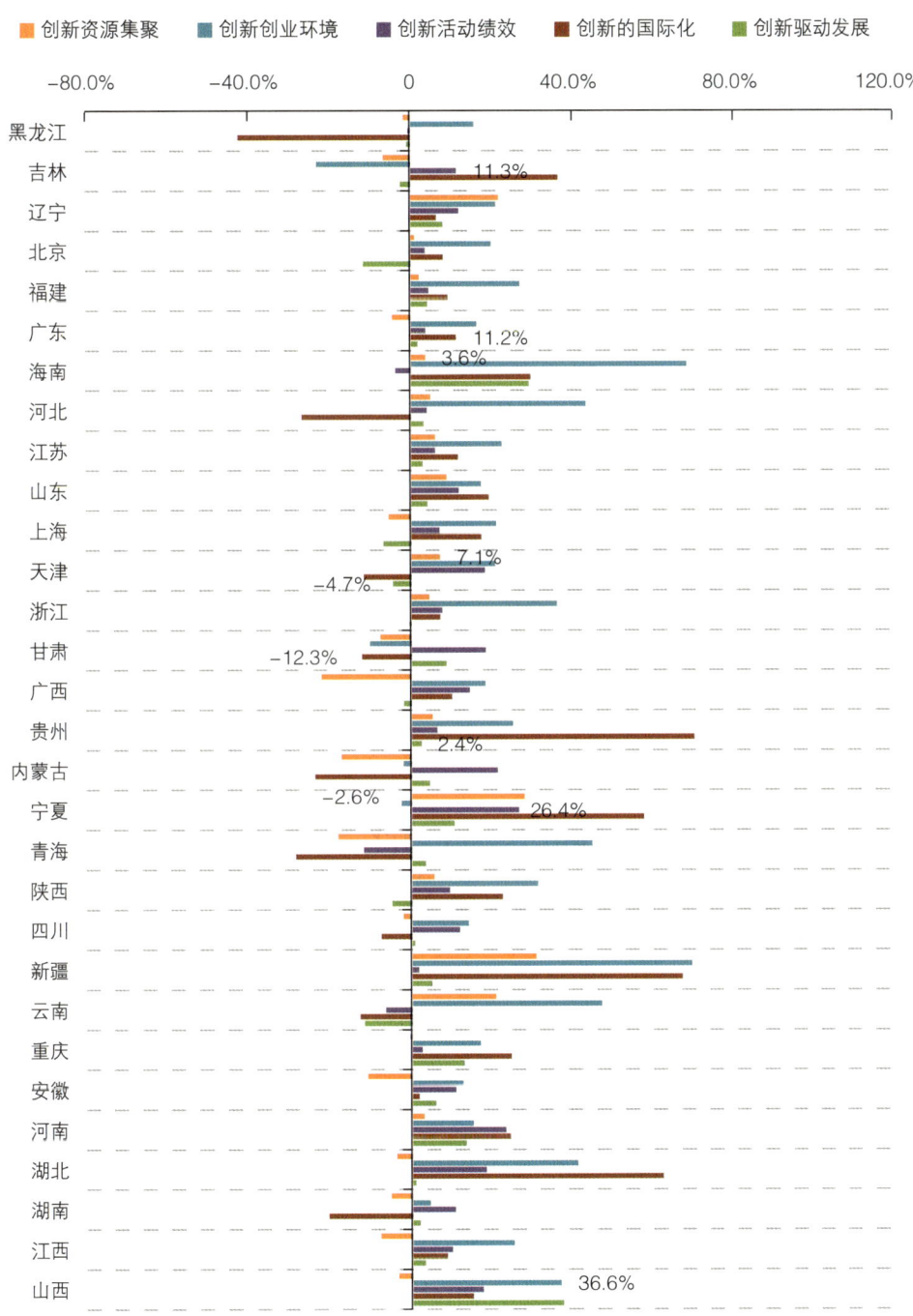

图1-10 2021年国家高新区创新能力5个一级指标加权增长率省份分布

对2021年各省份国家高新区的5个一级指标的加权增长率进行比较：一是从极差来看，5个一级指标的加权增长率按极差由大到小排列分别为创新的国际化指标（相差112.2个百分点）、创新创业环境（相差92.2个百分点）、创新资源集聚指标（相差53.0个百分点）、创新驱动发展（相差49.1个百分点）、创新活动绩效（相差38.4个百分点）。可见，各省份高新区在创新的国际化、创新创业环境的表现差距最为明显。其中，创新的国际化加权增长率最高、最低的省份分别是贵州（69.6%）、黑龙江（-42.6%）；创新创业环境加权增长率最高、最低的省份分别是新疆（68.9%）、吉林（-23.3%）。二是从单项一级指标来看，2021年，有八成以上省份的高新区创新创业环境、创新活动绩效指标的加权增长率均为正值，也就是说八成以上省份的高新区创新创业环境、创新活动绩效得到一定程度的提升，另外，七成以上省份的高新区创新的国际化、创新驱动发展指标有所提升，而创新资源集聚有所提升的省份仅为五成。三是从国家高新区5个一级指标增长的均衡性来看，2021年，5个一级指标均正向增长的省份共7个，较2020年增长2个，分别是辽宁、福建、江苏、山东、贵州、新疆、河南。

三、不同类别国家高新区指数对比

不同类别国家高新区的表现对比主要包括三类园区（世界一流高科技园区、创新型科技园区、创新型特色园区）和非三类园区的其他园区（以下简称"其他园区"）的对比、稳定期高新区和新升级高新区的对比、国家自主创新示范区园区（以下简称"自创区园区"）和非国家自主创新示范区园区（以下简称"非自创区园区"）的对比。按照不同类别的国家高新区群体分别计算创新能力总指标和5个一级指标的加权增长率，以此来观察不同类别国家高新区群体在2021年创新能力提升过程中的差异和特征。

（一）三类园区及其他园区表现对比

根据当前对国家高新区的分类指导情况，可将国家高新区群体分为世界一流高科技园区、创新型科技园区、创新型特色园区及其他园区。比较三类园区及其他园区创新能力总指标加权增长率，可以看到：一是2021年各类园区及其他园区创新能力均有不同幅度的提升，其中创新型科技园区增长最快，创新能力总指标加权增长率为9.5%，其次是其他园区，为9.3%，均处于高速增长阶段，创新型特色园区和世界一流高科技园区增速接近，创新能力总指标加权增长率分别为8.4%和7.9%；二是除创新型科技园区增速与2020年基本持平外，世界一流高科技园区、创新型特色园区和其他园区增速均有所放缓（图1-11）。结合近三年创新能力增长趋势来看，世界一流高科技园区作为创新基础较好、创新能力较强的园区，增长态势较为平稳，与其他园区相比，18家创新型科技园区创新基础较好，且多处于经济发展程度较高的省会城市或地级市，与当地城市的发展结合更为紧密，创新反哺能力更强，增长更为明显。

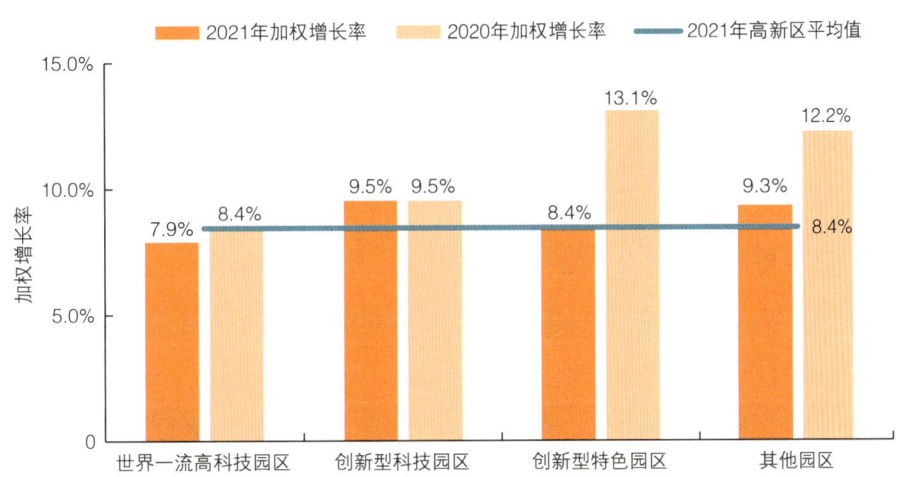

图1-11　2020年、2021年三类园区及其他园区创新能力总指标的加权增长率

对构成国家高新区创新能力的5个一级指标进行分解，通过对其加权增长率的分析可以发现：2021年，各类园区在创新创业环境方面均改善明显，加权增长率均在16%以上，其中其他园区达20%以上，实现高速增长；同时，创新型科技园区在创新的国际化方面更为突出，加权增长率为20.4%，远高于其他类型高新区；世界一流高科技园区和创新型特色园区在创新资源集聚方面增长有所放缓（图1-12）。

第一章　国家高新区创新能力指数总览　19

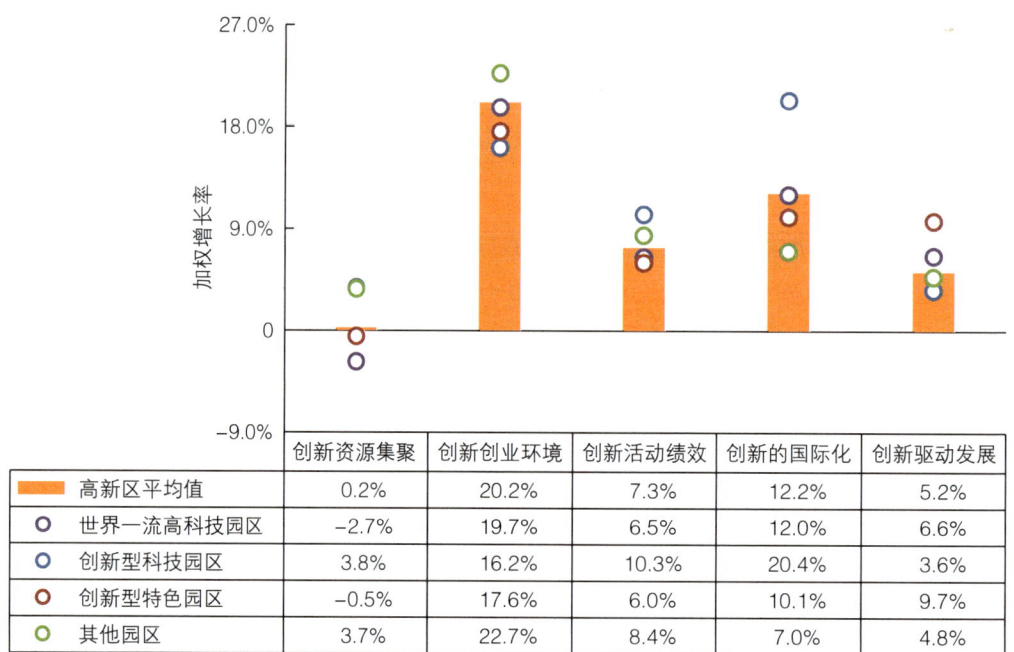

图1-12　2021年三类园区及其他园区创新能力5个一级指标加权增长率对比

（二）稳定期和新升级园区表现对比

以2006年为界，将2006年及以前升级为国家高新区的园区视为稳定期高新区，共54家；2007—2021年升级为国家高新区的园区为新升级高新区，共115家。比较两类园区创新能力总指标加权增长率，可以看到：2021年，两类园区创新能力均有不同幅度的提升，稳定期高新区、新升级高新区的加权增长率分别为8.8%、8.0%；与2020年相比，新升级高新区创新能力增速放缓，稳定期高新区创新能力提升速度优于新升级高新区。

对构成国家高新区创新能力的5个一级指标进行分解，通过对其加权增长率的分析可以发现：稳定期高新区在创新的国际化、创新驱动发展两个方面创新增长优势较为显著，这2个一级指标均高于新升级高新区，尤其在创新的国际化方面提升速度优势明显；而新升级高新区在创新创业环境和创新活动绩效两个方面略占优势，创新资源集聚方面与稳定期高新区相当（图1-13）。

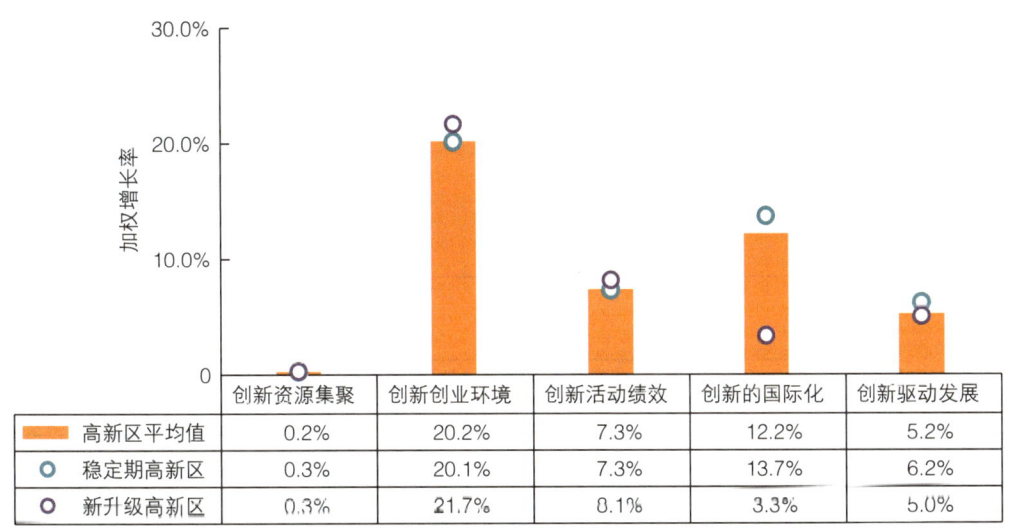

图1-13　2021年新升级和稳定期高新区创新能力5个一级指标加权增长率对比

（三）自创区园区、非自创区园区表现对比

以是否纳入国家自主创新示范区范畴作为自创园区与非自创园区的划分标准，将纳入国家自主创新示范区范畴的高新区视为自创区园区，尚未纳入国家自主创新示范区范畴的高新区视为非自创区园区。截至2021年底，两类园区的高新区数量分别为61家、108家。比较两类园区创新能力总指标加权增长率，可以看到：2021年，自创区园区的创新能力总指标加权增长率为8.1%，非自创区园区的创新能力总指标加权增长率为10.9%，非自创区园区创新能力总指标加权增长率首次超过自创区园区。

对构成国家高新区创新能力的5个一级指标进行分解，从各指标加权增长率可以看到：2021年，自创区园区的创新发展增长优势体现在创新创业环境方面，加权增长率比非自创区园区高出3.0个百分点；在创新资源集聚、创新活动绩效、创新的国际化和创新驱动发展4个方面非自创园区更占优势，总体上看，2021年非自创区园区在5个方面均取得较大进展（图1-14）。

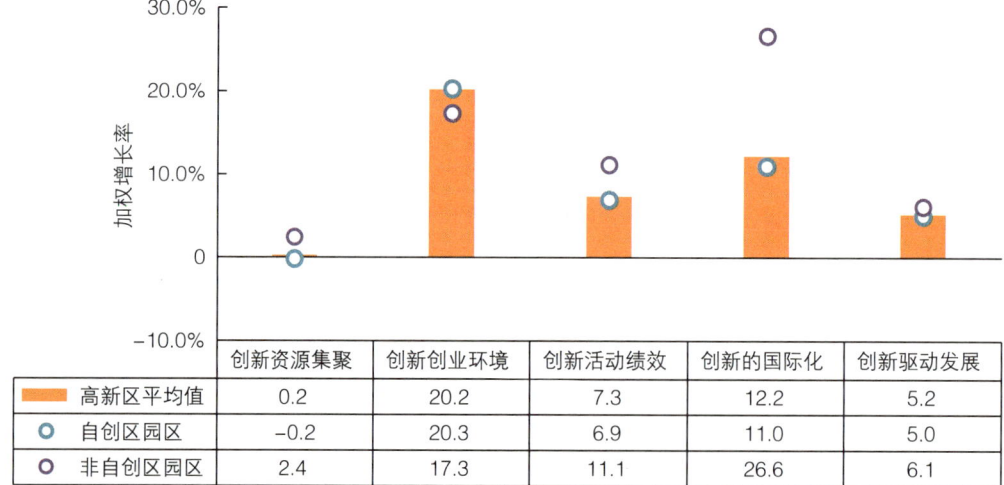

图1-14 2021年自创区园区、非自创区园区创新能力5个一级指标加权增长率对比

国家高新区创新能力评价报告2022

第二章 创新资源集聚评价

区域创新资源集聚能够较为客观地反映一个区域创新能力的强弱。创新资源集聚程度一方面体现国家高新区之间创新资源的禀赋差异；另一方面也反映国家高新区财政及企业创新研发投入的基础。考察指标涵盖研发人员、研发经费、政府投入、研究机构和高新技术企业聚集程度。从测算结果来看，2021年，创新资源集聚指数为268.9点，较上年增长0.7点，指数增速为0.2%。

创新资源集聚指标下设5个二级指标，分别为企业R&D人员全时当量、企业R&D投入占增加值比例、财政科技支出占当年财政支出比例、省级及以上各类研发机构数量和当年认定的高新技术企业数量。2021年，5个二级指标分别为186.4万人年、10.1%、14.9%、31 510家和42 214家，与2020年相比，同比增长率[①]依次为–7.9%、–5.2%、–2.8%、9.8%和11.8%，其中2个指标实现增长，"企业R&D人员全时当量""企业R&D投入占增加值比例""财政科技支出占当年财政支出比例"这3个指标均有所下降（图2-1）。从增速贡献[②]来看，"省级及以上各类研发机构数量"指标对创新资源集聚指数增长的贡献最大；其次为"当年认定的高新技术企业数量"。

---

① 如果当年有新升级的国家高新区，则为了排除每年新升级国家高新区对增速的影响，报告中的"同比增长率"是指保持国家高新区数量相同的情况下所计算的增速，也即报告中本年度二级指标增速的计算对象是上一年全国国家高新区。例如，2018年5个二级指标数据均是169家高新区整体数据，而计算当2017年同比增长时，使用的是2018年157家高新区整体数据和2017年157家高新区整体数据。如果当年没有新升级的国家高新区，则不用考虑。

② 在观察每个二级指标对相应一级指标增速的贡献时，使用的是"加权增长率"。

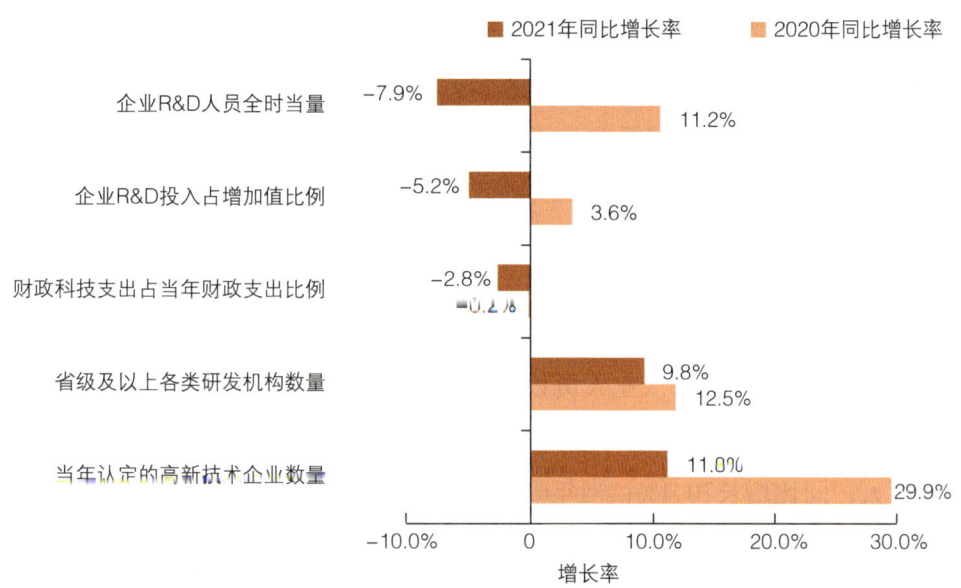

图2-1　2020年、2021年国家高新区创新资源集聚5个二级指标的增长率对比

围绕5个二级指标，分别从创新人才集聚、科技资金投入、创新主体培育3个方面对国家高新区创新资源集聚情况进行详细分析和阐述。

一、创新人才聚集

人才是第一资源，多层次人才的集聚对区域经济社会发展起着至关重要的作用。国家高新区作为我国人才集聚高地，始终高度重视人才引育工作，现已经聚集一大批顶尖科学家、科技人员、企业家、技能型人才等各类人才，已经成为全国的创新人才集聚高地。在创新资源集聚评价中，使用企业R&D人员全时当量这一指标来观察国家高新区创新人才集聚情况，以下为高新区的具体表现。

（一）人才政策体系不断完善，从业人员数量持续增长

集聚多层次创新创业人才，是国家高新区工作的重中之重。近年来，国家高新区不断加大人才工作投入，创新和完善人才政策体系，面向创新人才的支持政策已经成为国家高新区创新政策的标准配置。国家高新区2021年调查问卷显示，在169家国家高新区中，有163家建立了标志性专项人才计划，如中关村高端领军人才聚集工程，深

圳高新区鹏城英才计划、鹏城孔雀计划，武汉高新区"3551光谷人才计划"，合肥高新区"江淮硅谷"人才工程，成都高新区"金熊猫"人才计划，长春高新区"长白慧谷"英才计划，江阴高新区"蟠龙英才计划"，惠州高新区"恺旋人才计划"，湘潭高新区"551人才计划"，株洲高新区中国动力谷"双创人才"计划，济南高新区"海右人才计划"等。

随着人才引进计划的相继出台和园区从业人员生活条件的逐步改善，国家高新区的人才发展环境显著提升，从业人员数量持续增长。2021年，国家高新区从业人员[①]数从2020年的2383.5万人增长至2506.8万人，同比增长5.2%；其中，当年新增从业人员461.8万人，同比增长20.1%；当年吸纳高校应届毕业生80.0万人，同比增长10.0%（图2-2）。

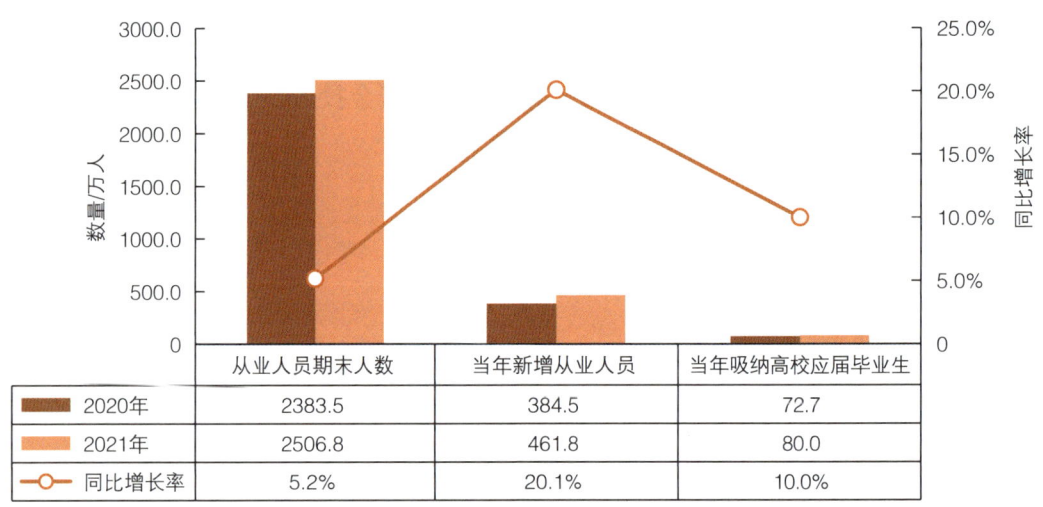

图2-2　2020年、2021年国家高新区从业人员情况比较

（二）从业人员结构不断优化，"双高"趋势明显

在从业人员源源不断汇入的同时，国家高新区从业人员队伍的整体结构也在不断优化，高学历化和高技能化趋势明显。

从学历来看，2021年，国家高新区从业人员中有研究生（博士、硕士）183.5万

---

① 报告中国家高新区的从业人员均指"入统企业的从业人员"。

人、本科生843.0万人、大专生534.4万人，分别同比增长9.8%、8.7%、6.4%；大专以下学历的其他从业人员增速相对缓慢，同比增长0.7%（图2-3）。2021年，本科及以上学历从业人员占比由39.5%提升至40.9%，其中，研究生学历从业人员占比由7.0%提升至7.3%，本科学历从业人员占比由32.5%提升至33.6%。大专学历从业人员占比由21.1%提升至21.3%，而其他从业人员占比则有所下降（图2-4）。可以看到，国家高新区以研究生、本科生为代表的高学历从业人员的增长速度明显高出其他学历人员，且高学历从业人员占比在不断提升。

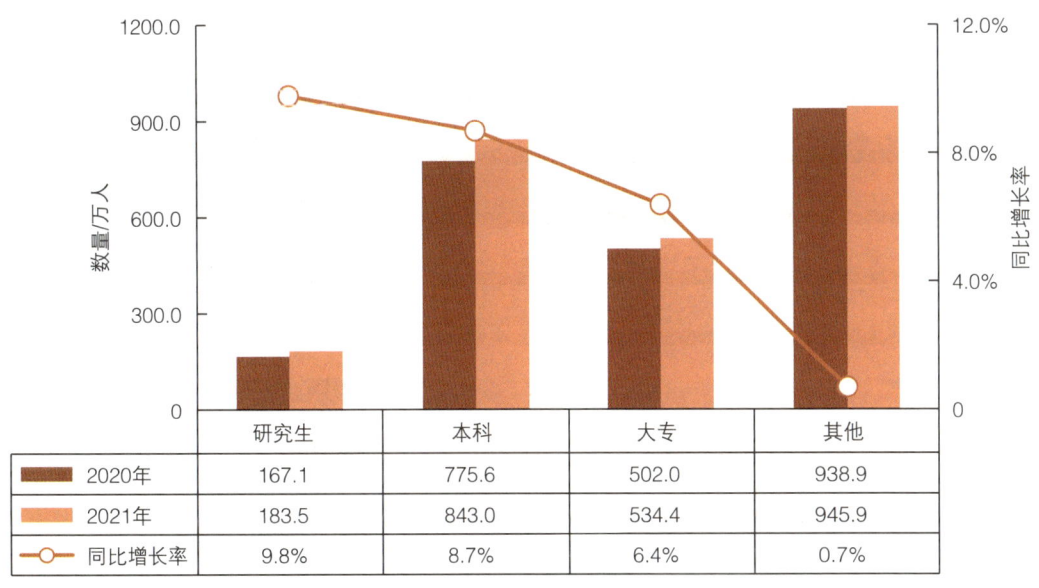

图2-3　2020年、2021年国家高新区各学历从业人员的增长情况

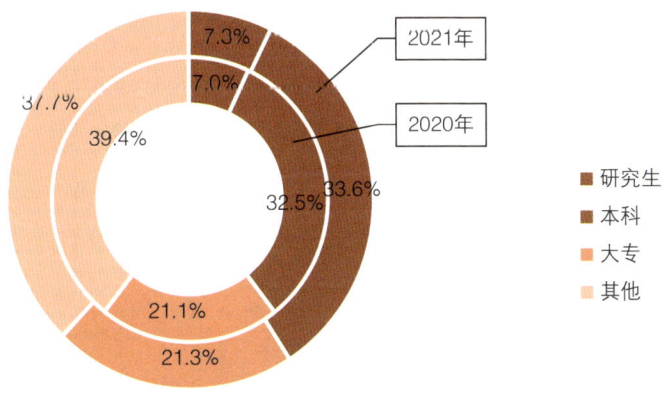

图2-4　2020年、2021年国家高新区从业人员的学历分布

具体到高新区，2021年，杭州、中关村、苏州工业园、西安、上海张江、武汉、成都、合肥等代表性园区，其从业人员中本科及以上学历从业人员占比均在50%以上，分别为65.8%、64.1%、63.1%、60.3%、58.1%、58.0%、55.9%、51.6%，远高于国家高新区整体水平（40.9%）。其中，杭州、中关村、苏州工业园、上海张江和武汉这5家园区较2020年提升明显（图2-5）。这些园区所在城市综合发展实力较强，能够提供较好的科教资源及更多的高技术产业就业机会，成为所在城市吸引知识型人才的核心区域。

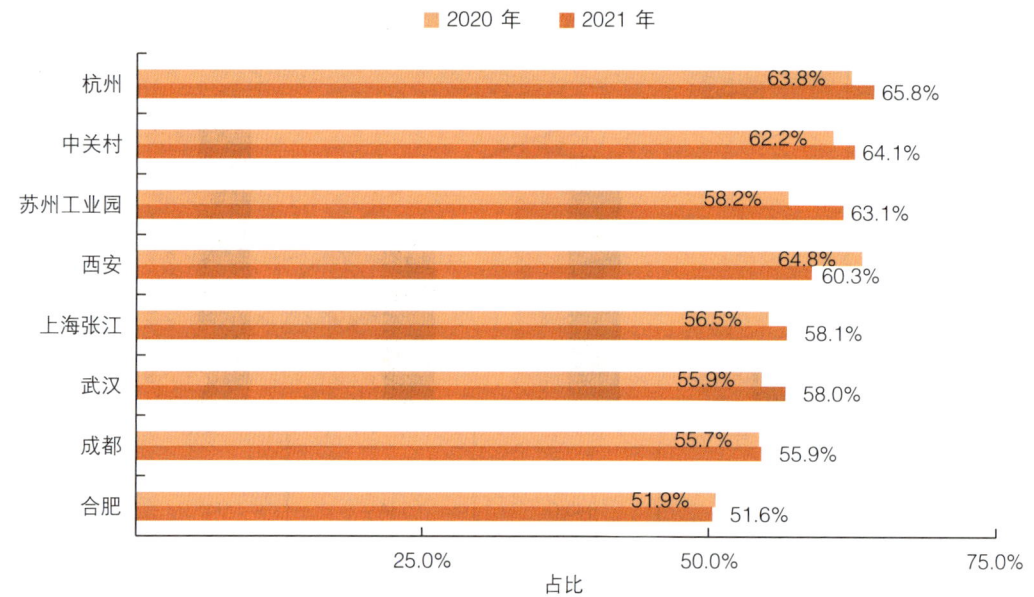

图2-5 2020年、2021年我国代表性国家高新区的本科及以上学历人员对比

从职业类型来看，2021年国家高新区中层及以上管理人员数为207.0万人，同比增长5.6%，占从业人员总数的比例为8.3%，较上年提高0.1个百分点；专业技术人员数为733.0万人，同比增长9.1%，占从业人员总数的比例为29.2%，较上年提高1.0个百分点（图2-6）。高新区管理人才和技能人才增长迅速，其增长速度均高于从业人员的整体增速（5.2%），分别高出整体增速0.4个百分点、3.9个百分点。

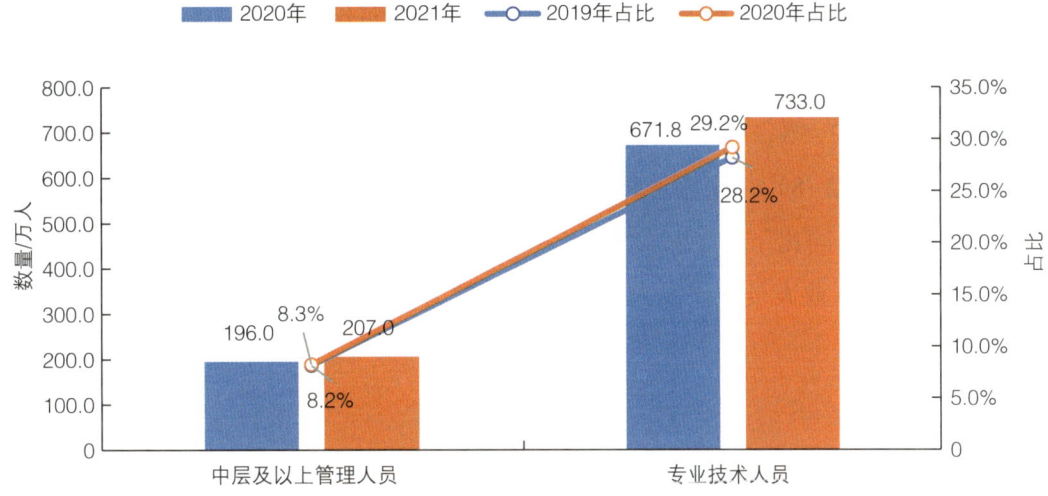

图2-6 2020年、2021年国家高新区从业人员的职业类型分布

从技能级别来看，2021年，国家高新区初级及以上技能人员共计266.3万人，占从业人员总数的比例为10.6%，较上年提高0.1个百分点。从业人员中有高级技师（国家职业资格一级）12.3万人、技师（国家职业资格二级）25.2万人、高级技能人员（国家职业资格三级）68.9万人、中级技能人员（国家职业资格四级）74.9万人、初级技能人员（国家职业资格五级）85.0万人，同比增长率分别为11.5%、4.6%、4.7%、5.5%和6.9%（图2-7），高新区的各类技能人员数量在迅速扩充。

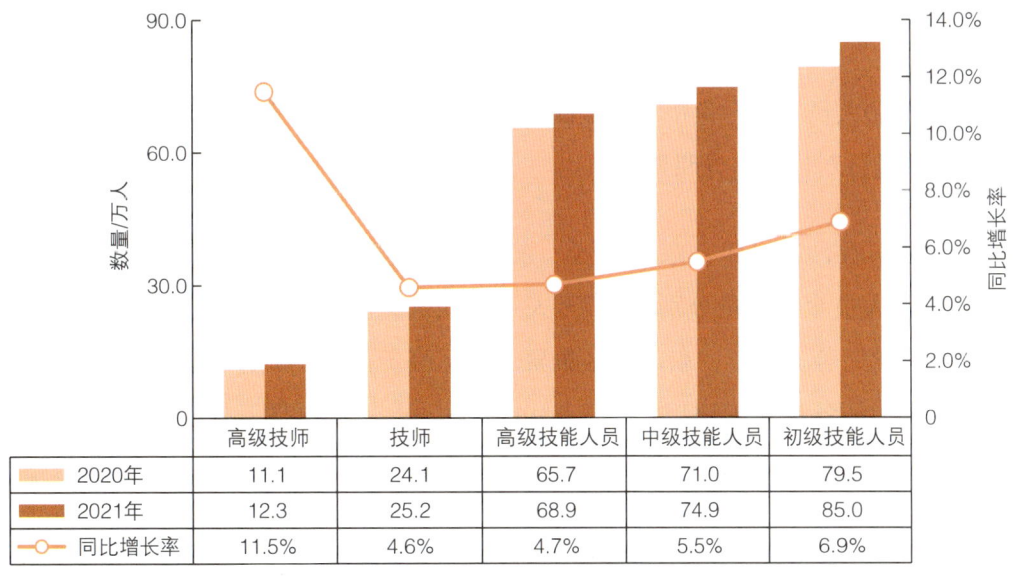

图2-7 2020年、2021年国家高新区各类技能从业人员分布情况

第二章 创新资源集聚评价 29

（三）R&D人员小幅减少，区域不平衡有所缓和

2021年，国家高新区中从事科技活动人员共计563.4万人，同比增长9.5%，占从业人员总数的22.5%，较上年提高0.9个百分点。其中，企业R&D人员全时当量为186.4万人年（图2-8），同比下降7.9%，占我国全部R&D人员全时当量（571.6万人年）的32.6%，同比下降了6.1个百分点。从研发人员密度来看，2021年，国家高新区企业每万名从业人员中研发人员全时当量数为743人年，是全国平均水平（77人年）的9.7倍。[①]

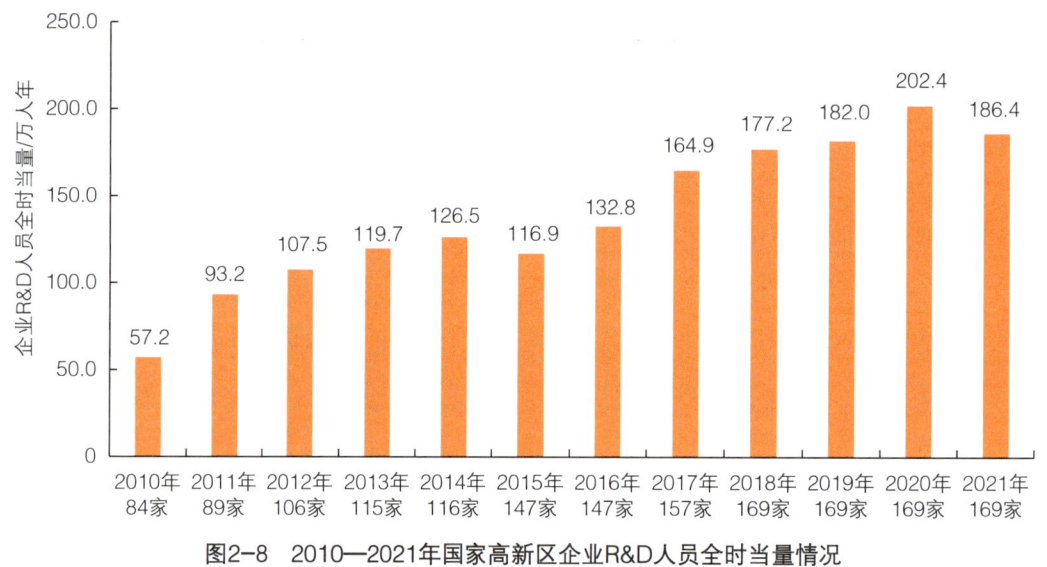

图2-8 2010—2021年国家高新区企业R&D人员全时当量情况

企业R&D人员全时当量按不同地区国家高新区、不同省份国家高新区、不同类别国家高新区进行对比，差异明显。

分地区来看，2021年，东北地区、东部地区、西部地区和中部地区的国家高新区企业R&D人员全时当量分别为5.7万人年、122.9万人年、23.0万人年和34.8万人年，地区差异显著。其中，东部地区集聚了国家高新区65.9%的研发人员资源，中部地区和西部地区各集聚了18.7%和12.3%的研发人员资源（图2-9）。相比2020年，

---

① 全国数据来源于《中国统计年鉴2022》。

2021年不同区域国家高新区R&D人员分布不平衡状况有所缓和，其中，东部地区和西部地区高新区研发人员的占比有所下降，而东北地区和中部地区高新区的占比有所上升。

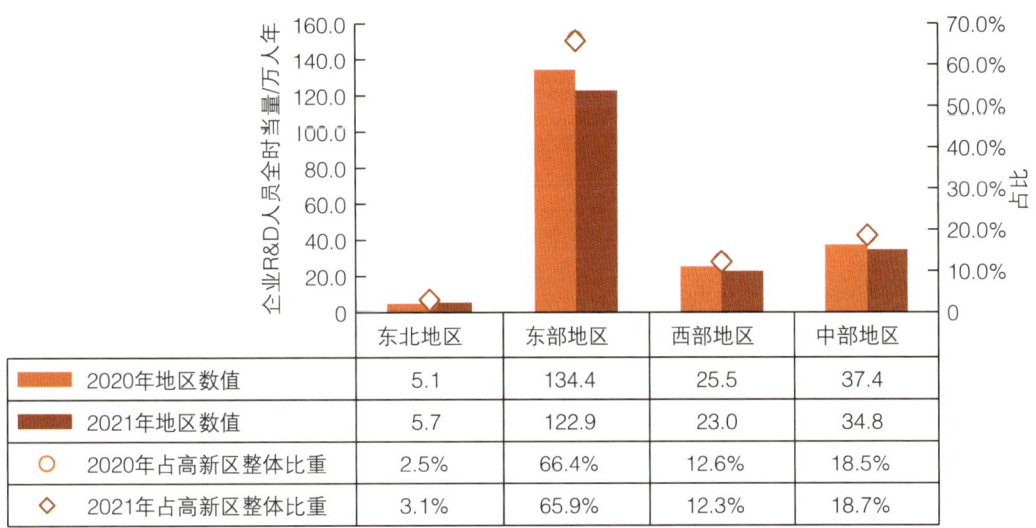

图2-9　2020年、2021年国家高新区企业R&D人员全时当量的地区分布情况

分省份来看，2021年，国家高新区企业R&D人员全时当量超过10万人年的省份共有6个，分别为江苏、广东、北京、湖北、浙江和山东（表2-1），占国家高新区总量的63.7%，较2020年68.2%下降了4.5个百分点。其中，北京从2020年的19.7万人年提升到20.4万人年，占国家高新区比重从2020年的9.8%提升到2021年的10.9%，在所有省份中同比提升最快，表现突出。近年来，北京紧紧围绕国际科技创新中心建设，牢固确立人才引领发展的战略地位，打出"放权、松绑、解忧、创生态"的人才政策组合拳，进一步突出青年人才的聚集和培育，全面推进高水平人才高地建设，人才发展生态环境持续优化。

表2-1　2021年国家高新区企业R&D人员全时当量的省份分布情况

省份	高新区企业R&D人员全时当量/万人年	占国家高新区整体的比例	省份	高新区企业R&D人员全时当量/万人年	占国家高新区整体的比例
江苏	30.7	16.5%	重庆	2.7	1.5%
广东	30.1	16.1%	河北	2.5	1.3%
北京	20.4	10.9%	天津	1.8	1.0%
湖北	14.4	7.7%	广西	1.1	0.6%
浙江	11.9	6.4%	吉林	1.0	0.5%
山东	11.3	6.1%	内蒙古	1.0	0.5%
陕西	9.4	5.0%	贵州	0.9	0.5%
上海	8.0	4.3%	黑龙江	0.9	0.5%
四川	6.9	3.7%	山西	0.5	0.3%
福建	6.1	3.3%	云南	0.4	0.2%
安徽	6.1	3.3%	甘肃	0.3	0.2%
湖南	5.1	2.7%	新疆	0.2	0.1%
河南	4.7	2.5%	宁夏	0.1	0.1%
江西	4.1	2.2%	海南	0.1	0.0%
辽宁	3.8	2.1%	青海	0.0	0.0%

分不同类别国家高新区来看，2021年，平均每家世界一流高科技园区、创新型科技园区和创新型特色园区的企业R&D人员全时当量分别为88 218人年、17 991人年、10 393人年，均明显高于其他园区。尤其是世界一流高科技园区的企业R&D人员全时当量均值是国家高新区平均水平的8倍，在研发人才资源集聚方面具有绝对的领先优势。按照稳定期园区和新升级园区、自创区园区和非自创区园区进行划分，可以看到稳定期园区与自创区园区的企业R&D人员全时当量的均值分别为28 159人年、25 678人年，要远高于新升级园区和非自创区园区的均值，是国家高新区平均水平的2倍多（图2-10）。

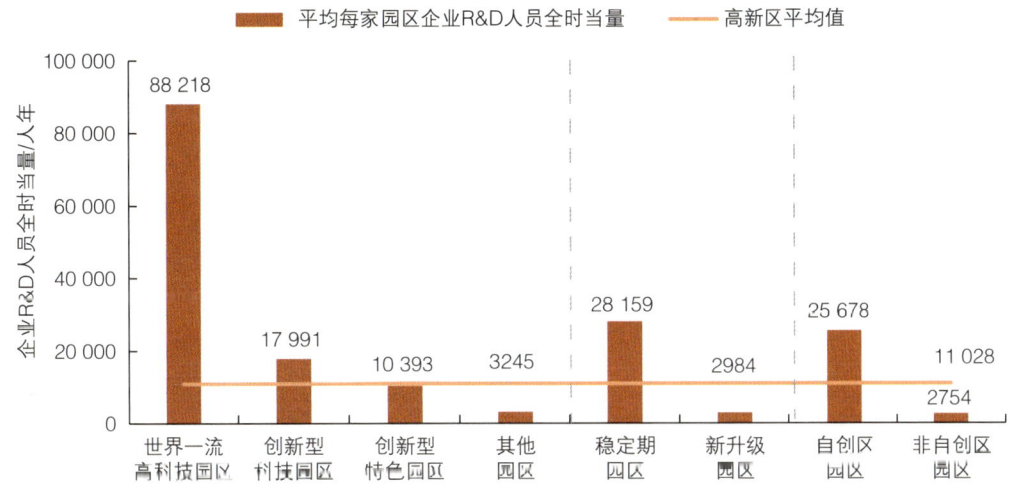

图2-10 2021年不同类别国家高新区的企业R&D人员全时当量情况

具体到单个园区，2021年，企业R&D人员全时当量在1.0万人年及以上的国家高新区共计41家，其中排名居前10位的国家高新区分别为中关村、深圳、武汉、上海张江、西安、苏州工业园、南京、广州、杭州和成都，分别为20.4万人年、13.0万人年、10.1万人年、7.9万人年、7.7万人年、7.7万人年、7.6万人年、6.2万人年、5.4万人年和5.3万人年（图2-11），中关村国家高新区的企业R&D人员数量头部效应明显。

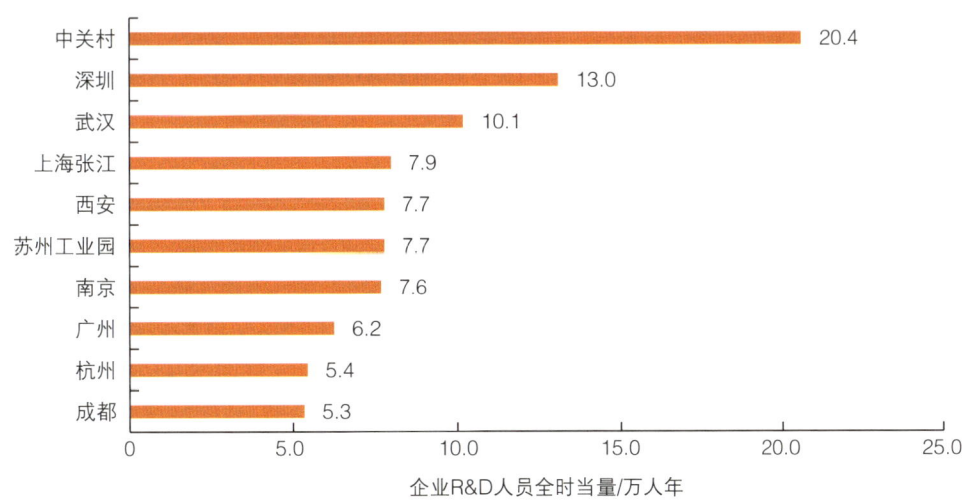

图2-11 2021年企业R&D人员全时当量排名居前10位的国家高新区情况

二、科技资金投入

源源不断的科技资金投入是提升创新实力的重要保障。经过多年的建设和发展，国家高新区不断提升科技资金投入水平，并创新支持方式，逐步建立起政府、企业、社会多方参与的科技投入体系。国家高新区创新资源集聚评价中，用财政科技支出占当年财政支出比例、企业R&D投入占增加值比例分别体现科技创新经费中的政府投入和企业投入。

（一）企业R&D投入占全国企业R&D经费支出近半，中关村、深圳超千亿元

2021年，国家高新区企业研发投入费用持续增长，企业R&D经费内部支出（以下简称"企业R&D投入"）为10 359.0亿元，同比增长12.7%，占全国企业R&D经费支出（21 504.1亿元）[①]的48.2%。其中，企业R&D投入超过100亿元的高新区共计21家，较上年增加4家，从高到低分别为中关村、深圳、上海张江、武汉、西安、广州、苏州工业园、南京、成都、杭州、济南、合肥、佛山、青岛、宁波、珠海、厦门、苏州、长沙、南昌和无锡高新区，占国家高新区总量的69.6%，其中中关村和深圳高新区的企业R&D投入分别为1457.4亿元、1084.6亿元，占国家高新区企业R&D投入的24.5%。

2010—2021年国家高新区企业R&D投入占增加值比例整体呈增长趋势，2021年为10.1%，较上年略有下降（图2-12）。

---

① 数据来自国家统计局《2021年全国科技经费投入统计公报》。

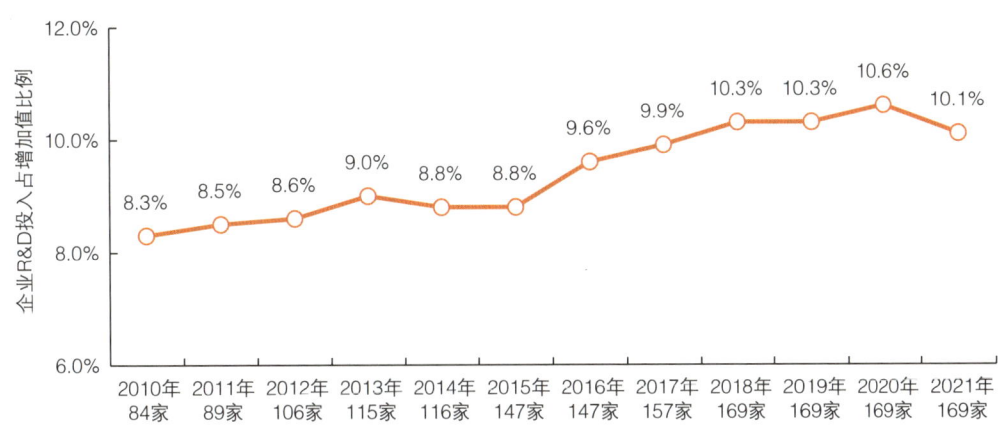

图2-12 2010—2021年国家高新区企业R&D投入占增加值比例情况

从地区分布情况来看，2021年东部地区国家高新区企业R&D投入占增加值比例最高，为11.2%；其次为中部地区，为9.5%；西部地区和东北地区均不足8%。从两年变化来看，2021年仅东北地区的企业R&D投入与增加值比例略有提升，东部地区、西部地区和中部地区均有所下降（图2-13）。但整体来看，东部地区和中部地区高新区的企业研发投入力度要远高于东北地区和西部地区。

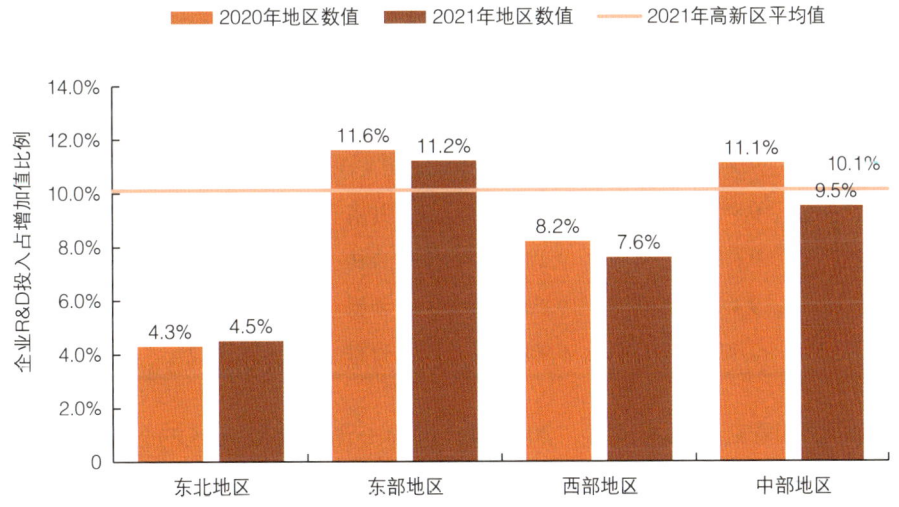

图2-13 2020年、2021年国家高新区企业R&D投入占增加值比例的地区分布情况

从省份分布情况来看，2021年国家高新区企业R&D投入占增加值比例在10%及以上的省份共计10个，从高到低分别为广东、江苏、河北、福建、浙江、山东、天津、湖北、湖南和江西。其中，广东高新区企业R&D投入占增加值比例为14.4%，但该比例较上年略有下降（表2-2）。从两年变化来看，有12个省份高新区企业R&D投入占增加值比例有所提升，18个省份有所下降。

表2-2 2020年、2021年国家高新区企业R&D投入占增加值比例的省份分布情况

省份	2021年国家高新区企业R&D投入占增加值比例	2020年国家高新区企业R&D投入占增加值比例	省份	2021年国家高新区企业R&D投入占增加值比例	2020年国家高新区企业R&D投入占增加值比例
广东	14.4%	15.9%	安徽	8.4%	12.0%
江苏	13.5%	11.9%	辽宁	8.1%	6.9%
河北	12.5%	9.4%	宁夏	7.7%	9.6%
福建	11.5%	10.6%	上海	7.6%	9.1%
浙江	11.1%	11.3%	贵州	6.4%	5.8%
山东	11.1%	10.2%	广西	5.0%	7.8%
天津	10.4%	8.2%	内蒙古	4.9%	9.2%
湖北	10.2%	11.9%	山西	4.3%	4.6%
湖南	10.2%	12.5%	云南	2.9%	2.0%
江西	10.2%	9.0%	海南	2.6%	3.6%
陕西	9.9%	10.0%	黑龙江	2.2%	3.1%
四川	9.8%	10.9%	甘肃	1.8%	2.1%
重庆	9.6%	9.2%	吉林	1.8%	2.7%
河南	9.4%	9.2%	新疆	1.5%	0.8%
北京	9.0%	9.9%	青海	1.2%	2.7%

从不同类别国家高新区来看，2021年，世界一流高科技园区的企业R&D投入占增加值比例最高，为11.5%，创新型科技园区和创新型特色园区均在9.0%以上，三类园区企业R&D投入占增加值比例均高于其他园区，而世界一流高科技园区的优势最为明显，比国家高新区平均水平高1.4个百分点。同样，稳定期园区、自创区园区的企业R&D投入占增加值比例分别为11.0%、11.2%，均高于国家高新区平均水平，分别是新升级园区、非自创区园区的1.5倍和1.7倍（图2-14）。

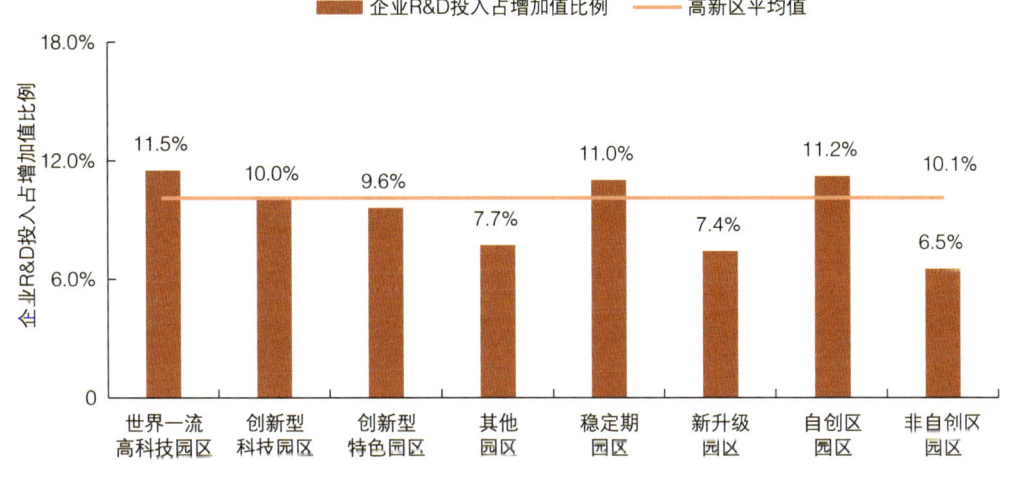

图2-14 2021年不同类别国家高新区的企业R&D投入占增加值比例情况

（二）财政科技拨款快速增长，北京、上海财政科技投入全国领先

直接的财政科技拨款和间接的财税政策是国家激励企业研发与创新的普遍做法。国家高新区通过加大政府科技资金投入力度，充分发挥财政资金的引导和杠杆作用，调动更多社会资金投入创新。

2021年，国家高新区财政科技拨款总额达1688.1亿元，同比增长17.4%，增速较上年提高4.9个百分点。其中，有14家高新区当年财政科技拨款在30亿元及以上，较上年增加2家，分别为上海张江、深圳、武汉、西安、合肥、广州、苏州工业园、郑州、天津、成都、杭州、长沙、宁波和太原高新区。

2010—2021年，国家高新区通过财政拨款支持科技创新的力度整体呈波动上升趋势，财政科技支出占当年财政支出比例从2010年的8.7%提升至2021年的14.9%（图2-15）。从主要采取的财税政策来看，主要通过设立高新技术产业专项补助资金和科技发展资金资助企业科研开发、设立专利申请资助专项经费、对自主创新型企业减税或返还、特许权使用费实行免征或减征、建立高增值产品的增值税补偿机制等多种举措支持企业创新。

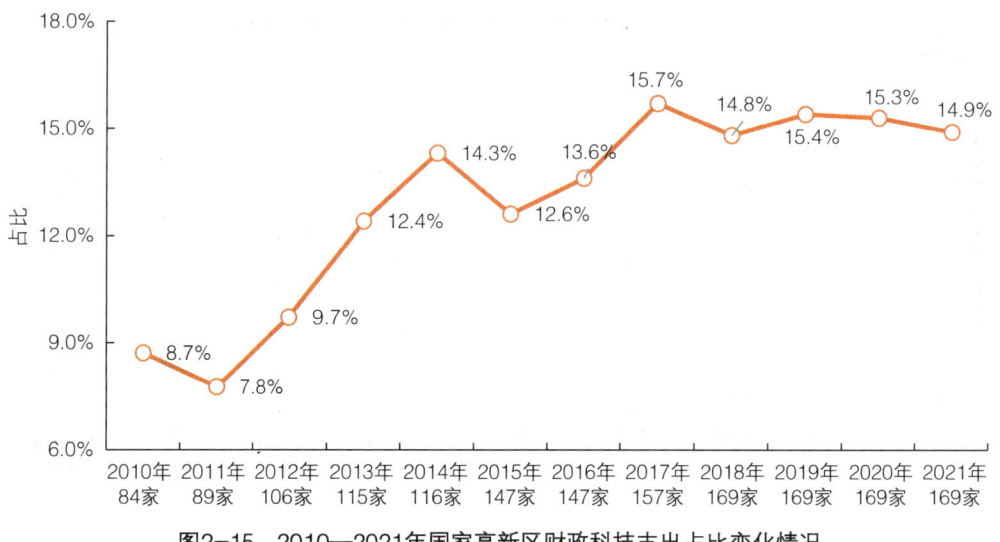

图2-15 2010—2021年国家高新区财政科技支出占比变化情况

从税收减免的具体情况来看，2021年，国家高新区对企业减免税收总计4991.3亿元，同比增长23.8%。其中，增值税减免1188.7亿元，同比增长25.5%；所得税减免3621.6亿元，同比增长24.6%（图2-16）。

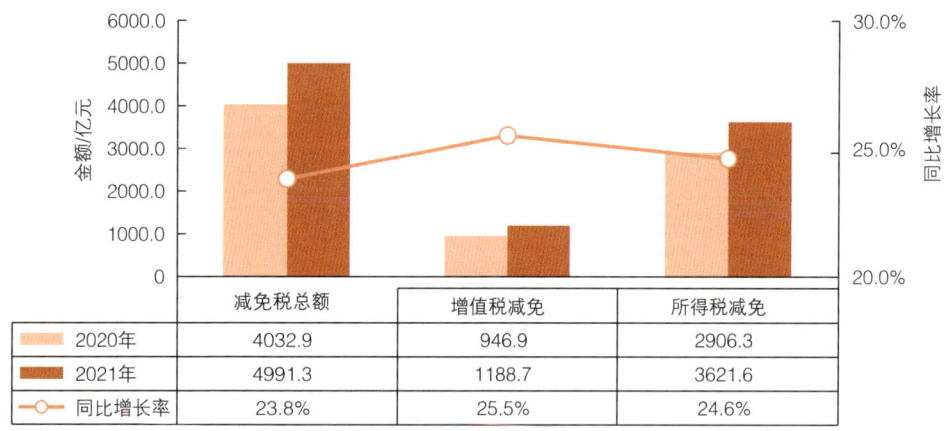

图2-16 2020年、2021年国家高新区企业税收减免情况

在企业所得税减免中，研发加计扣除所得税减免额为1455.5亿元，同比增长45.5%，是所得税减免中增长最快的税种，所占份额最大，为40.2%，较上年提升5.8个百分点；其次为享受高新技术企业所得税减免，税额为1414.3亿元，占企业所得税减免额的39.1%，该比例较上年有所下降；技术转让所得税减免额为9.6亿元，较去年

有所下降（图2-17）。

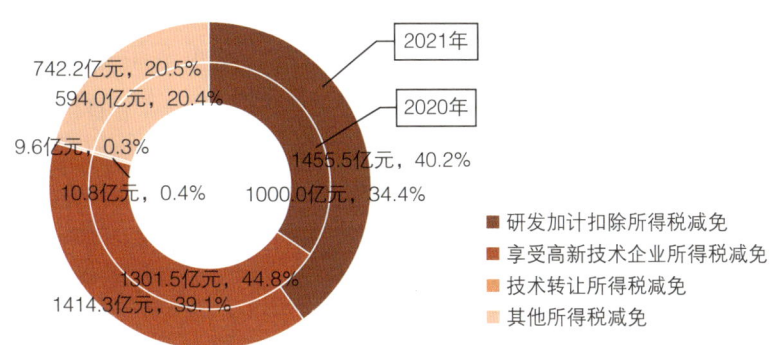

图2-17　2020年、2021年国家高新区企业所得税减免额和分布情况

财政科技支出占当年财政支出比例按不同地区国家高新区、不同省份国家高新区、不同类别国家高新区进行对比，有明显差异。

从地区分布情况来看，2021年财政科技支出占当年财政支出比例最高的是东部地区高新区，达15.6%；其次是中部地区，为15.4%；东北地区和西部地区则相对较低，分别为12.8%和12.3%（图2-18）。从两年变化来看，东部地区和中部地区的比例均出现下降，东北地区则出现上升，说明东北地区的国家高新区对创新活动的财政支持力度进一步强化，政府对创新的重视程度有所提高。

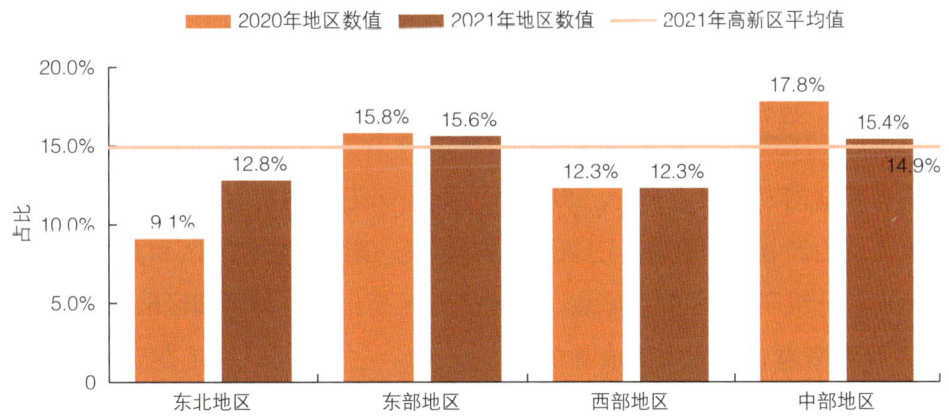

图2-18　2020年、2021年国家高新区财政科技支出占当年财政支出比例的地区分布情况

从省份分布情况来看，2021年，国家高新区财政科技支出占当年财政支出比例高于50%的分别是北京[①]和上海。除此之外，安徽、天津和山西3个省份高新区财政科技支出占当年财政支出的比例均在20%以上（表2-3）。从近两年变化来看，30个省份中有16个省份的高新区该比例出现上升，13个省份出现下降，1个省份持平。

表2-3 2020年、2021年国家高新区财政科技支出占当年财政支出比例的省份分布情况

省份	2021年国家高新区财政科技支出占比	2020年国家高新区财政科技支出占比	省份	2021年国家高新区财政科技支出占比	2020年国家高新区财政科技支出占比
北京	99.5%	99.3%	广西	12.3%	13.3%
上海	86.2%	84.3%	四川	12.2%	11.7%
安徽	39.0%	40.4%	湖北	12.0%	15.7%
天津	24.6%	24.3%	贵州	11.7%	12.8%
山西	20.3%	18.5%	宁夏	11.7%	2.8%
福建	18.8%	24.3%	江西	11.0%	13.9%
河南	17.2%	17.9%	吉林	10.2%	10.1%
辽宁	16.7%	10.4%	江苏	9.8%	10.3%
陕西	15.5%	15.5%	山东	9.5%	9.4%
广东	14.3%	15.9%	云南	8.5%	7.3%
甘肃	13.8%	13.4%	河北	5.8%	8.7%
浙江	13.5%	11.9%	海南	5.3%	3.0%
重庆	13.1%	15.0%	黑龙江	4.0%	3.9%
内蒙古	13.0%	16.4%	青海	3.4%	1.9%
湖南	12.7%	12.8%	新疆	1.6%	1.5%

从不同类别国家高新区来看，2021年，世界一流高科技园区财政科技支出占当年财政支出比例为27.0%，远高出创新型科技园区、创新型特色园区和其他园区；稳定期园区高出新升级园区7.6个百分点，自创区园区高出非自创区园区6.9个百分点（图2-19）。整体来看，发展比较成熟的世界一流高科技园区、稳定期园区和自创区园区，当地政府更为重视创新，财政科技投入的力度更大。

[①] 部分国家高新区没有一级财政，财政支出、财政科技支出数据分别使用"管委会管理并支出的园区发展专项资金额"和"专项资金中用于科技支出金额"代替。中关村科技园区两项资金数额相同，仅作为对比参考。

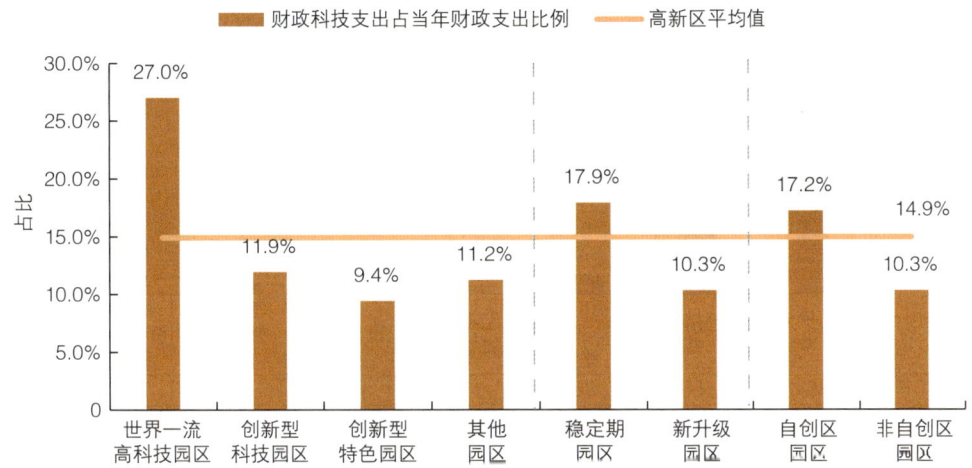

图2-19 2021年不同类别国家高新区财政科技支出占当年财政支出比例情况

（三）科技活动经费全面提升，人员人工费用支出最高

截至2021年底，国家高新区的企业科技活动经费支出合计为23 486.0亿元，同比增长20.0%。从科技活动经费支出明细来看，人员人工费用支出为10 565.5亿元，直接投入费用为6588.3亿元，折旧费用与长期待摊费用为959.3亿元，无形资产摊销费用为356.3亿元，设计费用为450.6亿元，装备调试费用与试验费用为538.3元，委托外单位开展科技活动费用为2730.1亿元。相比2020年，各项科技活动经费支出均有所提升，其中委托外单位开展科技活动费用增长最快，同比增速为23.9%（图2-20）。

从科技活动经费支出的分布结构来看，2021年，国家高新区企业的人员人工费用占比最高，为39.5%，其次是直接投入费用，占比为24.6%（图2-21）。

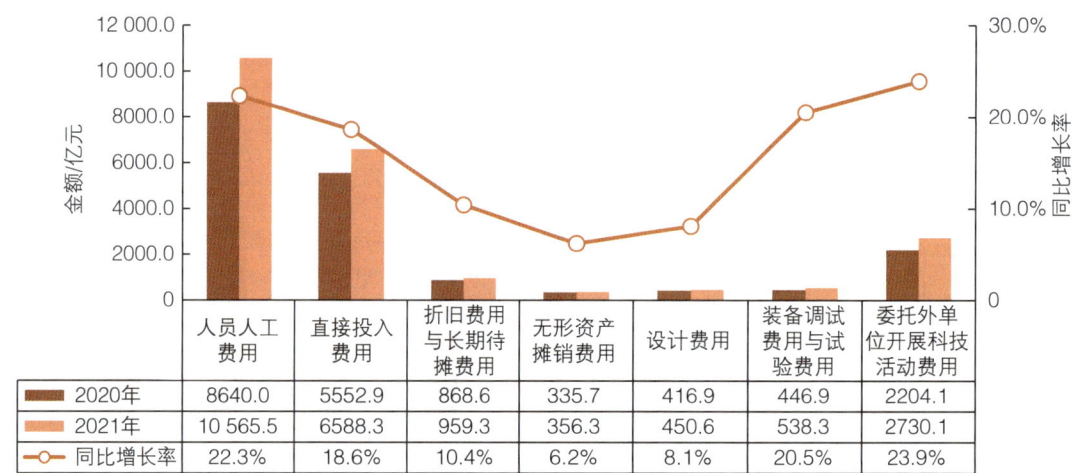

图2-20 2020年、2021年国家高新区企业的各项科技活动费用情况

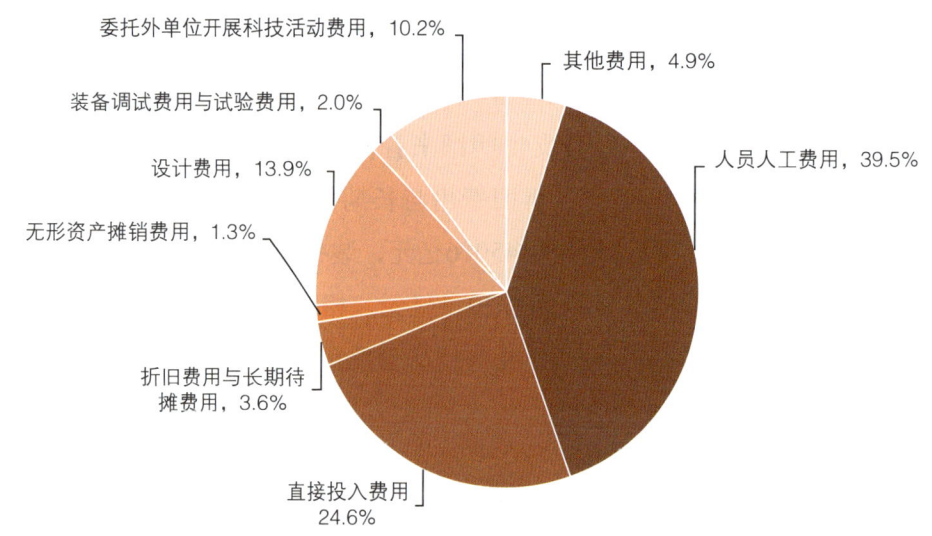

图2-21 2021年国家高新区企业的各项科技活动费用支出的分布情况

三、创新主体培育

高等学校、科研院所、企业都是国家高新区创新体系的重要组成部分，是进行科学研究、技术开发、技术产业化的重要主体。国家高新区一直将创新主体的引进和培育作为推动创新发展的重要工作，并通过资源招引、政策支撑和环境优化，在创新主体培育方面取得了显著成效。国家高新区创新资源集聚评价中，体现创新主体发

展的指标有两个，分别为省级及以上各类研发机构数量[①]、当年认定的高新技术企业数量。

（一）东部园区研发机构数占比过半，世界一流园区遥遥领先

国家高新区培育和集聚众多的研究机构，不断增强知识和技术的源头供给。2010—2021年，国家高新区省级及以上各类研发机构数量整体呈增长趋势，2021年为31 510家，同比增长9.8%（图2-22），平均每个国家高新区拥有省级及以上各类研发机构186家。

图2-22　2010—2021年国家高新区省级及以上各类研发机构数量

具体来看，截至2021年底，国家高新区内拥有国家认定的企业技术中心（包含分中心）999家，同比增长12.6%；拥有国家或行业归口研究院所1105家，同比下降4.2%。国家高新区集聚了全国80%以上的国家工程研究中心、全国（国家）重点实验室、国家工程实验室，其中累计建设全国（国家）重点实验室435家、国家工程研究中心（包含分中心）145家、国家工程技术研究中心271家、国家工程实验室121家、国家地方联合工程研究中心（工程实验室）527家（图2-23）。

[①]　省级及以上各类研发机构数量具体所包含的机构类型参见附录。其中，从2016年开始该指标新纳入"国家和地方联合实验室、其他国家级研发机构和新型产业技术研发机构"三类机构数；从2019年开始该指标去掉了"外资研发机构"。

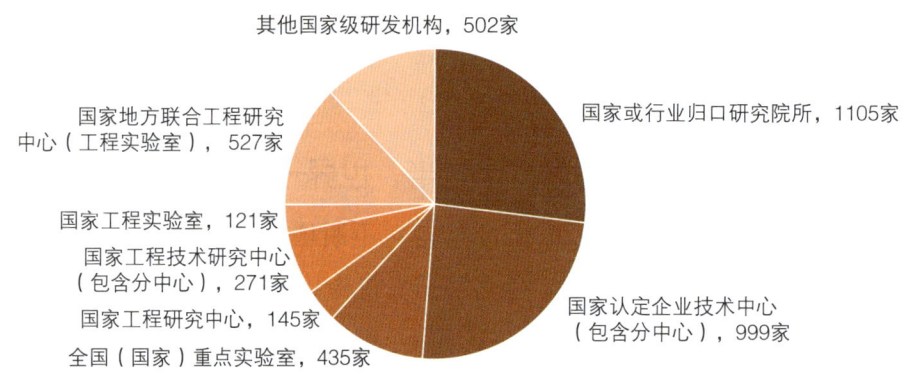

图2-23 2021年国家高新区各类国家级研发机构数量分布情况

此外，新型研发机构作为促进科技和经济有效结合的重要市场化组织形式在高新区中得到迅速发展。从国家层面到省份层面纷纷推出了促进新型研发机构发展的政策和举措，进一步优化科研力量布局，强化产业技术供给，促进科技成果转移转化，推动科技和经济深度融合。2021年，国家高新区拥有各类新型产业技术研发机构2712家，同比增加16.1%；其中拥有省级及以上新型产业技术研发机构1365家，同比增加26.9%。

从新型产业技术研发机构的区域分布来看，2021年，国家高新区新型产业技术研发机构主要集中在东部地区（1481家），其中拥有省级及以上新型产业技术研发机构765家，以广东、江苏、浙江等省份表现最为突出；中部地区、西部地区高新区分别拥有435家、124家省级及以上新型产业技术研发机构；东北地区高新区拥有41家省级及以上新型产业技术研发机构（图2-24）。

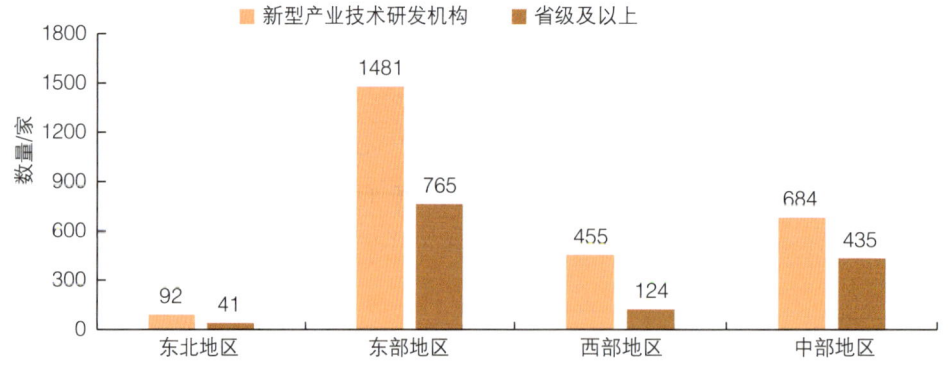

图2-24 2021年国家高新区新型产业技术研发机构数量的地区分布情况

按不同地区国家高新区、不同省份国家高新区、不同类别国家高新区对省级及以上各类研发机构数进行分析。

从地区分布情况来看，2021年，东北地区、东部地区、西部地区、中部地区国家高新区分别集聚省级及以上各类研发机构1820家、17 739家、4754家、7197家，56.3%的研发机构集中在东部地区高新区。观察两年变化：从数量上看，四大区域的省级及以上各类研发机构数量较上年均有所增长；从占高新区整体比重来看，除东部区域有所提升外，其他区域均略有下降（图2-25）。

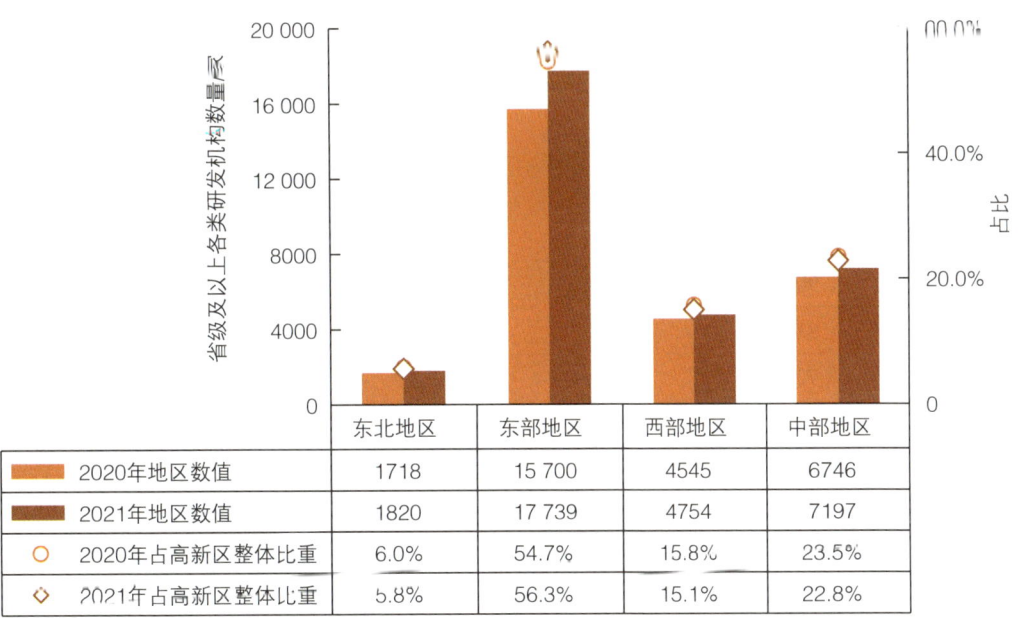

图2-25　2020年、2021年国家高新区省级及以上各类研发机构数的地区分布情况

从省份分布情况来看，2021年国家高新区省级及以上各类研发机构数量超过1000家的省份共有8个，分别为江苏、广东、湖北、浙江、山东、湖南、河南和北京，这8个省份集聚了高新区六成以上的研发机构；其中，江苏、广东分别拥有省级及以上各类研发机构5310家、4651家，占国家高新区整体的比例分别为16.9%、14.8%，远超其他省份（表2-4）。

第二章　创新资源集聚评价　45

表2-4　2021年国家高新区省级及以上各类研发机构的省份分布情况

省份	国家高新区省级及以上各类研发机构数量/家	占国家高新区整体的比例	省份	国家高新区省级及以上各类研发机构数量/家	占国家高新区整体的比例
江苏	5310	16.9%	广西	578	1.8%
广东	4651	14.8%	江西	566	1.8%
湖北	2219	7.0%	吉林	520	1.7%
浙江	2113	6.7%	天津	417	1.3%
山东	1973	6.3%	河北	404	1.3%
湖南	1732	5.5%	黑龙江	393	1.2%
河南	1525	4.8%	贵州	307	1.0%
北京	1432	4.5%	新疆	267	0.8%
四川	991	3.1%	甘肃	262	0.8%
陕西	964	3.1%	山西	205	0.7%
安徽	950	3.0%	云南	204	0.6%
辽宁	907	2.9%	内蒙古	162	0.5%
重庆	882	2.8%	青海	82	0.3%
上海	724	2.3%	宁夏	55	0.2%
福建	669	2.1%	海南	46	0.1%

从不同类别国家高新区来看，2021年，平均每家世界一流高科技园区、创新型科技园区、创新型特色园区的省级及以上各类研发机构数量分别为863家、371家、208家，均高于国家高新区平均值（186家），且远高于其他园区平均值，三类园区的研发机构资源相对丰富，尤其世界一流高科技园区平均值是国家高新区平均值的4.6倍；稳定期园区的省级及以上各类研发机构数量平均值为395家，是新升级园区的4.5倍；自创区园区的省级及以上各类研发机构数量平均值为363家，是非自创区园区的4.2倍（图2-26）。

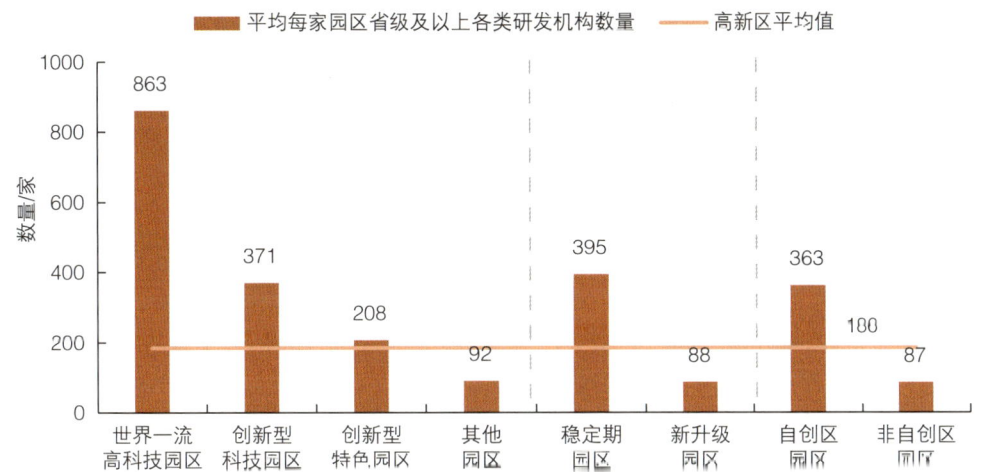

图2-26 2021年不同类别国家高新区平均省级及以上各类研发机构数量的分布情况

（二）当年认定高企超四万家，东部地区占六成以上

培育和发展高新技术企业一直是国家高新区推动创新发展工作的重要抓手。2021年，国家高新区火炬入统的高新技术企业数共计114 921家，同比增长15.7%，占高新区入统企业总数的63.3%（以下简称"入统高企率"），该比例较上年提高3.2个百分点。

从具体园区来看，2021年，入统高新技术企业在1000家以上的国家高新区较上年增加6家，共计27家，分别为中关村、上海张江、深圳、南京、武汉、西安、广州、成都、天津、苏州工业园、郑州、合肥、杭州、佛山、长沙、宁波、济南、青岛、苏州、沈阳、重庆、厦门、大连、珠海、太原、石家庄和无锡高新区（图2-27）。其中，仅中关村就拥有入统高新技术企业15 813家，占国家高新区整体的13.8%。

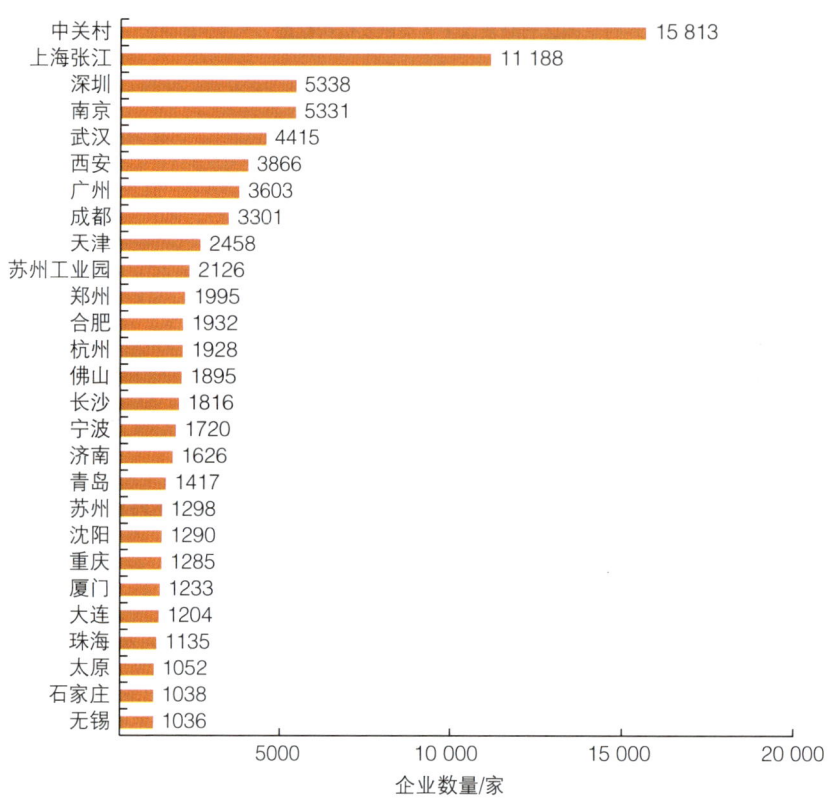

图2-27 2021年入统高新技术企业数超1000家的国家高新区

国家高新区高新技术企业的新生力量不断壮大。2010年，国家高新区当年认定的高新技术企业数仅为4527家，2021年达42 214家，是2010年的9.3倍，较2020年增长11.8%，国家高新区高新技术企业培育和认定工作卓有成效（图2-28）。

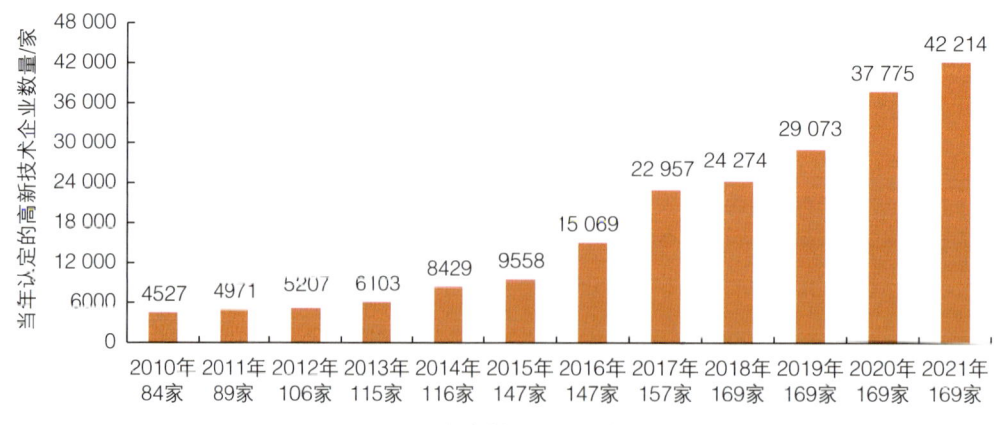

图2-28 2010—2021年国家高新区当年认定的高新技术企业数量

按不同地区国家高新区、不同省份国家高新区、不同类别国家高新区对当年认定的高新技术企业数量进行分析。

从地区分布情况来看，2021年，东北地区、东部地区、西部地区和中部地区国家高新区当年认定的高新技术企业分别为2119家、26 901家、5655家和7539家，63.7%的当年认定的高新技术企业集中在东部地区高新区（图2-29）。从两年变化来看，2021年四大地区高新区当年认定的高新技术企业数量较上年均有所增加；从占高新区整体比重来看，东部地区略有下降，其他3个地区均有小幅度的提升。

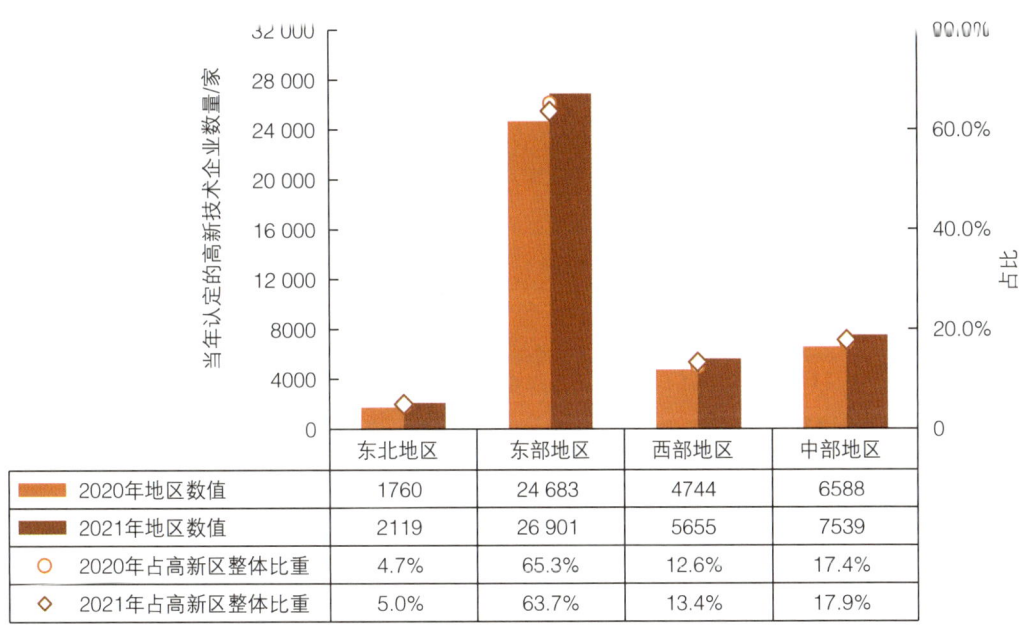

图2-29　2020年、2021年国家高新区当年认定的高新技术企业数量的地区分布情况

从省份分布情况来看，2021年当年认定高新技术企业数量超过1000家的国家高新区共计14家，较上年增加2家，分别为广东、江苏、北京、上海、湖北、山东、浙江、陕西、四川、湖南、福建、河南、辽宁和安徽，14家国家高新区当年认定的高新技术企业数量合计36 512家，占国家高新区整体的比例为86.3%；其中广东、江苏和北京当年认定高新技术企业数量分别为5575家、5069家和4898家，占国家高新区整体的比例均在11%以上（表2-5）。

表2-5 2021年国家高新区当年认定的高新技术企业数量的省份分布情况

省份	国家高新区当年认定的高新技术企业数量/家	占国家高新区整体的比例	省份	国家高新区当年认定的高新技术企业数量/家	占国家高新区整体的比例
广东	5575	13.2%	河北	789	1.9%
江苏	5069	12.0%	广西	687	1.6%
北京	4898	11.6%	重庆	656	1.6%
上海	3629	8.6%	黑龙江	555	1.3%
湖北	3181	7.5%	山西	418	1.0%
山东	2342	5.5%	吉林	414	1.0%
浙江	2332	5.5%	江西	324	0.8%
陕西	1933	4.6%	贵州	229	0.5%
四川	1533	3.6%	甘肃	178	0.4%
湖南	1285	3.0%	云南	176	0.4%
福建	1254	3.0%	内蒙古	118	0.3%
河南	1189	2.8%	新疆	112	0.3%
辽宁	1150	2.7%	海南	82	0.2%
安徽	1142	2.7%	宁夏	17	0.0%
天津	931	2.2%	青海	16	0.0%

从不同类别国家高新区来看，2021年世界一流高科技园区、创新型科技园区、创新型特色园区、其他园区当年认定的高新技术企业数量平均分别为1874家、399家、253家和82家，世界一流高科技园区头部效应明显，分别是创新型科技园区、创新型特色园区和其他园区的4.7倍、7.4倍和22.8倍。同时，2021年稳定期园区、自创区园区当年认定的高新技术企业数量平均分别为621家、553家，分别是新升级园区、非自创区园区的8.2倍、7.1倍（图2-30）。

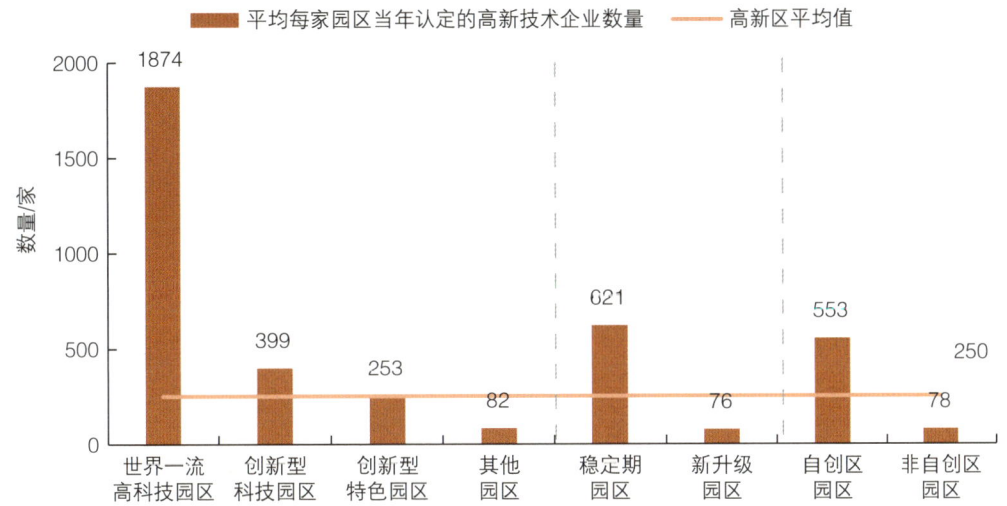

图2-30 2021年不同类别国家高新区当年认定的高新技术企业数量分布情况

（三）高企创新指标贡献超七成，经济规模优势逐步释放

无论是在创新投入、创新成果产出还是创新经济方面，高新技术企业的贡献基本在七成以上，高新技术企业已经成为支撑国家高新区创新发展的中坚力量。

从创新投入情况来看，2021年，国家高新区高新技术企业科技活动人员合计470.5万人，占国家高新区整体的比例为83.5%；R&D人员全时当量为150.7万人年，占国家高新区整体的比例为80.8%；R&D经费内部支出为8348.7亿元，占国家高新区整体的比例为80.6%（表2-6）。高新技术企业科技活动人员、R&D经费内部支出占国家高新区整体的比例均在80%以上，说明高新技术企业是高新区开展创新活动的主体。

表2-6　2021年国家高新区高新技术企业主要创新投入指标及占比情况

类别	科技活动人员合计/万人	R&D人员折合全时当量/万人年	R&D经费内部支出/亿元
高新技术企业	470.5	150.7	8348.7
国家高新区整体	563.4	186.4	10 359.0
占国家高新区整体的比例	83.5%	80.8%	80.6%

从创新成果产出情况来看，2021年，国家高新区高新技术企业当年申请专利、

申请发明专利分别为86.6万件、43.4万件，占国家高新区整体的比例分别为82.8%、81.8%；授权专利、授权发明专利分别为64.4万件、19.8万件，占国家高新区整体的比例分别为84.7%、83.4%；拥有有效专利、有效发明专利分别为315.6件、103.7万件，占国家高新区整体的比例均为85.1%（图2-31）。高新技术企业当年形成国际标准452项，当年形成国家或行业标准9675项，占国家高新区整体的比例分别为63.1%、86.3%。除国际标准之外，2021年，高新技术企业当年的主要创新成果指标占国家高新区整体的比例均高于80%。

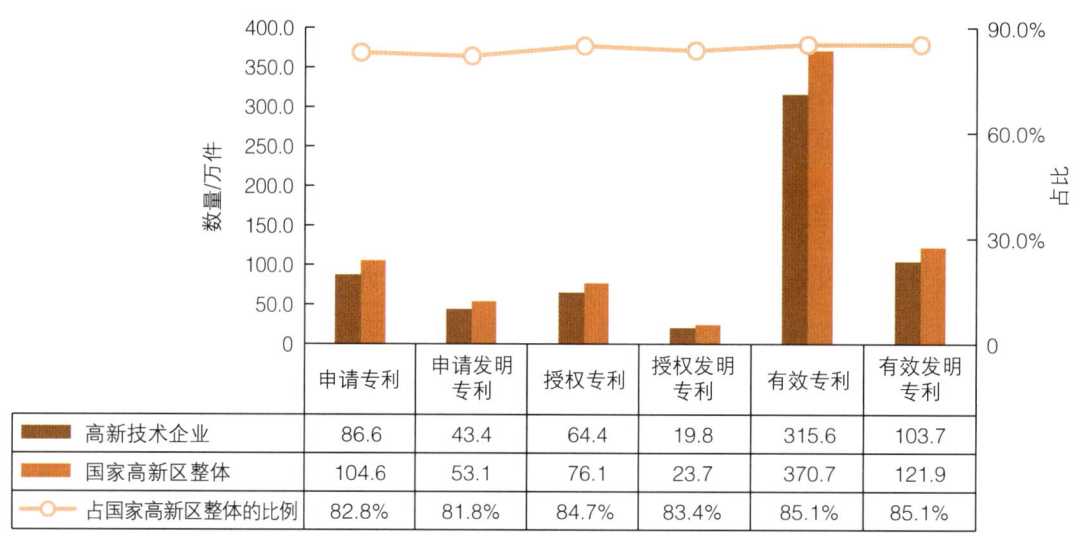

图2-31 2021年国家高新区高新技术企业专利成果产出及占比情况

高新技术企业对高新区创新经济方面的贡献较为显著。2021年，国家高新区高新技术企业实现技术收入50 163.9亿元、认定登记的技术合同成交金额达8656.8亿元，占国家高新区整体的比例分别为72.5%、84.2%；高新技术产品销售收入158 281.1亿元、新产品销售收入77 656.5亿元，占国家高新区整体的比例分别为80.3%、76.0%，占比均在70%以上（图2-32）。

高新技术企业的创新优势正逐步转化为规模经济优势。从主要经济指标来看，2021年，高新技术企业营业收入、工业总产值、净利润、上缴税费、出口总额占国家高新区整体的比例在45%～65%（图2-33），与上年相比，主要经济规模占比均有所提升。

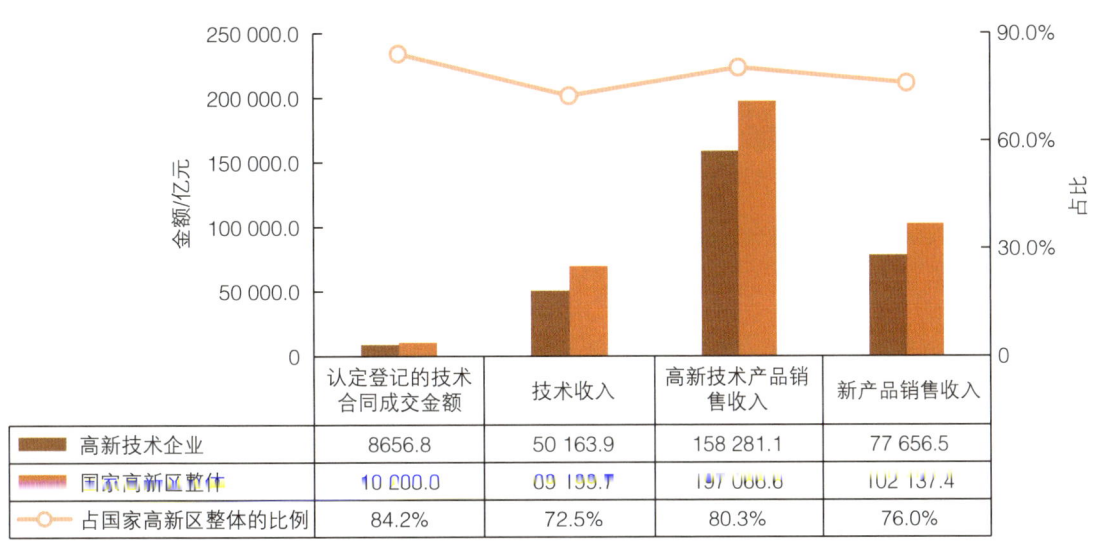

图2-32 2021年国家高新区内高新技术企业主要创新经济指标及占比情况

值得注意的是，高新技术企业中的中小微企业占比达96.3%，与规模以上企业相比，虽然中小微企业的规模化、市场化表现较弱，但是在加大科技创新投入、加快科技成果转移转化等方面，已经成为科技创新的主导力量，国家高新区需进一步加大对高新技术企业，特别是科技型中小微企业的关注和扶持力度。

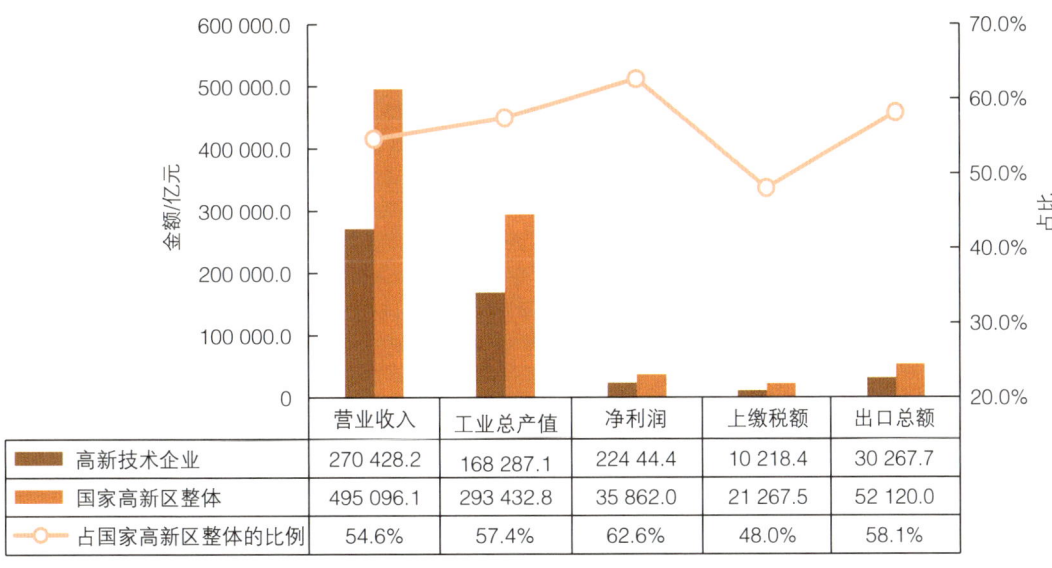

图2-33 2021年国家高新区内高新技术企业主要经济规模指标及占比情况

国家高新区创新能力评价报告2022

第三章 创新创业环境评价

创新创业环境主要考察影响创新能力与绩效的外部因素，关注的是高新区所营造的创新创业环境在吸引创新要素和提升创新能力方面的作用。国家高新区创新创业环境的营造一方面取决于高新区管委会直接或间接提供的创新服务；另一方面则取决于聚集在高新区的各类创新主体共同构建的创新氛围与支撑条件。前者可以直接通过高新区所搭建的平台载体、聚集的服务资源来测度，而后者则可以从创新创业活跃程度得到间接反映。

从预测结果来看，2021年，创新创业环境指数为1070.3点，比上年增长196.1点，增速为22.4%。

创新创业环境下设5个二级指标，分别为当年新注册企业数占工商注册企业总数比例、省级及以上各类创新服务机构数量、企业开展产学研合作研发费用支出、科技企业孵化器及加速器内企业数量、创投机构当年对企业的风险投资总额。2021年，5个二级指标分别为20.7%、6976家、2374.4亿元、150 608家和3619.2亿元，从同比增长来看，除当年新注册企业数占工商注册企业总数比例指标略有下降外，其余4个指标均实现增长，分别为17.4%、24.8%、9.2%和92.8%（图3-1）。

从增速贡献来看，以"创投机构当年对企业的风险投资总额"指标对创新创业环境指数增长的贡献最大，对创新创业环境指标加权增长率的贡献为57%；其次为"企业开展产学研合作研发费用支出"和"省级及以上各类创新服务机构数量"，分别贡献20%和16%。

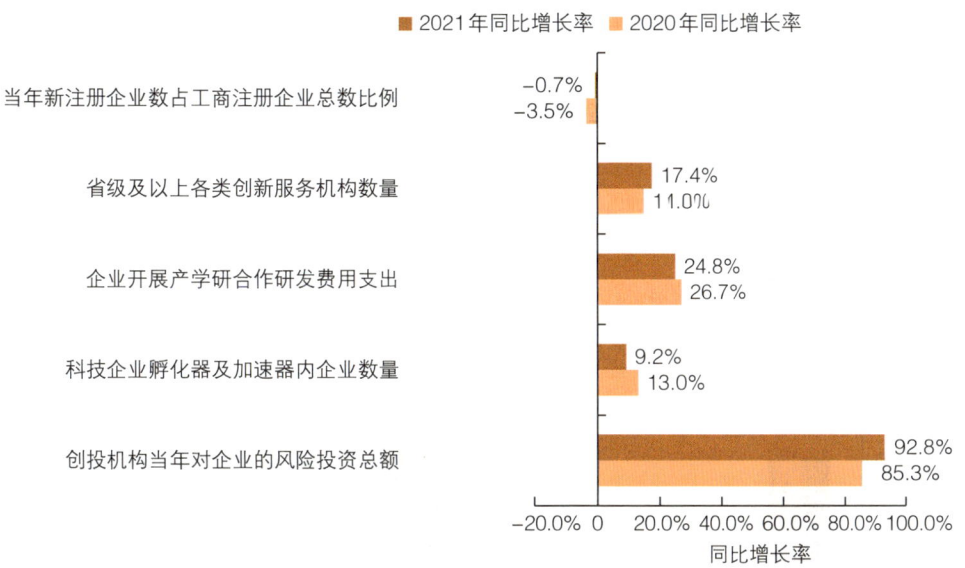

图3-1 2020年、2021年国家高新区创新创业环境5个二级指标的同比增长率对比

围绕5个二级指标，分别从"双创"活力表现、服务效能表现、金融环境表现3个方面，对国家高新区创新创业环境建设情况进行详细分析和阐述。

一、"双创"活力表现

国家高新区持续优化企业发展环境，强化企业科技创新主体地位，不断激发科技型中小企业创新创业活力。随着创新创业生态的构建，国家高新区进一步加大创业孵化载体建设，已形成"众创空间—孵化器—加速器—专业园区"的全链条孵化培育体系，创业服务质量不断提升，科技创新资源共享平台不断完善，创新要素加速向企业集聚，各类企业依靠科技创新引领高质量发展取得积极成效，一批骨干企业成为国家战略科技力量，一大批中小企业成为创新重要发源地。国家高新区创新创业环境评价中，体现创业孵化和活力方面的指标为"当年新注册企业数占工商注册企业总数比例""科技企业孵化器及加速器内企业数量"。

（一）各类孵化载体稳步增长，人才服务机构增速最快

截至2021年底，国家高新区内共有科技企业孵化器3385家，同比增长12.2%，其中省级及以上科技企业孵化器1697家，同比增长12.5%；国家级科技企业孵化器815家，同比增长10.3%。众创空间达到3990家，同比增长8.4%，其中国家备案众创空间为1185家，同比增长3.3%；科技企业加速器为972家，同比增长9.5%（图3-2）。

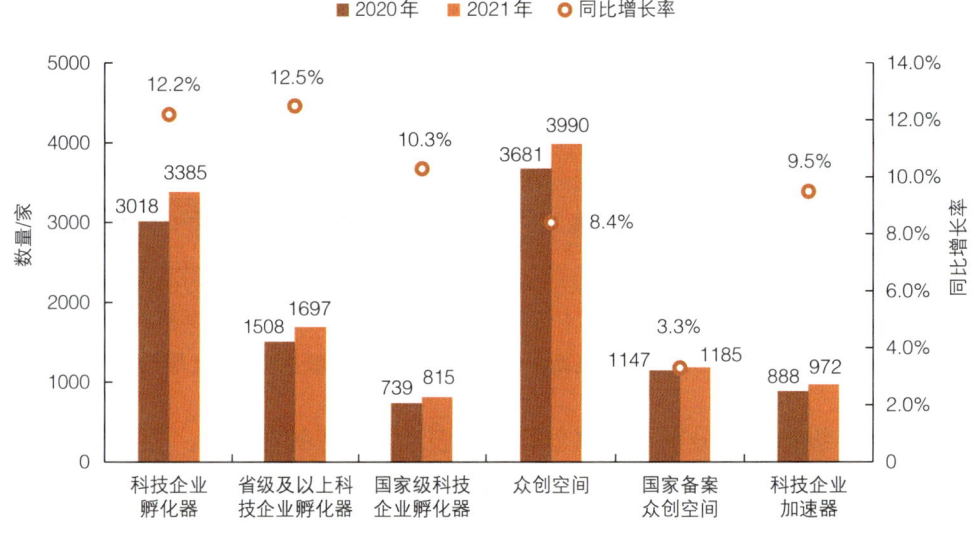

图3-2　2020年、2021年国家高新区孵化器、众创空间、加速器数量和增长情况

具体到单个园区的科技企业孵化器情况，2021年科技企业孵化器数超过40家的国家高新区共有16家，较2020年增加3家，包括中关村、南京、广州、成都、深圳、上海张江、青岛、武汉、杭州、合肥、佛山、苏州工业园、东莞、宁波、常州和苏州高新区。排名居前3位的中关村、南京和广州高新区科技企业孵化器数均在150家以上；同时，中关村拥有最多的国家级科技企业孵化器，为46家，其次是武汉和南京高新区，分别为45家和42家（图3-3）。

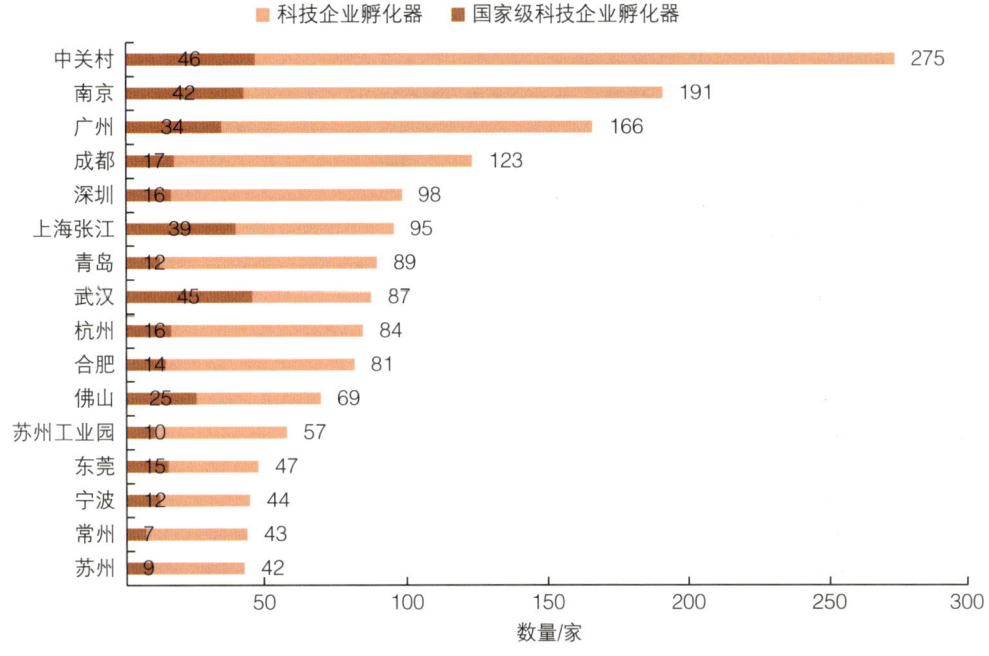

图3-3　2021年科技企业孵化器数超过40家的高新区

具体到单个园区的众创空间情况，2021年，众创空间数达到50家的国家高新区共有21家，较上年增加4家，包括南京、深圳、中关村、武汉、苏州工业园、上海张江、广州、西安、厦门、太原、成都、青岛、济南、沈阳、杭州、苏州、淮安、合肥、宁波、天津和长沙高新区，排名居前8位的国家高新区众创空间数均在100家及以上。中关村科技园区拥有国家备案众创空间数量最多，其次是深圳和武汉高新区（图3-4）。

在大众创新创业服务方面，根据对国家高新区开展的问卷调查，2021年，国家高新区"双创"工作在增加就业、创业孵化、促进企业创新、提供创新创业平台和便利的硬件设施环境等方面改善显著。截至2021年底，95%左右的高新区建立标志性专项人才计划；几乎所有的高新区或相关责任部门都组织或举办过创新创业活动；大学生、科研人员、留学归国人员是高新区创业者的主要来源[①]。与此同时，国家高新区创业服务社会环境也在不断完善。截至2021年底，国家高新区内共有技工学校1098家、律师事务所3500家、会计师事务所3035家、税务机构1267家、审计事务所2098家、人才服务机构9485家，且较上年度均有所增长；尤其是人才服务机构增长迅速，

---

① 资料来源：调查问卷。

同比增长率为36.8%（表3-1）。

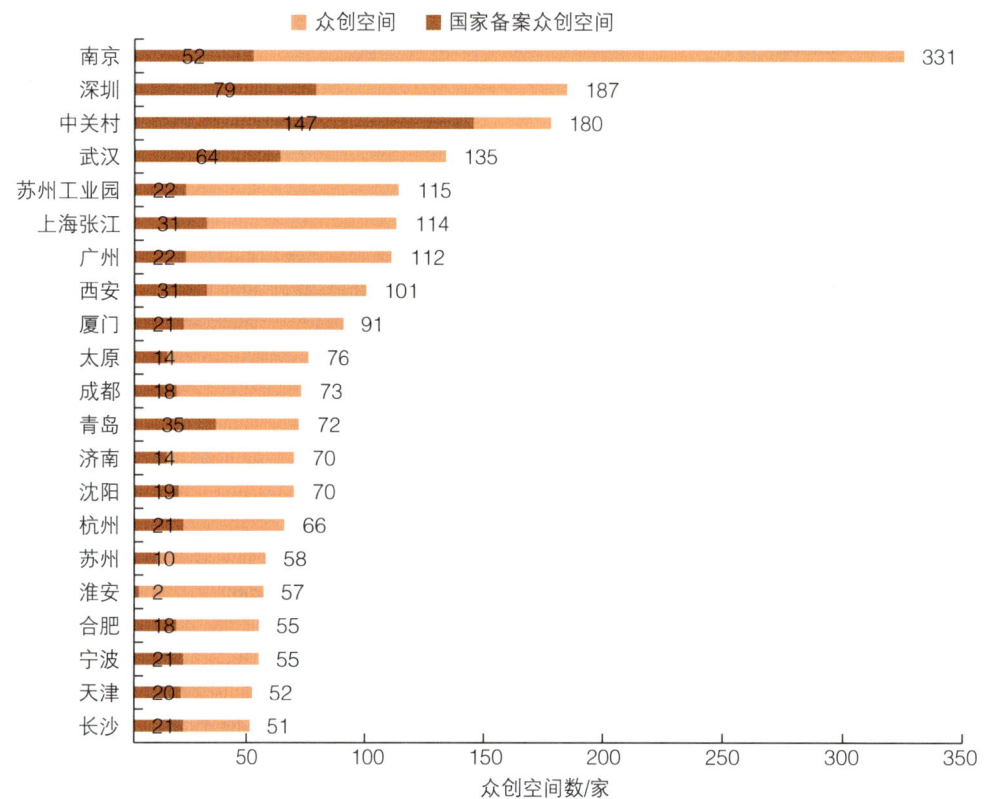

图3-4　2021年众创空间数在50家及以上的高新区

表3-1　高新区创业相关的公共服务机构数量

年份	技工学校/家	律师事务所/家	会计师事务所/家	税务机构/家	审计事务所/家	人才服务机构/家
2020年	960	3103	2625	1143	1991	6936
2021年	1098	3500	3035	1267	2098	9485
同比增长率	14.4%	12.8%	15.6%	10.8%	5.4%	36.8%

（二）在孵企业破15万家，西部地区在孵企业占比提升

随着孵化载体建设工作的推进及创业服务体系的逐步完善，2010—2021年，国家高新区在孵企业数量持续增长，2021年为150 608家（图3-5），相比2020年增长9.2%，平均每家高新区拥有在孵化器及加速器内企业891家，较上年增加75家。

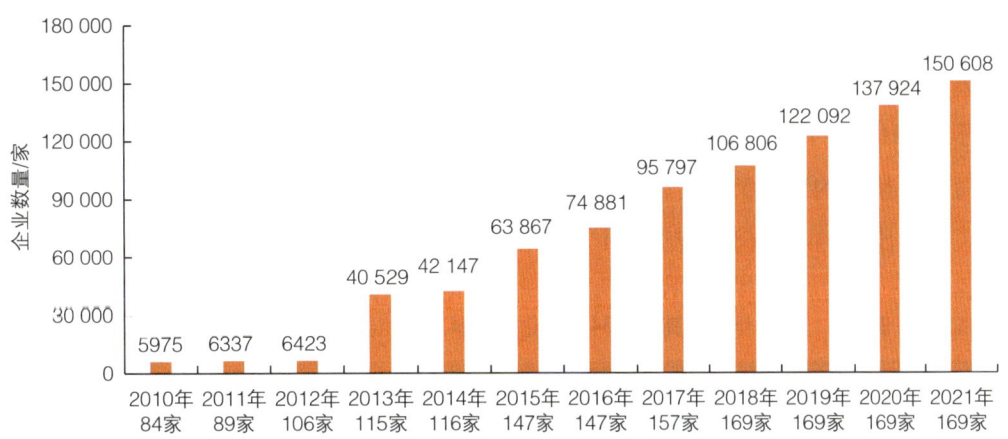

图3-5 2010—2021年国家高新区科技企业孵化器及加速器内企业数量情况

分地区来看，2021年，东部地区高新区在孵企业数为87 152家，数量最多，占国家高新区整体比重为57.9%。中部和西部地区高新区在孵企业数分别为35 554家、18 622家，分别占23.6%、12.4%。东北地区高新区在孵企业数为9280家，占比仅为6.2%，与上年基本保持一致，表明东北地区高新区的科技孵化工作亟须强化（图3-6）。

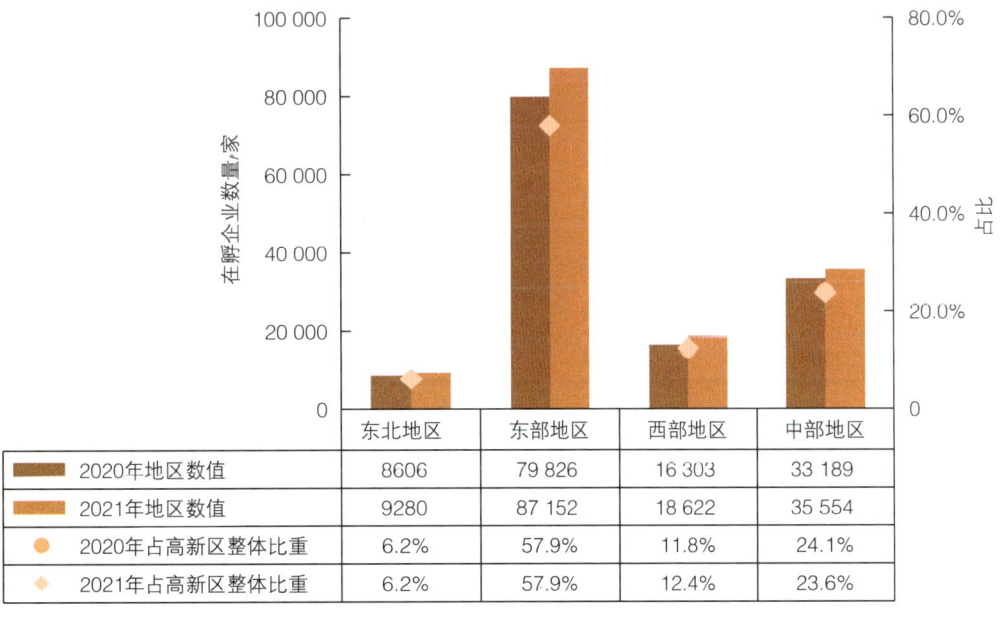

图3-6 2020年、2021年国家高新区在孵企业数量的地区分布

分省份来看，2021年国家高新区科技企业孵化器及加速器内企业数量排在前10位的省份分别是江苏、广东、北京、湖北、山东、浙江、湖南、上海、河南和安徽，其中江苏20 710家、广东16 569家、北京14 746家、湖北11 381家、山东9736家，分别占国家高新区整体的13.75%、11.00%、9.79%、7.56%、6.46%，排在前5位的省份占到高新区整体比例的48.56%（表3-2）。

表3-2　2021年国家高新区科技企业孵化器及加速器内企业数量的省份分布

省份	国家高新区科技企业孵化器及加速器内企业数量/家	占国家高新区整体的比例	省份	国家高新区科技企业孵化器及加速器内企业数量/家	占国家高新区整体的比例
江苏	20 710	13.75%	黑龙江	2732	1.81%
广东	16 569	11.00%	江西	2572	1.71%
北京	14 746	9.79%	福建	2539	1.69%
湖北	11 381	7.56%	吉林	2454	1.63%
山东	9736	6.46%	广西	2154	1.43%
浙江	9420	6.25%	天津	1917	1.27%
湖南	8360	5.55%	山西	1144	0.76%
上海	7250	4.81%	新疆	979	0.65%
河南	6199	4.12%	内蒙古	877	0.58%
安徽	5898	3.92%	甘肃	863	0.57%
陕西	4151	2.76%	贵州	736	0.49%
辽宁	4094	2.72%	云南	711	0.47%
河北	3974	2.64%	青海	615	0.41%
四川	3691	2.45%	宁夏	436	0.29%
重庆	3409	2.26%	海南	291	0.19%

分不同类别国家高新区来看，2021年，世界一流高科技园区、创新型科技园区、创新型特色园区科技企业孵化器及加速器内企业数量为5529家、1520家、885家，其中世界一流高科技园区、创新型科技园区高于高新区平均值，尤其世界一流高科技园区是高新区平均值的6.2倍；平均每家稳定期园区为2038家，远高于新升级园区，是高新区平均值的2.3倍；平均每家自创区园区为1795家，远高于非自创区园区，是高

新区平均值的2倍（图3-7）。

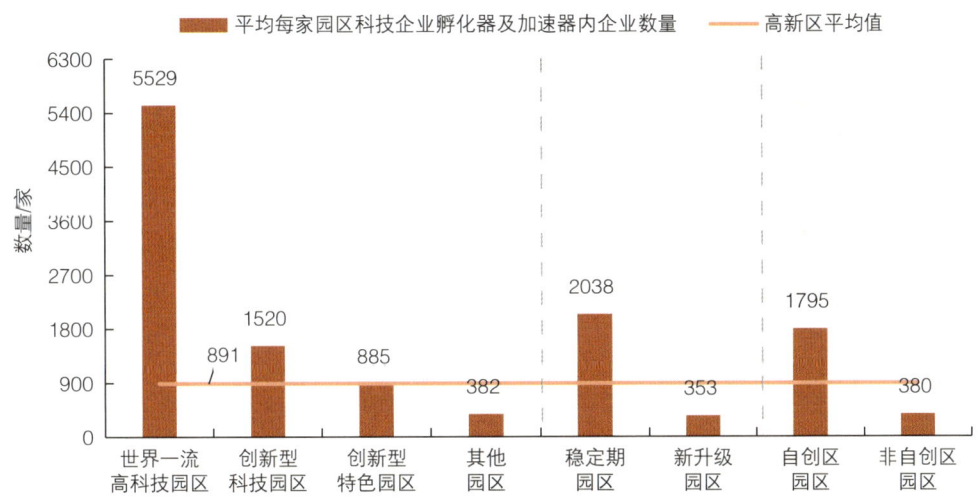

图3-7　2021年不同类别国家高新区在孵企业数分布情况

具体到园区层面，2021年科技企业孵化器及加速器内企业数量超1000家的有37家高新区，其总和为102 910家，占高新区整体的68.3%；其中，超过3000家的有9家高新区，排在前5位的分别是中关村、上海张江、武汉、广州和杭州高新区；中关村科技园区表现最为突出，占高新区整体的9.8%，远高出其他园区（图3-8）。

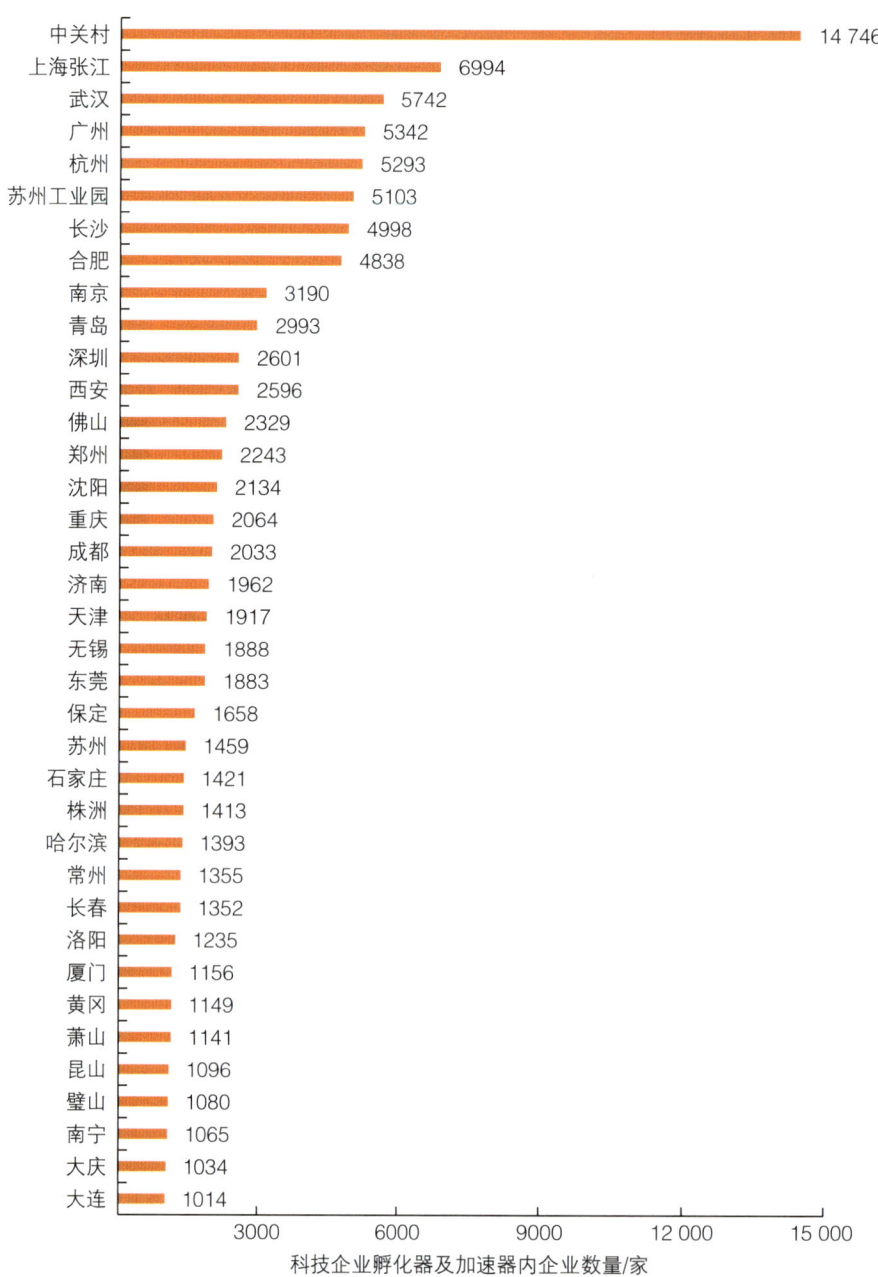

图3-8　2021年科技企业孵化器及加速器在孵企业数超1000家的国家高新区

（三）新注册企业数再创新高，企业发展活力突出

在政府和市场双重力量的推动下，国家高新区的新增企业再创新高，从2010年开始当年新注册企业数持续提升，2021年底为88.6万家，较上年增加13.8万家，同比增长18.4%（图3-9）。国家高新区每天新注册企业2427家，每天比上年多注册380家。

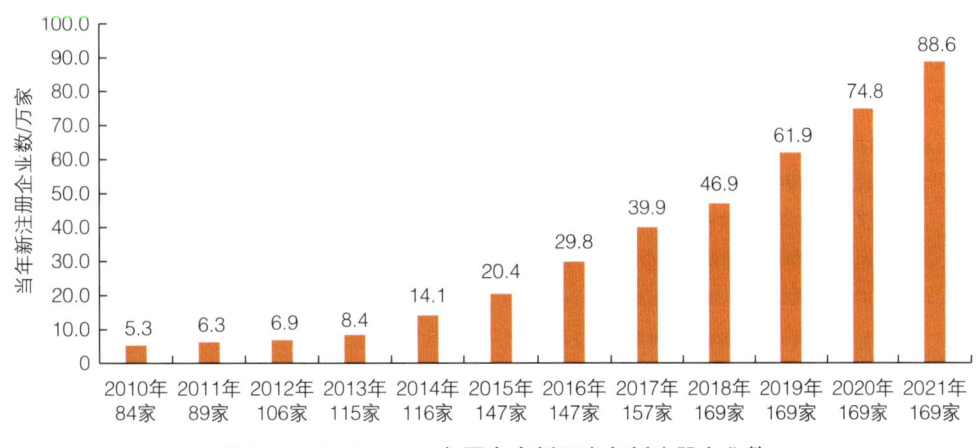

图3-9　2010—2021年国家高新区当年新注册企业数

从当年新注册企业类型来看，2021年，88.6万家新注册企业中有10.9万家为工业企业，占比为12.4%；有24.6万家为技术开发和技术服务型企业，占比为27.8%（表3-3）。当年新注册的技术开发和技术服务型企业数是工业企业的2.2倍，说明国家高新区对高技术服务业企业更具吸引力，更多知识密集型企业在此生长。

表3-3　2021年国家高新区年新注册企业类型

年份	当年新注册企业/家	工业型企业/家	技术开发和技术服务型企业/家
2020年	747 535	83 353	211 327
2021年	885 827	109 492	245 866
同比增长率	18.5%	31.4%	16.3%

从高新区个体来看，2021年，当年新注册企业数超过1万家的国家高新区共有23家，较上年增加了4家，包括中关村、南京、深圳、成都、广州、佛山、西安、上海张江、苏州工业园、武汉、杭州、重庆、合肥、宁波、济南、青岛、萧山、郑州、苏

州、天津、长沙、沈阳和无锡高新区，23家国家高新区当年新注册企业数占国家高新区整体的比例为60%（图3-10）。

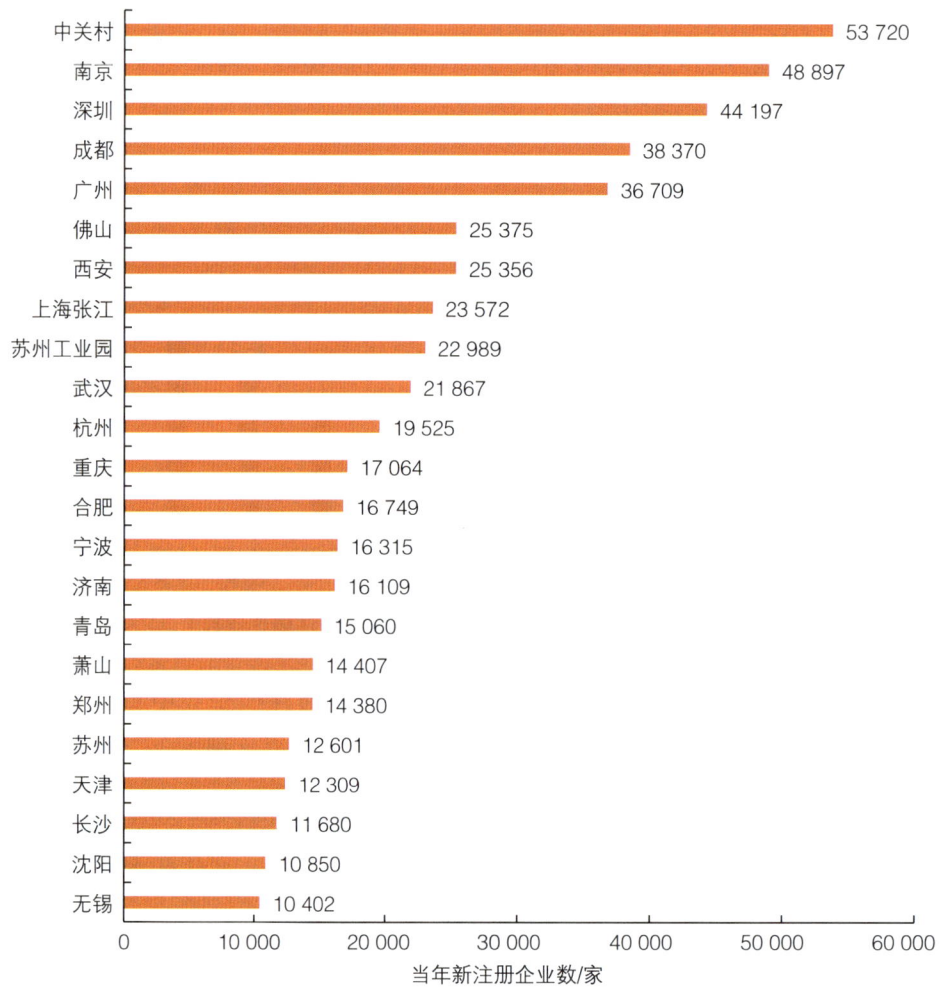

图3-10　2021年当年新注册企业数超过1万家的国家高新区

从当年新注册企业数占比来看，自2010年以来，国家高新区当年新注册企业数占工商注册企业总数比例整体保持波动增长趋势，2021年比例为20.7%，较上年下降0.1个百分点，近7年来基本维持在20%以上的比重（图3-11）。

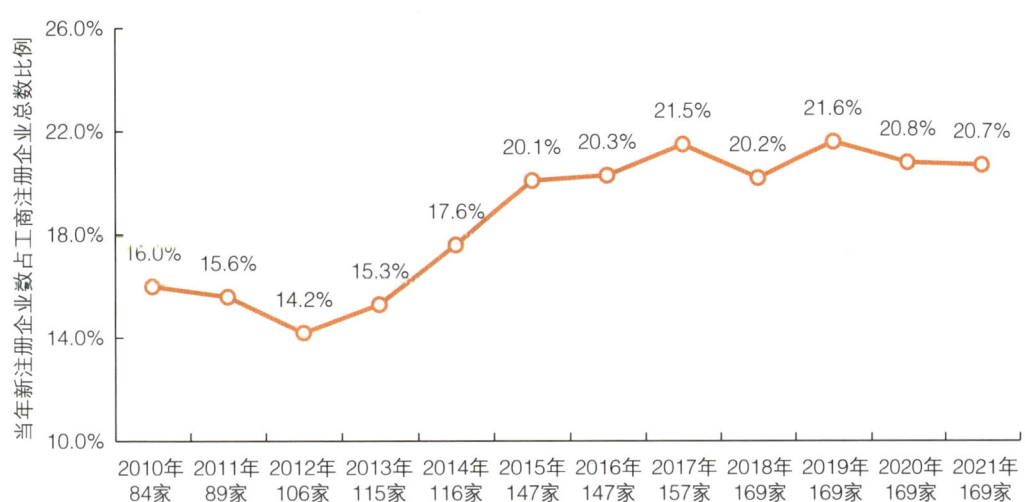

图3-11 2010—2021年国家高新区当年新注册企业数占工商注册企业总数比例

分地区来看,2021年,中部地区国家高新区新注册企业数占工商注册企业总数比例为23.7%,在高新区平均值以上;而西部地区、东部地区和东北地区高新区新注册企业数占工商注册企业总数比例分别为19.9%、20.1%和20.6%,均低于高新区平均值(图3-12)。从4个地区两年的变化看,东北地区和中部地区较上年分别上升1.3、0.4个百分点,其余两个地区较上年均有小幅回落。

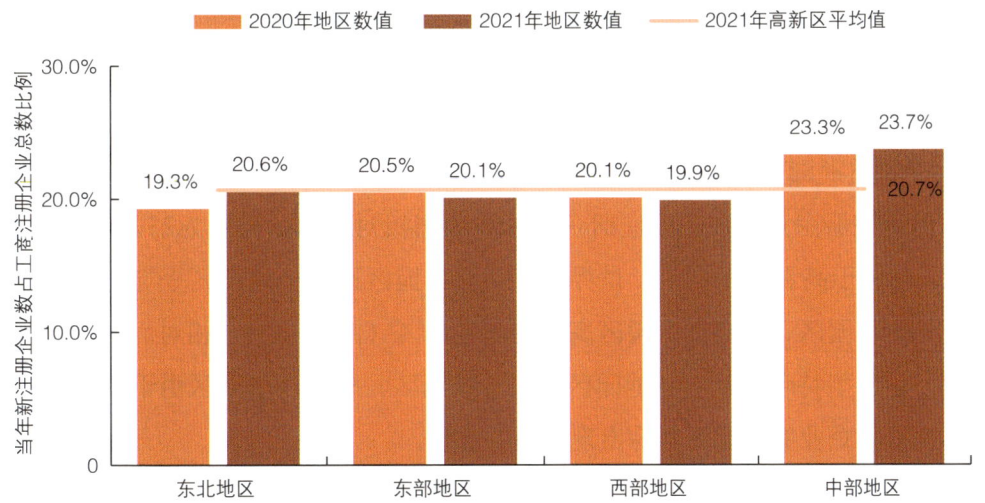

图3-12 2021年四大地区当年新注册企业数占工商注册企业总数比例

第三章 创新创业环境评价 67

分省份来看，2021年，20个省份的高新区当年新注册企业数占工商注册企业总数比例在20%以上，排名居前10位的省份分别为海南、江西、福建、河南、山西、吉林、天津、广东、湖南和山东（表3-4）。

表3-4 高新区当年新注册企业数占工商注册企业总数比例的省份分布

省份	2021年高新区当年新注册企业数占比	2020年高新区当年新注册企业数占比	省份	2021年高新区当年新注册企业数占比	2020年高新区当年新注册企业数占比
海南	47.0%	27.8%	宁夏	21.7%	31.0%
江西	31.8%	29.3%	青海	21.2%	23.7%
福建	27.8%	26.0%	江苏	20.5%	19.9%
河南	27.4%	22.9%	湖北	20.2%	19.0%
山西	27.1%	32.4%	重庆	20.0%	21.1%
吉林	25.2%	21.3%	河北	19.8%	19.6%
天津	24.7%	22.9%	内蒙古	19.5%	16.9%
广东	24.3%	30.9%	上海	18.6%	17.4%
湖南	24.0%	24.6%	陕西	18.5%	21.1%
山东	23.7%	25.9%	新疆	18.3%	14.5%
贵州	23.5%	25.3%	辽宁	17.8%	16.7%
黑龙江	23.4%	24.3%	广西	17.5%	16.3%
安徽	23.0%	27.7%	云南	16.0%	16.0%
四川	22.7%	21.7%	甘肃	11.2%	10.6%
浙江	22.1%	20.3%	北京	10.5%	9.8%

分不同类别国家高新区来看，2021年，创新型科技园区、创新型特色园区和其他园区的新注册企业数占工商注册企业总数比例相对较高，分别为23.9%、21.4%和22.7%，均高于高新区平均值；世界一流高科技园区则低于高新区平均值；新升级园区高于稳定期园区，非自创区园区高于自创区园区（图3-13）。相对而言，创新型科技园区、创新型特色园区、其他园区、新升级园区、非自创区园区由于企业基数相对较小，新注册企业数占比更容易出现较高的数值。

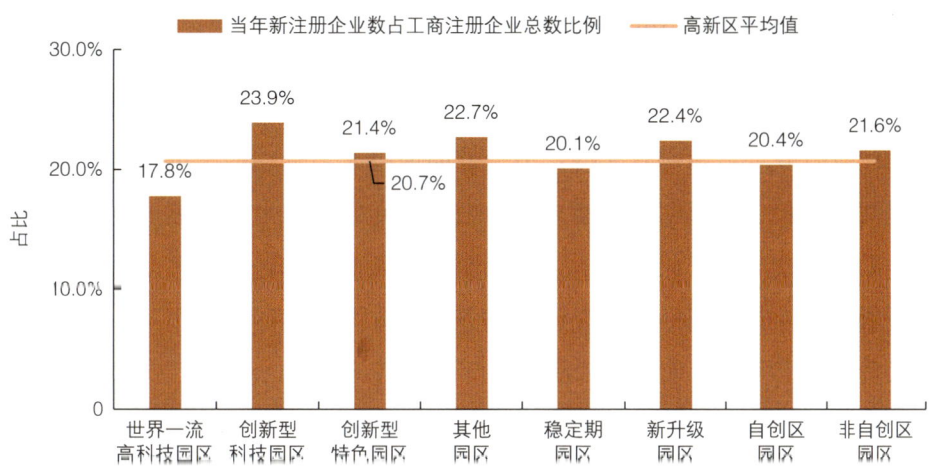

图3-13　2021年不同类别国家高新区当年新注册企业数占比分布

具体到园区层面，2021年，当年新注册企业数占工商注册企业总数比例超过40%的国家高新区有18家，分别为吉安、洛阳、呼和浩特、连云港、柳州、郴州、安顺、南通、海口、石河子、南昌、德阳、湘潭、泸州、随州、青岛、肇庆和扬州，其中有一半多的园区是新升级国家高新区（图3-14）。相对而言，这些园区的企业发展活力，在各自所属的稳定期和新升级园区群体中表现突出。

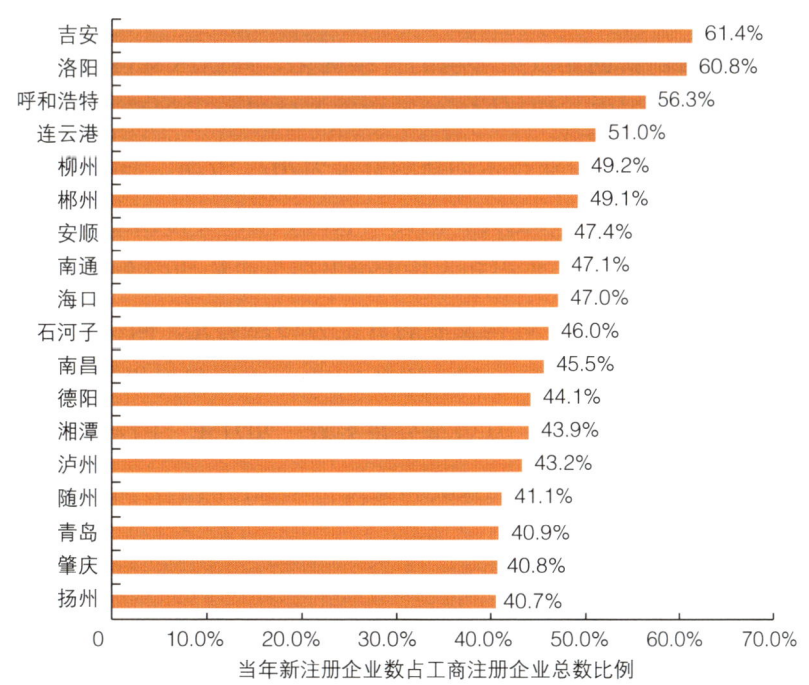

图3-14　2021年当年新注册企业数占工商注册企业总数超过40%的国家高新区情况

第三章　创新创业环境评价　69

二、服务效能表现

国家高新区一方面不断探索和完善相关创新创业政策，为园区企业的创新发展提供良好的政策服务环境和财政支持；另一方面通过大力推动相关创新创业服务机构的发展，提高园区服务"双创"的能力，为企业提升创新水平、开展产学研合作提供便利条件，助推科技成果产业化。国家高新区创新创业环境评价中，采用"省级及以上各类创新服务机构数"指标来体现创新服务建设方面的情况，采用"企业开展产学研合作研发费用支出"指标来体现创新合作开展的情况。

（一）政策体系持续优化，"双创"支持资金不断增长

创新创业是国家高新区健康持续发展的动力之源，良好的创新创业环境是激发和支撑创新创业的关键所在。国家高新区通过对"双创"平台开展政府购买服务或奖励搭建互联网+线上线下联动的创业网络平台、建立创业投资引导机制、提供创业担保贷款等方式，积极探索有效的创新创业政策，持续优化完善创新创业政策服务环境，不断激发市场主体活力。创业带动就业的倍增效应日益凸显，带动不同业态融合发展，对经济发展起到重要推动作用。

随着国家高新区创新创业政策环境的持续优化，高新区支持创新创业的资金也在不断增长。截至2021年底，超过85%的国家高新区设立了创投引导基金[①]。具体来看，2021年国家高新区支持企业技术创新的资金为702.2亿元，同比增长9.8%；对科技型企业贷款贴息的资金为75.0亿元，同比增长25.4%；支持创业风险投资的资金为1117.1亿元，同比增长46.3%；吸引和支持大学及研发机构的资金为381.4亿元，同比增长19.3%；支持创新创业服务机构发展的资金为89.8亿元，同比增长13.0%；支持创新创业人才的资金为131.9亿元，同比增长5.3%；支持担保机构的资金为552.3亿元，同比增长40.8%（图3-15）。从资金分布来看，2021年，国家高新区支持创新创业的资金涨幅最大的是支持创业风险投资和支持担保机构两个方面。

---

① 资料来源：调查问卷。

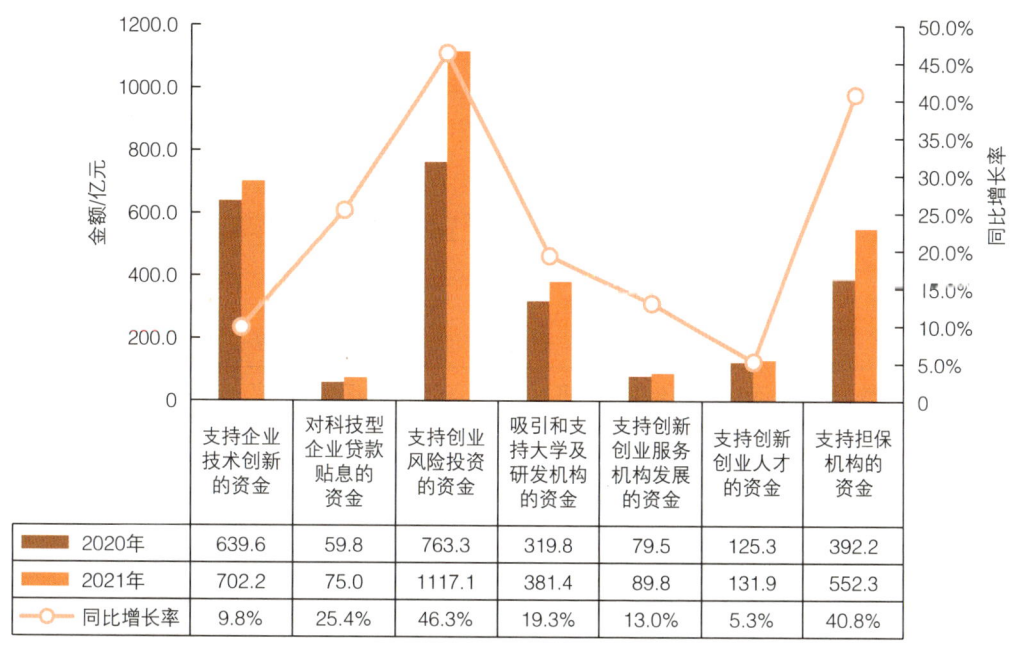

图3-15 2020年、2021年国家高新区支持创新创业资金情况

（二）创新服务机构数不断增加，北京、江苏占比超一成

自2013年开始，国家高新区省级及以上各类创新服务机构数[①]持续增长，2021年为6976家，同比增长17.4%（图3-16）。具体包括省级及以上生产力促进中心305家，其中国家级113家；省级及以上技术转移机构1009家，其中国家级318家；省级及以上产业技术创新战略联盟1002家，其中国家级174家；省级及以上资质产品检验检测机构4660家，其中国家级1404家（图3-17）。

---

① 自2013年开始该指标中有两类机构的内涵发生变化，使得相应数值大幅减小，故2010年、2011年、2012年该指标数值仅作参考。

国家高新区创新能力评价报告 2022

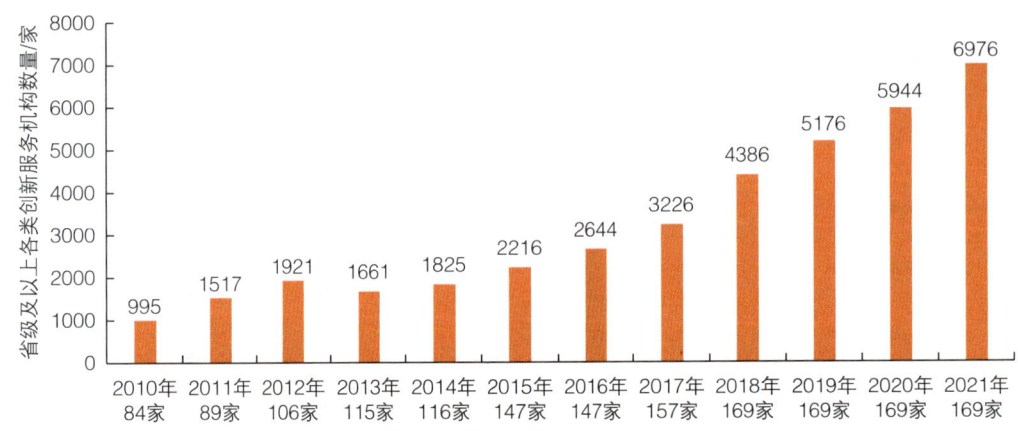

图3-16　2010—2021年国家高新区省级及以上各类创新服务机构数量情况

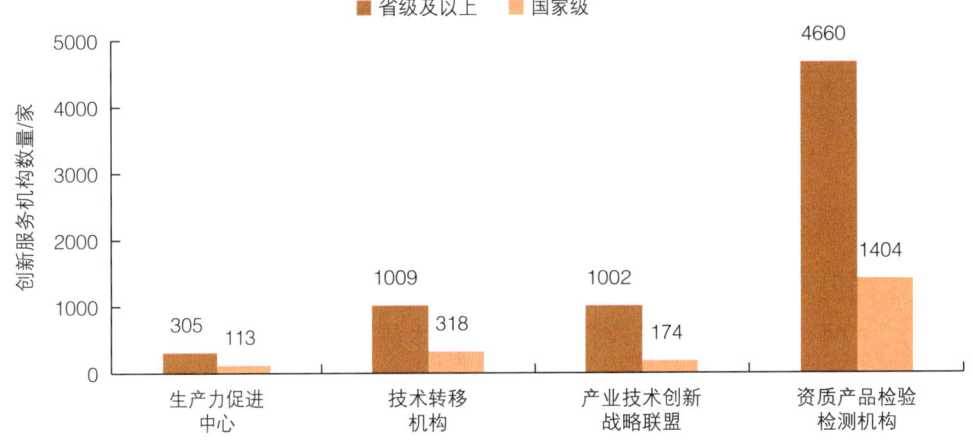

图3-17　2021年国家高新区各类创新服务机构数量情况

按不同地区国家高新区、不同省份国家高新区、不同类别国家高新区对评价指标"省级及以上各类创新服务机构数"进行分析。

从地区分布来看，2021年，东北地区、东部地区、西部地区、中部地区国家高新区分别拥有省级及以上各类创新服务机构419家、4013家、1067家、1477家；东部地区占高新区整体的比例最高，为57.5%，该比例较上年下降0.5个百分点；中部地区机构数量占比达21.2%，较上年增加1.2个百分点；东北、西部地区机构数量占比均小幅下降，占比分别为6.0%、15.3%（图3-18）。

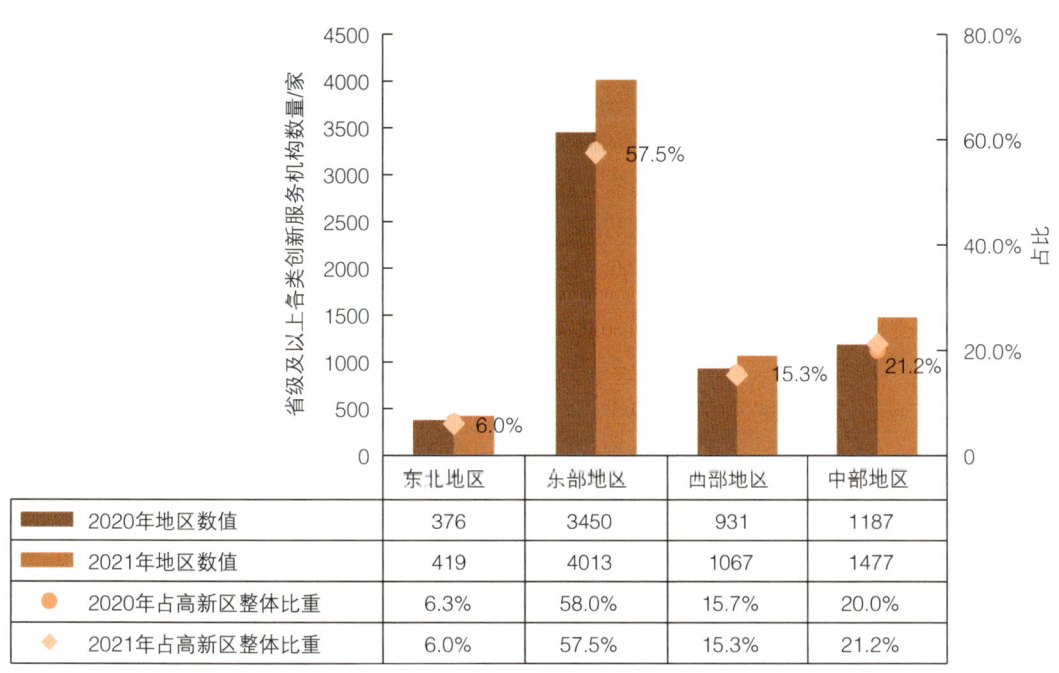

图3-18　2021年国家高新区省级以上各类创新服务机构数量的地区分布情况

分省份来看，国家高新区各类创新服务机构数量以北京最为突出，拥有省级及以上各类创新服务机构1159家，占国家高新区整体比例的16.6%；其次是江苏，占比为11.3%；广东、湖北、山东、浙江占比也在5%以上；湖南、四川、安徽、河南、陕西等中西部省份表现相对较好。而高新区拥有省级及以上各类创新服务机构数量不到30家的省份有5个，分别为青海、宁夏、海南、内蒙古和云南（表3-5）。

表3-5　2021年国家高新区省级以上各类创新服务机构数量的省份分布情况

省份	高新区省级及以上各类创新服务机构数量/家	占国家高新区整体的比例	省份	高新区省级及以上各类创新服务机构数量/家	占国家高新区整体的比例
北京	1159	16.6%	湖南	285	4.1%
江苏	785	11.3%	四川	273	3.9%
广东	534	7.7%	安徽	247	3.5%
湖北	485	7.0%	辽宁	236	3.4%
山东	480	6.9%	河南	205	2.9%
浙江	392	5.6%	陕西	196	2.8%
上海	302	4.3%	广西	186	2.7%

第三章　创新创业环境评价

续表

省份	高新区省级及以上各类创新服务机构数量/家	占国家高新区整体的比例	省份	高新区省级及以上各类创新服务机构数量/家	占国家高新区整体的比例
江西	169	2.4%	新疆	65	0.9%
河北	143	2.0%	天津	63	0.9%
福建	141	2.0%	甘肃	63	0.9%
重庆	116	1.7%	云南	26	0.4%
吉林	105	1.5%	内蒙古	21	0.3%
贵州	98	1.4%	海南	14	0.2%
山西	86	1.2%	宁夏	14	0.2%
黑龙江	78	1.1%	青海	9	0.1%

分不同类型国家高新区来看，2021年，平均每家世界一流高科技园区拥有的省级及以上各类创新服务机构数量达到265家，远超其他类型的园区，是高新区平均值的6.5倍；创新型科技园区的这一数值也高出高新区平均值，是高新区平均值的1.6倍；平均每家稳定期园区拥有省级及以上各类创新服务机构数93家，是高新区平均值的2.3倍；平均每家自创区园区拥有机构数80家，是高新区平均值的近2.0倍；而新升级园区、非自创区园区则不及高新区平均值的一半（图3-19）。

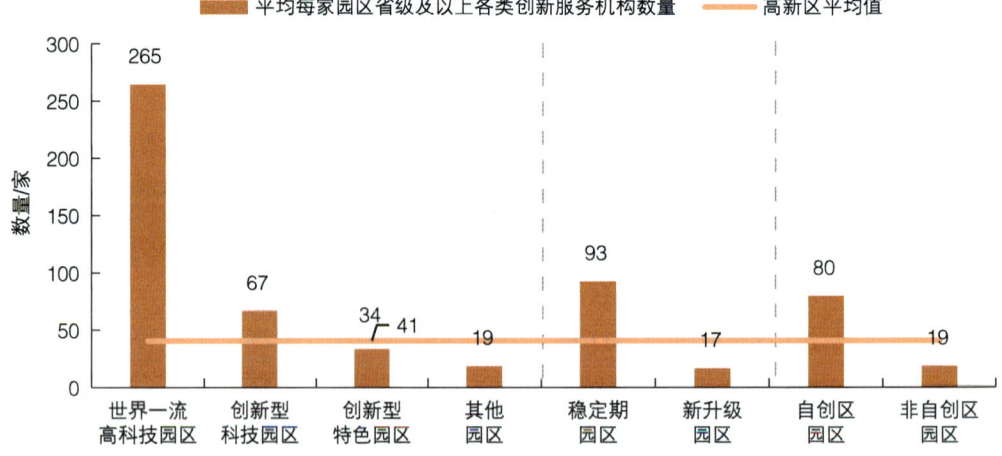

图3-19　2021年不同类别国家高新区省级及以上创新服务机构数量分布情况

具体到园区层面，2021年，拥有省级及以上各类创新服务机构数排名居前10位的国家高新区分别为中关村、上海张江、武汉、广州、合肥、苏州工业园、长沙、成都、南宁和南京高新区；其中，中关村园区拥有的数量最多，为1159家，是排在第2位上海张江园区的4.0倍，占国家高新区整体的16.6%（图3-20）。

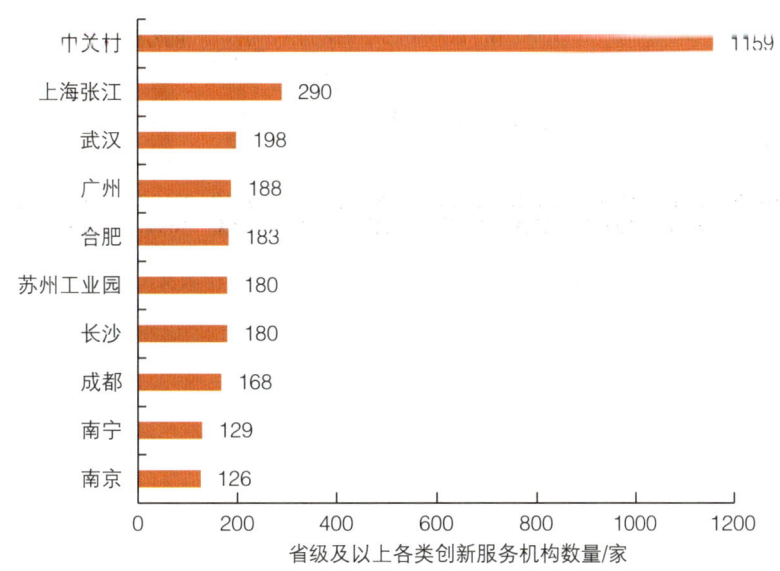

图3-20　2021年拥有省级及以上各类创新服务机构数排名居前10位的国家高新区

（三）产学研合作不断深化，委托境内企业费用占比最高

产学研合作经费能够反映产学研主体之间的合作规模，体现了不同创新主体之间的协作水平。2010—2015年，国家高新区产学研合作经费一直处于缓慢增长状态；从2016年开始跳跃式增长；2021年企业开展产学研合作研发费用支出为2374.4亿元，同比增长24.8%（图3-21）。

图3-21 2010—2021年国家高新区企业开展产学研合作研发费用支出情况

从产学研费用支出明细来看，2021年，委托境内研究机构费用为372.6亿元，同比下降10.7%；委托境内高等学校费用为66.9亿元，同比增长26.9%；委托境内企业费用为1934.9亿元，同比增长35.1%（图3-22）。从产学研费用支出结构来看，委托境内企业费用在3种产学研合作支出中占比最高，为81.5%（图3-23）。

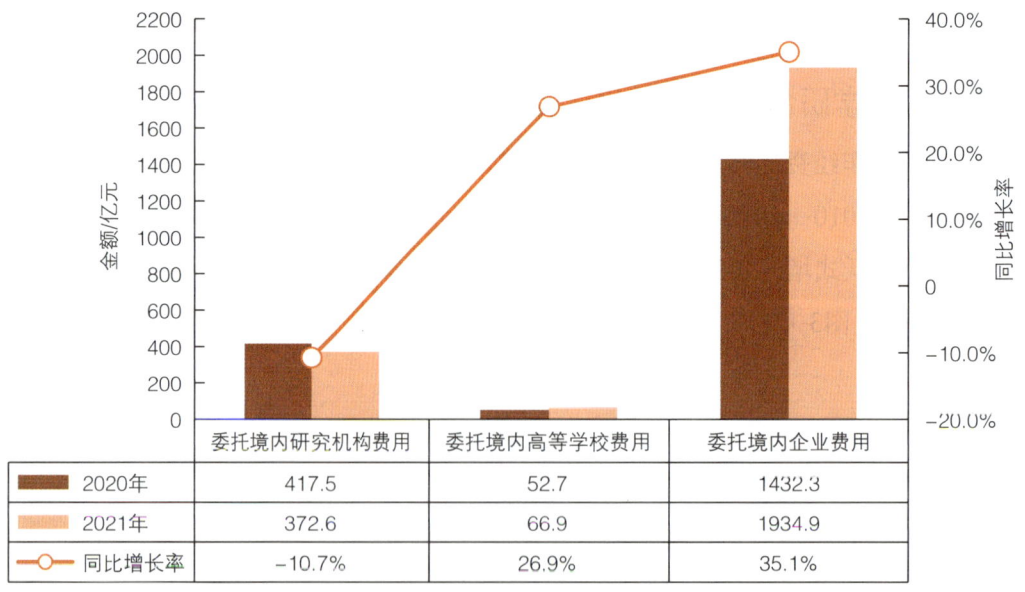

图3-22 2020年、2021年国家高新区企业开展产学研合作研发费用情况

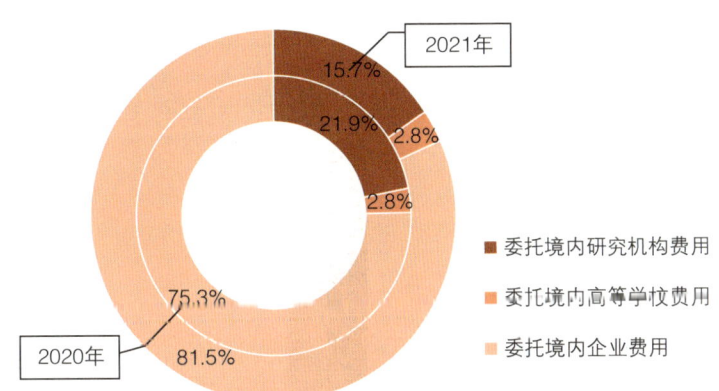

图3-23 2020年、2021年国家高新区企业开展产学研合作研发费用分布情况

按不同地区国家高新区、不同省份国家高新区、不同类别国家高新区对评价指标"企业开展产学研合作研发费用支出"进行分析。

分地区来看，2021年，国家高新区企业开展产学研合作研发费用支出的地区间差异较大，东部地区高新区产学研合作规模最大，经费支出达2079.8亿元，较上年增长430.3亿元，占国家高新区整体比重的87.6%；东北、西部和中部地区高新区企业开展产学研合作研发经费支出较上年均有所增长，但经费支出占高新区整体比重较上年均有不同程度的下滑（图3-24）。

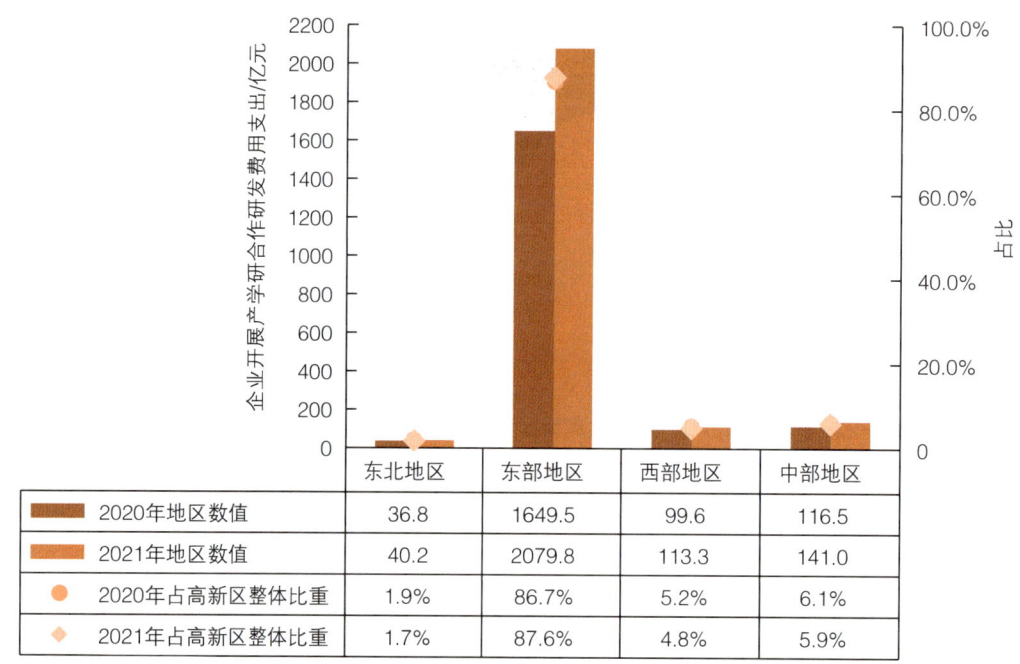

图3-24 2021年国家高新区企业开展产学研合作研发费用支出的地区分布情况

分省份来看，2021年国家高新区产学研合作研发费用支出较多的主要是东部沿海省份和部分中部省份。费用支出超过50亿元的省份较上年增加了1个，共计7个省份，分别是广东、北京、上海、浙江、江苏、山东和湖北，占国家高新区整体的比例分别为35.4%、26.2%、8.3%、7.5%、5.0%、2.9%和2.4%；其中，广东、北京这两个省市的高新区贡献高新区整体六成以上的产学研合作研发费用（表3-6）。

表3-6 2021年国家高新区企业开展产学研合作研发费用支出的省份分布情况

省份	高新区企业开展产学研合作研发费用支出/亿元	占国家高新区整体的比例	省份	高新区企业开展产学研合作研发费用支出/亿元	占国家高新区整体的比例
广东	840.2	35.4%	湖北	57.1	2.4%
北京	622.8	26.2%	陕西	38.2	1.6%
上海	196.6	8.3%	四川	37.3	1.6%
浙江	178.0	7.5%	安徽	29.9	1.3%
江苏	119.1	5.0%	江西	22.1	0.9%
山东	69.6	2.9%	河北	21.5	0.9%

续表

省份	高新区企业开展产学研合作研发费用支出/亿元	占国家高新区整体的比例	省份	高新区企业开展产学研合作研发费用支出/亿元	占国家高新区整体的比例
吉林	20.3	0.9%	重庆	6.0	0.3%
福建	16.6	0.7%	海南	5.8	0.2%
河南	15.0	0.6%	黑龙江	5.5	0.2%
辽宁	14.7	0.6%	甘肃	4.1	0.2%
湖南	14.1	0.6%	山西	2.9	0.1%
天津	9.7	0.4%	内蒙古	2.6	0.1%
广西	8.0	0.3%	新疆	2.6	0.1%
贵州	7.8	0.3%	青海	0.2	0.0%
云南	6.3	0.3%	宁夏	0.1	0.0%

分不同类别国家高新区来看，2021年，平均每家世界一流高科技园区的企业开展产学研合作研发费用支出为168.9亿元，是高新区平均值的12.1倍；创新型科技园区、创新型特色园区和其他园区均未达到高新区平均水平。可以看到，平均每家自创区园区的企业产学研费用支出为36.5亿元，远高于非自创区园区，是其的26.1倍；稳定期园区则是新升级园区的12倍左右（图3-25）。

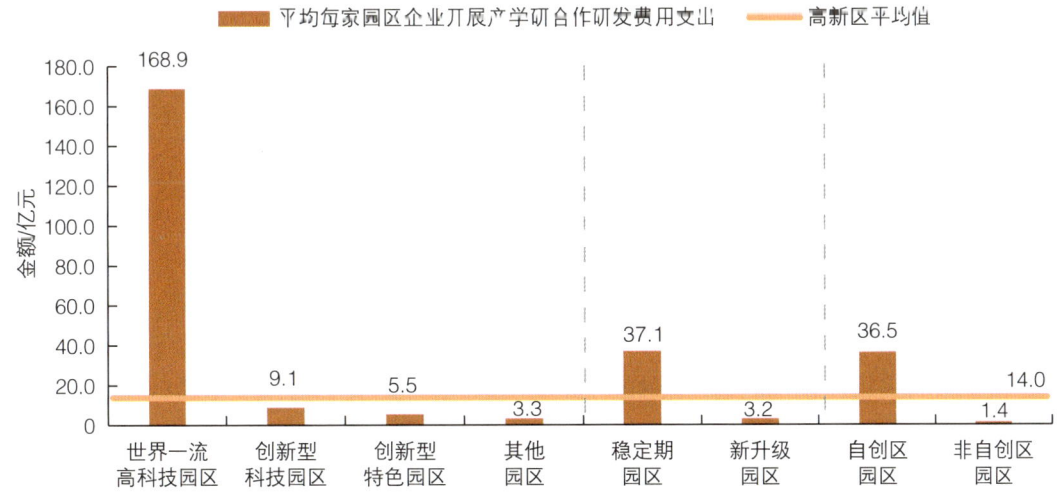

图3-25 2021年不同类别国家高新区开展产学研合作研发费用支出对比

具体到单个园区，2021年企业开展产学研合作研发费用支出达到10亿元以上的园区共计21家，较上年增加2家；其中中关村、深圳、东莞这3家高新区的费用支出均超过200亿元，合计贡献了高新区近六成的费用，远高于其他园区。中关村国家高新区费用支出规模最大，为622.8亿元，占高新区整体支出的比例高达26.2%。上海张江和杭州高新区费用支出分别为194.8亿元和131.6亿元，其余16家支出均在100亿元以下，并且多数园区支出不超过30亿元（图3-26）。

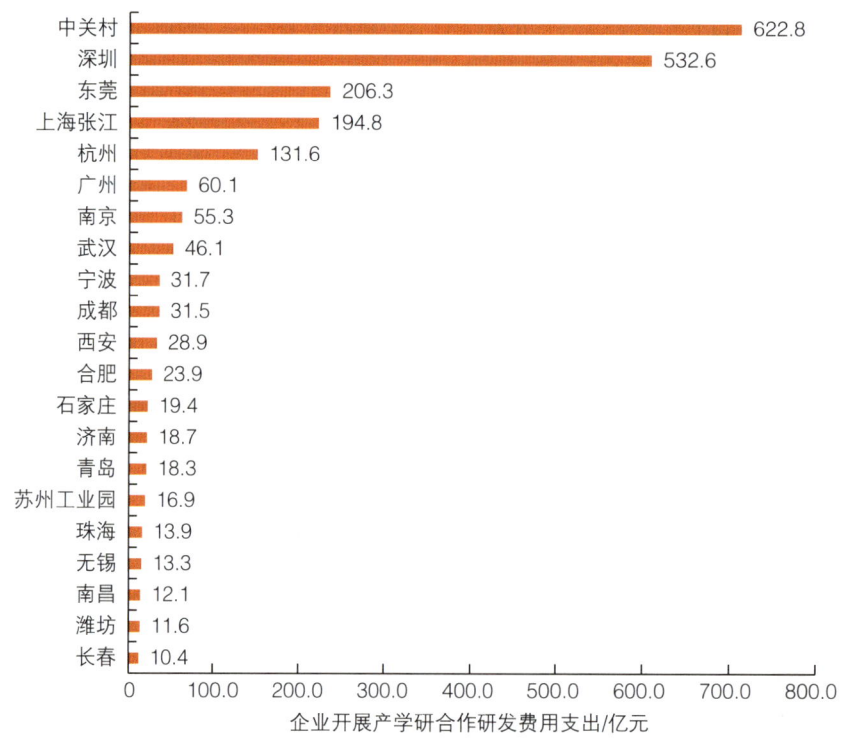

图3-26　2021年企业开展产学研合作研发费用支出超10亿元的国家高新区

三、金融环境表现

科技与金融的结合即科技金融的发展，是国家高新区实施自主创新战略、提升创新能力和园区竞争力，进而促进高新区经济的创新增长和引领产业结构调整的重要保障。2021年，国家高新区积极招引和培育各类金融机构，推动构建多层次资本市场、多样化融资渠道、多元化金融产品、多系列宣介的科技金融服务体系，加速推进科技与资本融合。

（一）产业投资基金蓬勃发展，外资参与基金增长迅速

国家高新区从科技企业的发展需求出发，积极围绕创新链部署资金链，不断创新科技金融政策和金融产品，科技金融政策和产品创新已经成为国家高新区服务企业创新的重要抓手。创新基金、创业投资引导基金、科技保险、科技银行等科技金融创新业务都是在高新区率先试点。为更进一步推动和完善资本市场，国家高新区在多层次、多方面进行了有力的探索，综合运用无偿资助、股权投资、风险补偿、贷款贴息、后补助和建设多层次资本市场等多种方式，支持金融服务和产品创新，拓宽企业投融资渠道，满足企业尤其是创业企业和科技型中小企业的融资需求。

2021年，国家高新区参与或设立的产业投资基金杠杆作用更为显著，高新区产业投资基金规模为26 893.0亿元，同比增长14.9%（图3-27）。其中，纯内资民营基金规模与政府参与的基金规模相当，分别为11 498.0亿元和12 252.0亿元，两类基金规模占到高新区整体产业投资基金规模的88.3%；外资参与的基金为1735.0亿元，占比为6.5%。可以看到，2021年，外资参与的基金规模上升迅速，同比增长5倍多，说明高新区吸引外来资金撬动社会资本支撑产业发展的力度进一步增强。

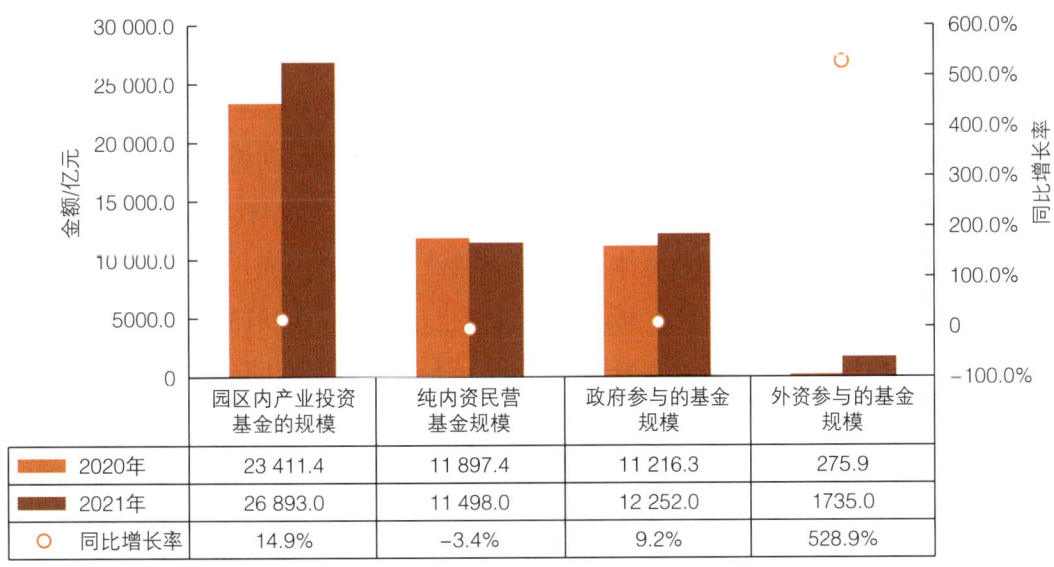

图3-27　2020年、2021年国家高新区产业投资基金分布情况

（二）创业风投机构增四成，高新区上市企业数量差距明显

国家高新区通过多种举措积极引进和培育金融服务机构，逐步完善科技金融服务体系，各类金融服务机构发展卓有成效。截至2021年底，国家高新区内共有创业风险投资机构9469家、银行6035家（其中科技支行823家）、保险代理机构3940家、证券机构1540家、担保公司1765家、小额贷款公司1466家、科技融资租赁公司1788家、科技金融服务机构6759家。与2020年相比，除科技融资租赁公司外，高新区其余各类金融服务机构均实现增长，其中创业风险投资机构增长最快，同比增长42.6%；其次为科技金融服务机构，同比增长11.2%（图3-28）。

图3-28 2020年、2021年国家高新区各类金融服务机构情况

随着我国"新三板""新四板""科创板"等资本市场的逐步建立和完善，国家高新区形成了主板和中小板（一板）、创业板（二板）、科创板、全国中小企业股份转让系统（新三板）和区域性股权交易市场（新四板）5个层次的资本市场体系。2021年，国家高新区企业的实收资本（股本）共计136 501.7亿元。其中，企业上市融资股本11 391.4亿元，同比下降2.3%；企业海外上市融资股本2813.5亿元，同比增长80.4%。从企业上市和挂牌情况来看，2021年，国家高新区内共有上市企业2291家，较上年增加607家，其中当年新上市222家。具体到单个园区，2021年，上市企业数达到30家的高新区共有14家，包括中关村、上海张江、深圳、南京、广州、苏州工业园、宁波、杭州、成都、西安、长沙、武汉、佛山和合肥高新区，其中排名居前3位的高新区其上市企业数分别为440家、335家和185家，从第4名开始数量急剧减少，有

9家高新区上市企业数均不到60家，各高新区上市企业数差距较大（图3-29）。

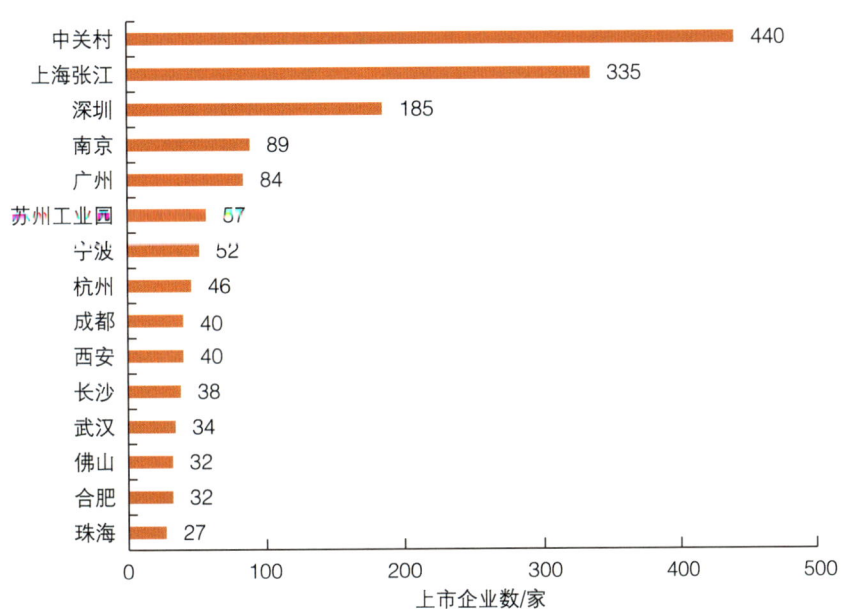

图3-29　2021年上市企业数超过30家的高新区

（三）机构风险投资增速加快，与硅谷差距逐渐缩小

随着大众创业、万众创新的深入推进，风险投资行业在我国也得到了快速的发展，对创新创业的支撑作用不断增强。国家高新区是创新创业的高地，也是风险投资的热地。2010—2012年，国家高新区创投机构当年对企业的风险投资总额均为450亿元左右；从2013年开始，高新区创投机构当年对企业的风险投资总额进入增长快车道，几乎以一年翻一番的速度增长；2018年出现爆发式增长；2019年突破千亿元规模；2021年增速加快，为3619.2亿元，同比将近翻了一番（图3-30），说明国家高新区整体的创新创业生态在不断优化。

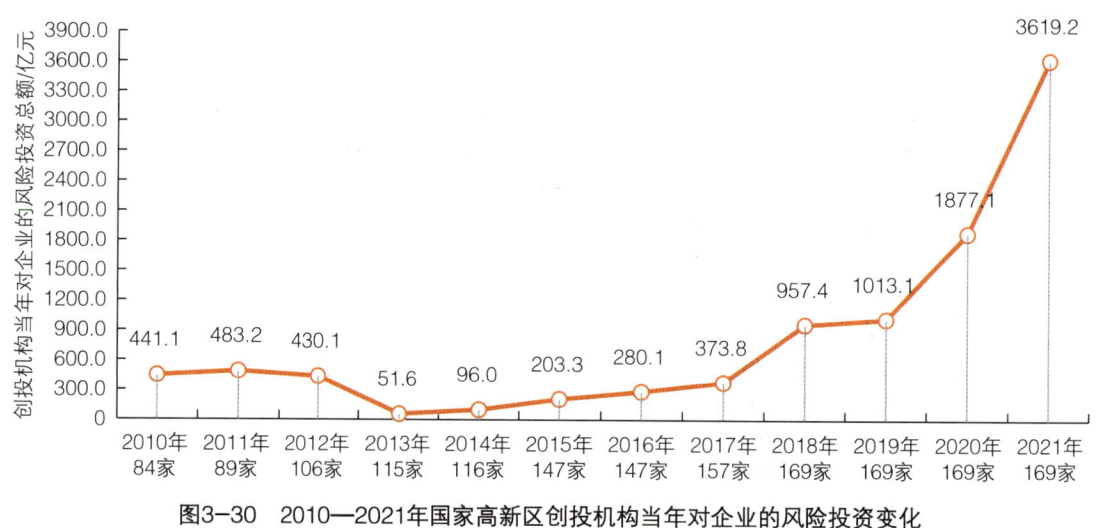

图3-30　2010—2021年国家高新区创投机构当年对企业的风险投资变化

按不同地区国家高新区、不同省份国家高新区、不同类别国家高新区对评价指标"创投机构当年对企业的风险投资总额"进行分析。

分地区来看，2021年，东北地区、东部地区、西部地区和中部地区的国家高新区创投机构当年对企业的风险投资总额分别为30.1亿元、3024.1亿元、195.4亿元和369.6亿元，分别占国家高新区整体比重的0.8%、83.6%、5.4%和10.2%。东部地区拥有高新区八成以上的风险投资额，但占高新区整体比重较上年略有下降；西部、中部地区均有所上升；东北地区占比最低，仅为0.8%，同比下降1.4个百分点（图3-31）。

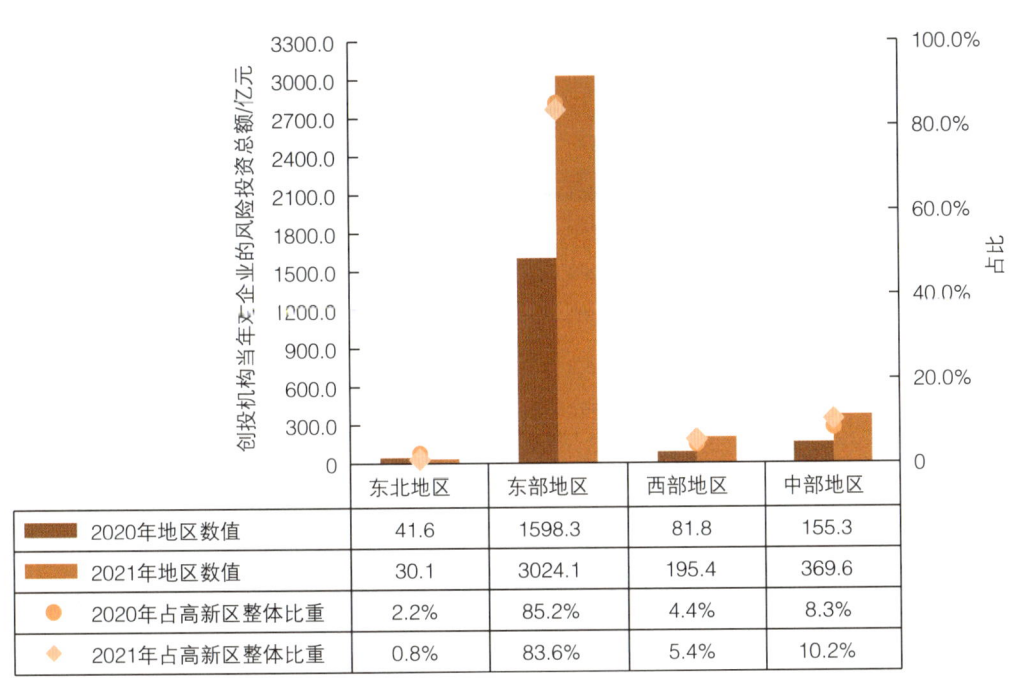

图3-31　2020年、2021年国家高新区创投机构当年对企业风险投资的地区分布

分省份来看，2021年，创投机构当年对企业的风险投资额达到100亿元以上的省份有6个，分别为上海、北京、江苏、广东、浙江和湖北，其中上海、北京、江苏、广东的高新区占高新区整体的比例均在10%以上；上海创投机构当年对企业的风险投资总额为799.83亿元，占高新区整体的比例达到22.1%，表明国家高新区的风险投资主要集中在东部省份及重要城市。在中西部省份中，四川、陕西、江西、安徽、湖南等省份高新区的风险投资规模在30亿元以上；宁夏、青海、山西和新疆等省份高新区的风险投资均低于0.1亿元，这些省份高新区的科技金融环境亟须优化（表3-7）。

表3-7　2021年国家高新区创投机构当年对企业的风险投资额的省份分布

省份	高新区创投机构当年对企业的风险投资总额/亿元	占国家高新区整体的比例	省份	高新区创投机构当年对企业的风险投资总额/亿元	占国家高新区整体的比例
上海	799.83	22.10%	辽宁	17.34	0.48%
北京	755.83	20.88%	重庆	15.62	0.43%
江苏	530.19	14.65%	河北	11.84	0.33%
广东	486.01	13.43%	黑龙江	10.04	0.28%
浙江	323.88	8.95%	广西	6.62	0.18%
湖北	196.52	5.43%	云南	3.00	0.08%
四川	93.02	2.57%	吉林	2.70	0.07%
陕西	73.67	2.04%	贵州	1.41	0.04%
山东	63.50	1.75%	内蒙古	1.13	0.03%
江西	59.54	1.65%	甘肃	0.80	0.02%
安徽	48.30	1.33%	海南	0.10	0.00%
湖南	42.19	1.17%	宁夏	0.06	0.00%
福建	34.35	0.95%	青海	0.04	0.00%
河南	23.06	0.64%	山西	0.02	0.00%
天津	18.59	0.51%	新疆	0.01	0.00%

分不同类别国家高新区来看，2021年，平均每家世界一流高科技园区创业风险投资机构当年的风险投资额为268.8亿元，远高于创新型科技园区、创新型特色园区和其他园区，是国家高新区平均值的12.6倍。世界一流高科技园区作为国家高新区的"领头羊"，其风险投资规模远超其他各类园区，科技金融发展环境最为健全。此外，平均每家稳定期园区的风险投资规模为59.2亿元，是新升级园区的16.0倍；平均每家自创区园区为56.1亿元，是非自创区园区的31.2倍（图3-32）。

具体到单个园区，2021年吸引创投机构的风险投资金额超过10亿元的高新区有30家，较上年增加4家，世界一流高科技园区均位列其中。上海张江表现最为突出，风险投资总额为782.3亿元，占高新区整体的21.6%；其次为中关村，风险投资总额为755.8亿元；此外，深圳、苏州工业园和杭州高新区的风险投资额均在200亿元以上（图3-33）。

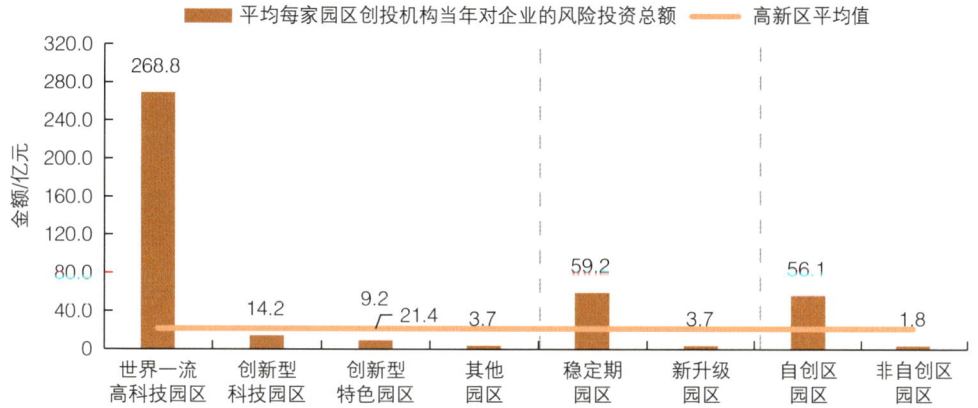

图3-32 2021年不同类别国家高新区创投机构当年对企业的风险投资总额

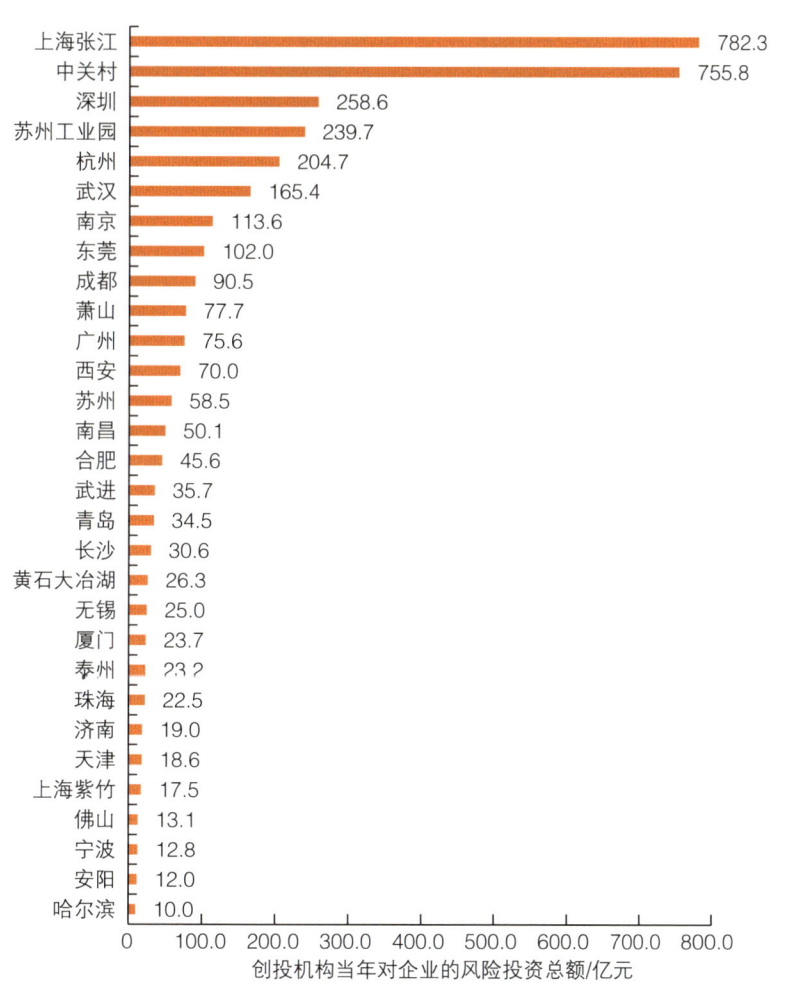

图3-33 2021年创投机构当年对企业的风险投资总额超过10亿元的高新区

国家高新区吸纳风险投资额在持续增长，在规模上与世界先进园区差距不断缩小。2021年，美国硅谷地区风险投资总额为441亿美元（折合人民币2845.1亿元），旧金山地区风险投资为509亿美元（折合人民币3232.2亿元），我国国家高新区2021年获得创投机构的风险投资总额为3619.2亿元，吸纳风险投资总额是美国硅谷地区的1.3倍、旧金山地区的1.2倍。但从单个高新区来看，我国风险投资总额最高的上海张江（782.3亿元）仅是美国硅谷地区的27.5%，科技企业和科技金融发展的质量仍需着力提升。

国家高新区创新能力评价报告2022

创新活动 第四章

绩效评价

创新活动绩效反映创新的经济价值实现，重点体现国家高新区各类创新成果转化为经济价值的成果、方式及效率。从测算结果来看，2021年国家高新区创新活动绩效指数为213.8点，同比上年增长15.1点，增速为7.6%。

创新活动绩效指标下设5个二级指标，分别为高技术产业营业收入占营业收入比例、企业100亿元增加值拥有知识产权数量和各类标准数量、企业当年完成的技术合同成交额、高技术服务业从业人员占从业人员比例、企业营业收入利润率。2021年，5个二级指标数值分别为35.8%、6809件、10 283.3亿元、24.1%、7.2%，分别同比增长2.3%、6.0%、28.3%、5.9%、1.8%，5个指标较2020年均有所提高，尤其是企业当年完成的技术合同成交额，指标增速较2020年提升了10.1个百分点（图4-1）。

从增速贡献来看，"企业当年完成的技术合同交易额"指标对创新活动绩效指数增长的贡献最大，对创新活动绩效指标加权增长率的贡献为54%；其次是"高技术服务业从业人员占从业人员比例"，贡献为19%。

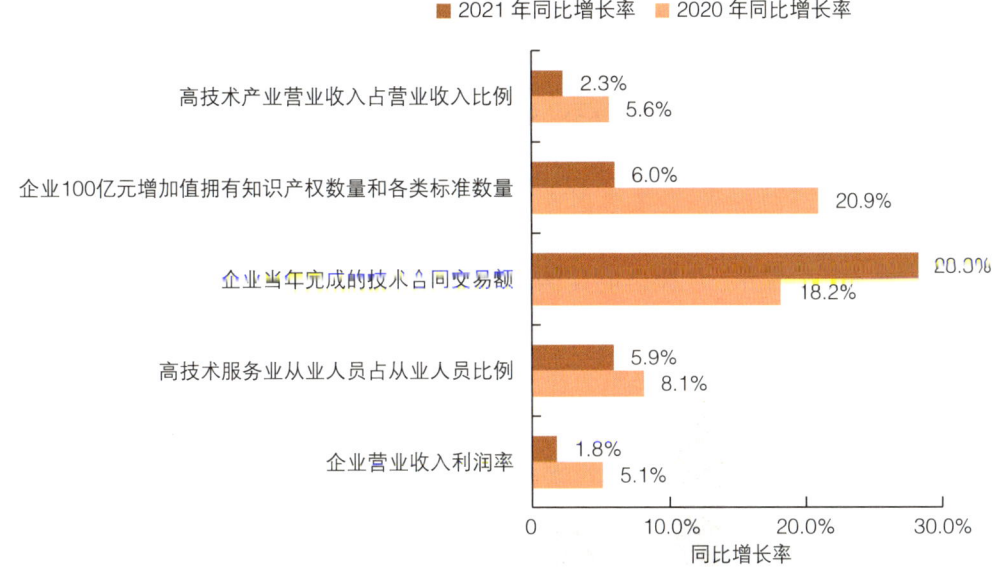

图4-1　2020年、2021年国家高新区创新活动绩效5个二级指标的增长率对比

围绕5个二级指标，并结合相关指标和资料，分别从产业结构优化、创新成果产出、技术要素发展、企业及行业利润4个方面，对国家高新区创新活动绩效情况进行详细分析和阐述。

一、产业结构优化

国家高新区不忘"发展高科技，实现产业化"的初心，坚持不懈培育壮大高技术产业，不断推动经济结构优化和产业价值链提升。国家高新区创新活动绩效评价中，体现高技术产业发展方面的指标为高技术产业营业收入占营业收入比例、高技术服务业从业人员占从业人员比例。

（一）高技术产业国际市场表现优异，专利产出成果发展态势良好

由高技术制造业和高技术服务业共同构成的高技术产业成为国家高新区产业的重要组成部分。2021年，国家高新区中属于高技术产业（高技术制造业、高技术服务业）的企业达101 257家，同比增长12.3%；从业人员达1150.2万人，同比增长8.6%，占高新区从业人员总数的45.9%，较上年降低2.0个百分点。

2021年，国家高新区高技术产业主要经济指标均有不同幅度的增长，其创造的营业收入、工业总产值、产业增加值、净利润和上缴税额分别为177 049.7亿元、96 703.5亿元、47 577.8亿元、16 658.5亿元和6714.8亿元，分别同比增长18.4%、15.9%、24.6%、22.5%和16.6%。从对国家高新区整体经济的贡献来看，高技术产业主要经济指标占高新区整体的比例均超出30%，尤其净利润占比达46.5%、产业增加值占比高达46.4%，占高新区整体的比例较2020年均实现提升（图4-2）。

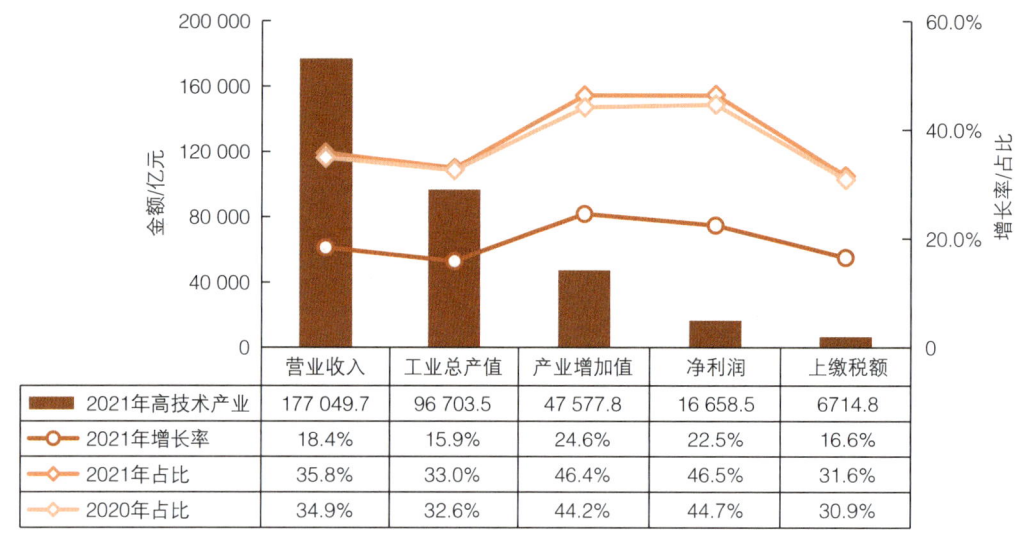

图4-2　2020年、2021年国家高新区高技术产业主要经济指标情况

国家高新区高技术产业在国际市场的表现更为突出。2021年，高技术产业实现进出口总额55 935.5亿元，同比增长9.8%，占国家高新区整体的比例为63.3%，该比例较2020年下降3.5个百分点。对外出口总额为33 211.5亿元，同比增长15.2%，占国家高新区整体的比例为63.7%，较2020年下降0.7个百分点。其中，实现高新技术产品出口22 001.1亿元，同比增长17.8%，占国家高新区整体的比例为68.2%，较2020年下降1.0个百分点；实现技术服务出口2800.8亿元，同比增长达22.0%，占国家高新区整体的比例达82.5%，较2020年提高3.8个百分点（图4-3）。总体来看，国家高新区高技术产业的主要进出口指标略有浮动，占高新区整体的比例均在60%以上。

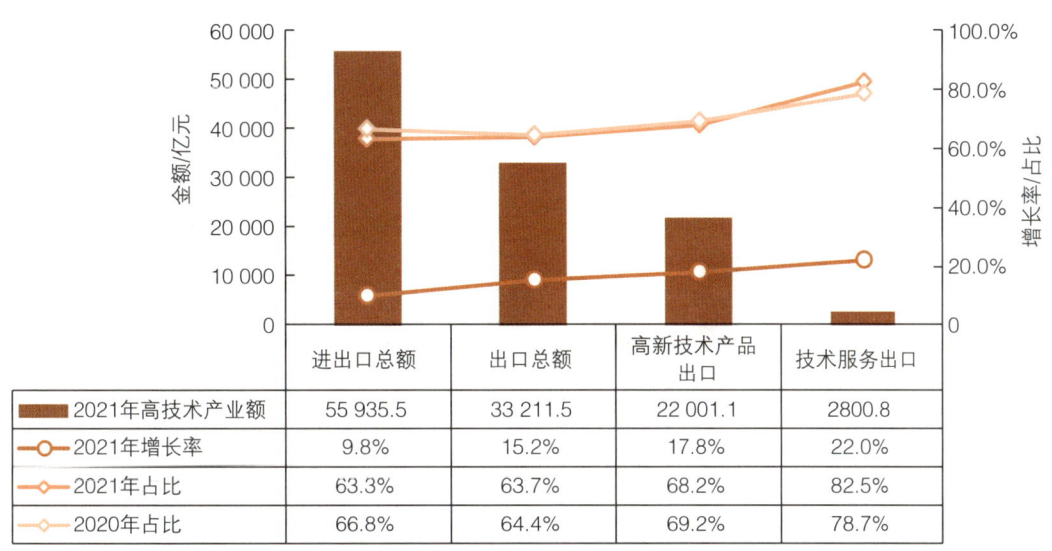

图4-3　2020年、2021年国家高新区高技术产业主要进出口指标情况

从主要创新投入指标来看，2021年，国家高新区中属于高技术产业的企业R&D经费内部支出额为6302.4亿元，同比增长11.8%，占高新区整体的比例为60.8%，同比下降0.5个百分点；企业R&D人员折合全时当量为114.5万人年，同比下降7.5%，占高新区整体的比例为61.4%，较上年提高0.2个百分点。

从创新成果产出情况来看，2021年，国家高新区中属于高技术产业领域的企业共申请专利59.5万件，其中发明专利36.4万件，分别同比增长14.0%、13.3%，占国家高新区整体的比例分别为56.8%、68.7%，两者的比例较上年均提升0.6个百分点；授权专利39.3万件，其中发明专利16.8万件，分别同比增长24.4%、31.6%，占国家高新区整体的比例分别为51.7%、70.8%，两者的比例较上年均提升0.6个百分点；拥有有效专利191.2万件，其中发明专利84.6万件，分别同比增长26.3%、23.4%，占国家高新区整体的比例分别为51.6%、69.4%，两者的比例较上年分别提升0.5个百分点、1.2个百分点（图4-4）。此外，2021年，高技术产业领域授权欧美日专利、拥有欧美日专利分别为2.27万件和14.03万件，占国家高新区整体的比例分别高达89.2%和90.1%。国家高新区高技术产业领域的各类专利成果均实现快速增长，增长率均在13%以上，且占国家高新区整体的比例均在50%以上，展现了高新区良好的发展态势。

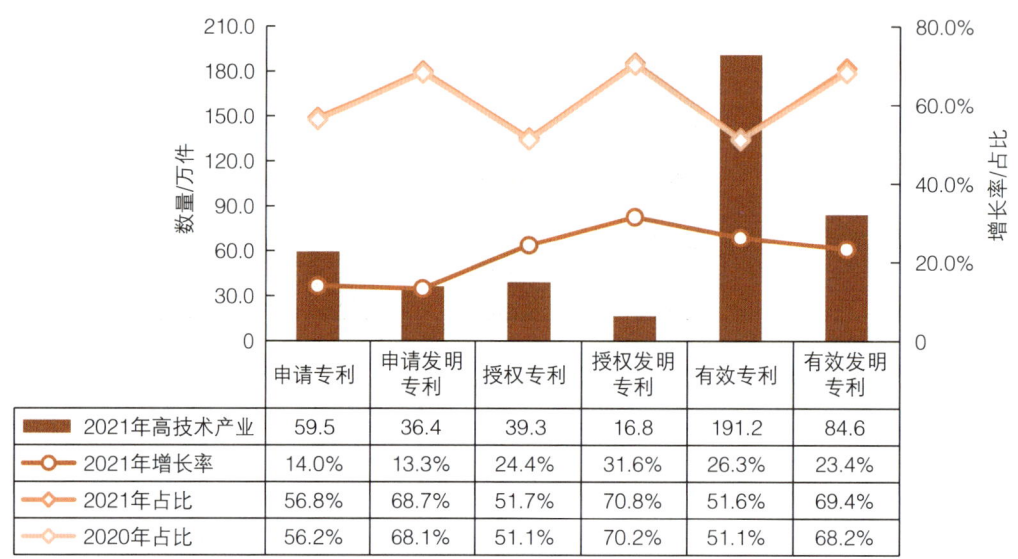

图4-4　2020年、2021年国家高新区高技术产业主要专利成果指标情况

（二）高技术产业发展呈区域化差异，四川、广东表现突出

2021年，国家高新区高技术产业营业收入占营业收入比例为35.8%。按不同地区国家高新区、不同省份国家高新区、不同类别国家高新区对评价指标"高技术产业营业收入占营业收入比例"进行分析，以观察不同高新区群体的产业结构情况。

分地区来看，2021年，东部地区高新区的高技术产业营业收入占营业收入比例最高，为40.7%，直接推高了国家高新区该指标的平均值，而其他3个地区均低于高新区平均值。西部地区高新区表现优于中部地区高新区，东北地区高新区该指标最低，为18.2%。从两年变化来看，各地区较上年均有所提升，其中东北地区增长幅度最大，占比较上年增长2.9个百分点（图4-5）。

分省份来看，国家高新区高技术产业营业收入占营业收入比例高于国家高新区平均值（35.8%）的共8个省份，分别为四川、广东、福建、青海、北京、上海、江苏、天津等；而甘肃、吉林和新疆均低于10%。从两年变化来看，30个省份中有20个省份的国家高新区该比例较上年有所提升（表4-1）。

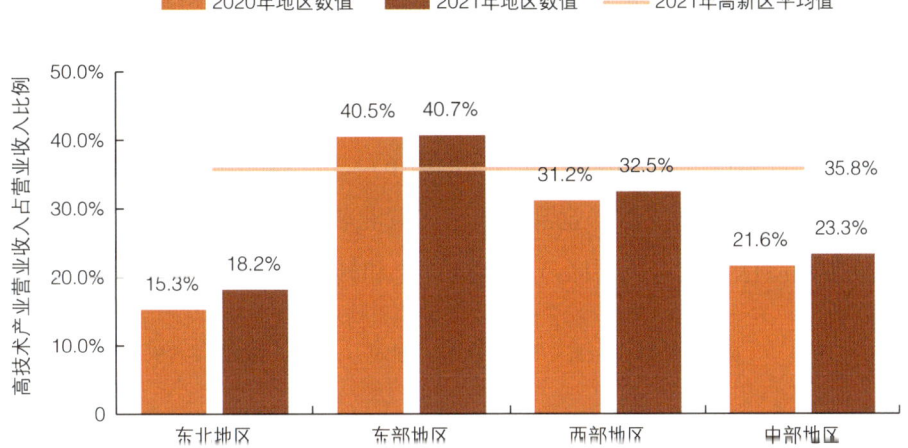

图4-5 2020年、2021年国家高新区高技术产业营业收入占比的地区分布情况

表4-1 2020年、2021年国家高新区高技术产业营业收入占比的省份分布情况

省份	2021年高新区高技术产业营业收入占营业收入比例	2020年高新区高技术产业营业收入占营业收入比例	省份	2021年高新区高技术产业营业收入占营业收入比例	2020年高新区高技术产业营业收入占营业收入比例
四川	54.0%	52.5%	海南	29.0%	51.6%
广东	53.5%	57.3%	江西	28.6%	25.7%
福建	49.0%	49.8%	河北	28.5%	32.3%
青海	41.5%	37.6%	辽宁	28.4%	26.4%
北京	41.0%	36.7%	湖北	21.8%	21.6%
上海	37.6%	36.8%	河南	19.6%	14.0%
江苏	37.4%	38.0%	湖南	17.8%	15.2%
天津	36.6%	31.5%	山西	14.9%	10.5%
陕西	35.7%	33.0%	内蒙古	14.2%	9.8%
安徽	33.3%	33.5%	云南	14.0%	16.5%
贵州	33.1%	32.7%	宁夏	11.4%	11.0%
浙江	33.0%	33.2%	黑龙江	10.4%	11.5%
重庆	31.9%	32.0%	甘肃	9.9%	9.8%
山东	30.7%	29.6%	吉林	9.7%	7.2%
广西	29.8%	28.4%	新疆	5.0%	4.4%

第四章 创新活动绩效评价

从类别来看，2021年，世界一流高科技园区的高技术产业营业收入占营业收入比例为47.0%，分别高出创新型科技园区、创新型特色园区和其他园区14.1个百分点、21.5个百分点和23.5个百分点；稳定期园区为41.0%，是新升级园区的2.1倍；自创区园区为41.7%，是非自创区园区的2.4倍（图4-6）。世界一流高科技园区、稳定期园区和自创区园区群体的高技术产业营业收入占营业收入比例均高于高新区平均值，且远高于其他类别园区，国家高新区产业结构优化和转型升级成果得到体现。

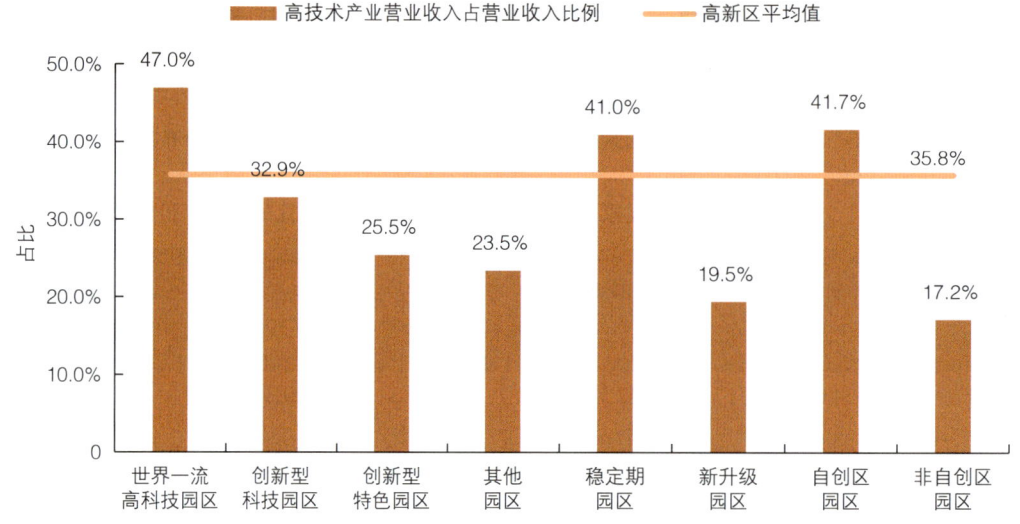

图4-6 2021年不同类别国家高新区的高技术产业营业收入占比情况

具体到10家世界一流高科技园区，2021年，高技术产业营业收入占营业收入比例最高的是深圳高新区，达78.6%；第2位是成都高新区，为68.8%；第3位是杭州高新区，为59.8%；苏州工业园、西安、合肥和中关村高新区都在40%以上；广州、武汉和上海张江高新区则相对较低，该比例在30%～40%（图4-7）。

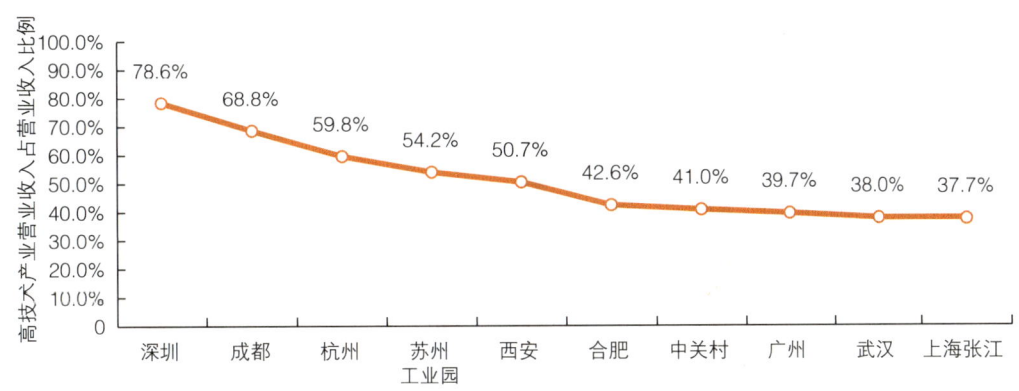

图4-7　2021年10家世界一流高科技园区的高技术产业营业收入占营业收入比例

（三）高技术制造业快速增长，经济引领作用突出

国家高新区高技术制造业正在快速发展。2021年，国家高新区高技术产业中属于高技术制造业的企业为22 807家，同比增长10.8%，占国家高新区入统企业的12.6%，属于高技术服务业的企业78 450家（图4-8）。高技术制造业呈现出企业数量少、从业人员少、营业收入高、净利润高、上缴税额高和出口总额多等特点。

从主要经济指标看，2021年，国家高新区高技术制造业营业收入、产业增加值、净利润、上缴税额和出口总额分别为97 763.6亿元、23 352.1亿元、9723.1亿元、3424.5亿元和30 275.0亿元，分别同比增长16.0%、31.9%、55.5%、9.9%和14.1%，其中产业增加值和净利润的增长率均远高于高技术服务业，出口总额是高技术服务业的10.3倍（图4-8）。

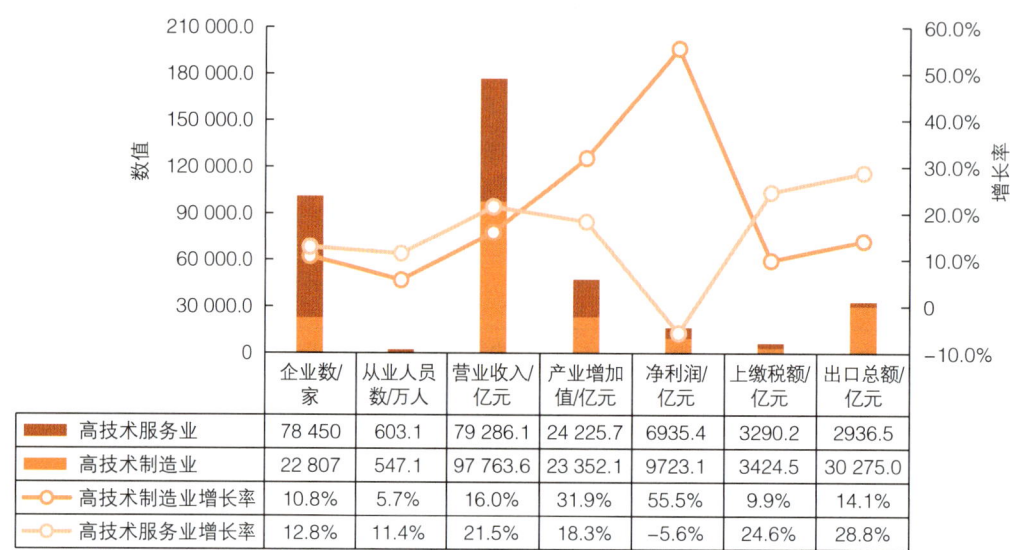

图4-8　2021年国家高新区高技术制造业、高技术服务业主要经济指标情况

从国家高新区高技术产业增长贡献度情况可以看出，2021年，高技术制造业对高技术产业增长的贡献主要体现在提升企业利润率、出口总额和产业增加值3个方面，贡献度分别为113%、85%和60%（图4-9）。

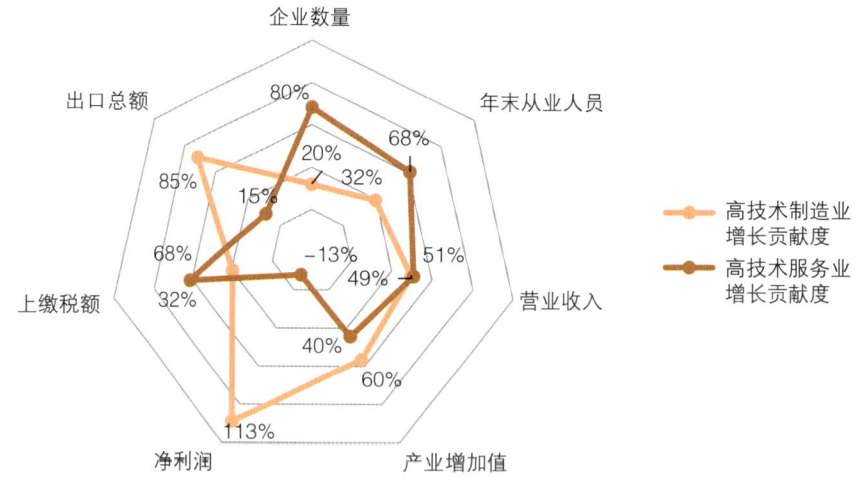

图4-9　2021年国家高新区高技术制造业和高技术服务业对高技术产业增长贡献度情况

（四）高技术服务业人员占比稳步提升，北京、上海领先

高技术服务业从业人员占从业人员比例可以在一定程度上反映国家高新区高技术服务业的现状和发展高端产业的配套环境，映射出国家高新区转方式、调结构及产业优化升级的成效。2010—2021年国家高新区高技术服务业从业人员占从业人员比例呈现持续增长态势，2021年为24.1%，较上年提高1.4个百分点，与2010年相比累计提高9个百分点（图4-10）。

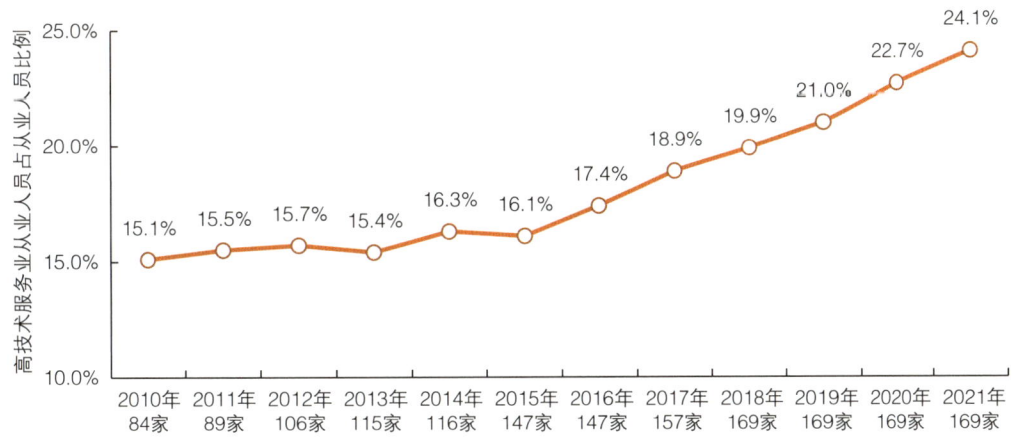

图4-10　2010—2021年国家高新区高技术服务业从业人员占比情况

分地区来看，2021年，四大地区国家高新区的高技术服务业从业人员占从业人员比例较2020年均有所提升。其中，东部地区高新区的高技术服务业从业人员占从业人员比例最高，为28.3%，高出国家高新区平均值4.2个百分点；东北地区高新区的高技术服务业从业人员占高新区从业人员比例为25.5%，高出国家高新区平均值1.4个百分点；中部地区和西部地区高新区则低于国家高新区平均值，中部地区高新区最低，仅为14.2%（图4-11）。

分省份来看，2021年，国家高新区高技术服务业从业人员占从业人员比例排在前两位的分别是北京和上海，分别高达53.7%和45.8%，高技术服务业发达；天津、辽宁、陕西、安徽、四川、河北、山西和广东的高新区均在20%以上，高技术服务业发展表现较好（表4-2）。

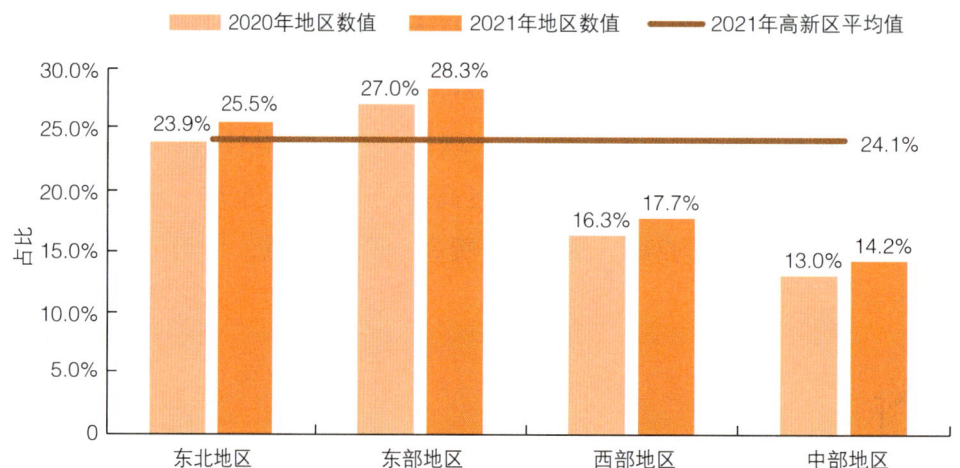

图4-11 2020年、2021年国家高新区高技术服务业从业人员占比的地区分布情况

表4-2 2021年国家高新区高技术服务业从业人员占从业人员比例的省份分布

省份	高技术服务业从业人员占从业人员比例	省份	高技术服务业从业人员占从业人员比例
北京	53.7%	湖北	14.3%
上海	45.8%	广西	14.2%
天津	35.6%	山东	14.1%
辽宁	35.6%	吉林	13.3%
陕西	26.5%	河南	12.4%
安徽	24.5%	甘肃	12.0%
四川	24.1%	云南	11.6%
河北	22.4%	湖南	11.0%
山西	21.3%	宁夏	9.4%
广东	20.5%	青海	7.3%
贵州	19.9%	重庆	6.9%
浙江	18.9%	江西	6.4%
福建	17.4%	新疆	6.4%
江苏	17.4%	海南	5.5%
黑龙江	15.3%	内蒙古	4.2%

分不同类别国家高新区来看，2021年，世界一流高科技园区高技术服务业从业人员占从业人员比例高达42.2%，分别是创新型科技园区、创新型特色园区和其他园区的2.7倍、2.6倍和5.0倍，说明世界一流高科技园区的产业结构状态较好，相比创新型科技园区、创新型特色园区和其他园区具有绝对优势。稳定期园区高技术服务业从业人员占从业人员比例为31.1%，是新升级园区的5.8倍；自创区园区高技术服务业从业人员占从业人员比例为29.7%，是非自创区园区的3.7倍。而其他园区、新升级园区、非自创区园区的高技术服务业从业人员占从业人员比例均不到10%，说明这3类国家高新区需要加快培育高技术服务业，吸引高端就业人才，促进产业结构和就业结构不断优化（图4-12）。

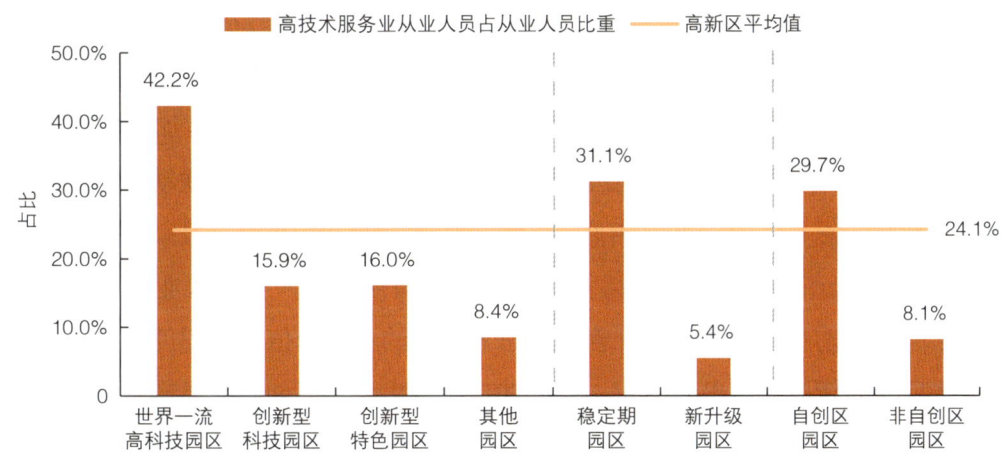

图4-12　2021年不同类别国家高新区高技术服务业从业人员占比情况

具体到高新区个体，2021年高技术服务业从业人员占从业人员比例排在前10位的国家高新区分别为上海紫竹、大连、中关村、杭州、上海张江、南京、成都、西安、长春净月和沈阳，均在35%以上。其中，上海紫竹高新区表现最好，为63.7%；大连、中关村、杭州、上海张江、南京和成都高新区均在40%及以上（图4-13）。

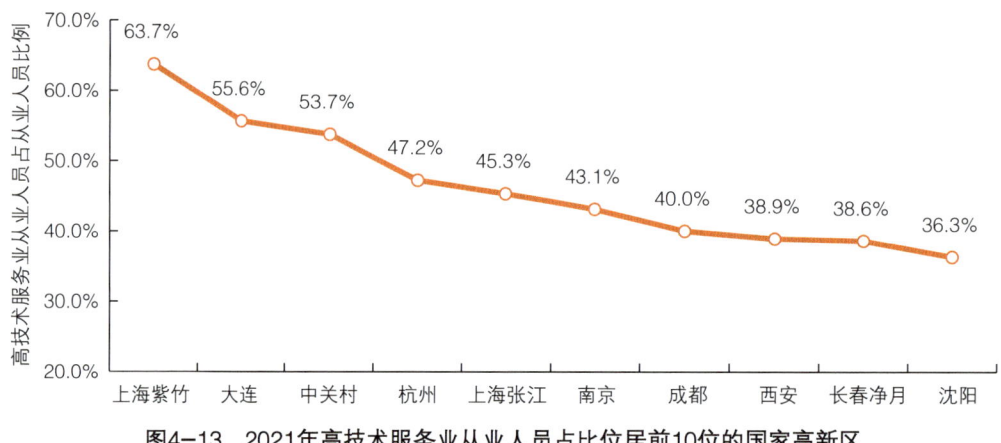

图4-13 2021年高技术服务业从业人员占比位居前10位的国家高新区

二、创新成果产出

创新成果产出衡量的是创新活动的成果形式，对于激励高新区加强知识产权运营，实现知识价值增值，进一步促进创新链、产业链、资本链有效联动，支持科技企业发展具有重要意义。截至2021年底，共有119家高新区获批建设国家知识产权局认定的试点园区和示范园区，19家高新区获批建设国家知识产权服务业集聚发展实验区。国家高新区创新活动绩效评价着重考虑了创新的经济价值实现程度和效率，没有设置直接反映创新成果产出的指标。为更直观地考察高新区创新成果产出情况，选择若干关联指标进行分析。

（一）知识产权服务机构增加近四成，各类创新成果竞相涌现

为支持和鼓励创业企业的创新发展，国家高新区一直十分重视知识产权服务工作，在集聚和培育知识产权服务机构方面成效显著。2021年，国家高新区拥有各类知识产权服务机构14 889家，同比增长36.4%。其中，专利服务机构4663家，同比增长14.5%；商标事务所9817家，同比增长44.1%，表明越来越多的企业开始重视品牌建设（图4-14）。

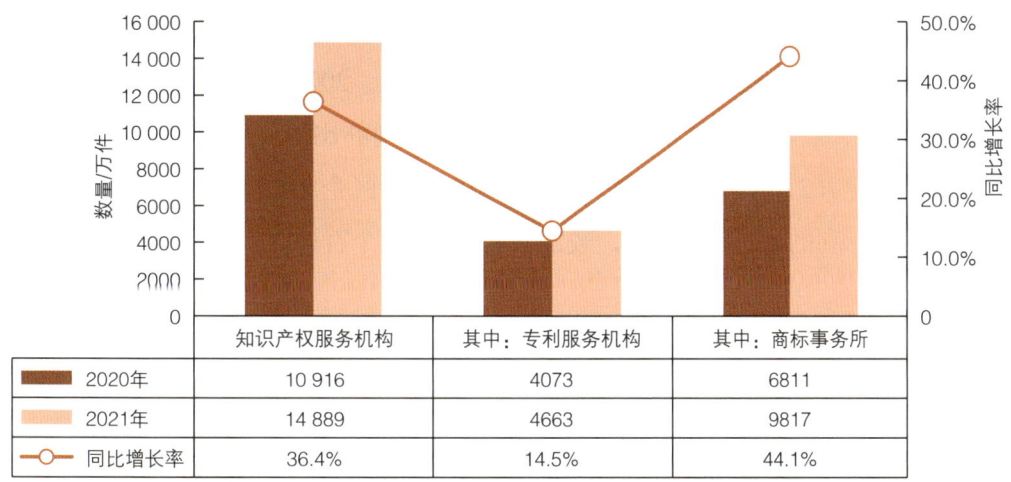

图4-14 2020年、2021年国家高新区知识产权服务机构情况

国家高新区大力推动企业自主创新，组织和引导企业积极申报专利申请，科技创新成果显著。2021年，国家高新区专利成果总量持续快速增长，企业当年申请专利数量为104.6万件，其中申请发明专利53.1万件，分别同比增长12.7%、12.4%；授权专利76.1万件，其中授权发明专利23.7万件，分别同比增长23.1%、30.5%；拥有专利达370.7万件，其中拥有发明专利121.9万件，分别同比增长25.1%、21.3%（图4-15）。

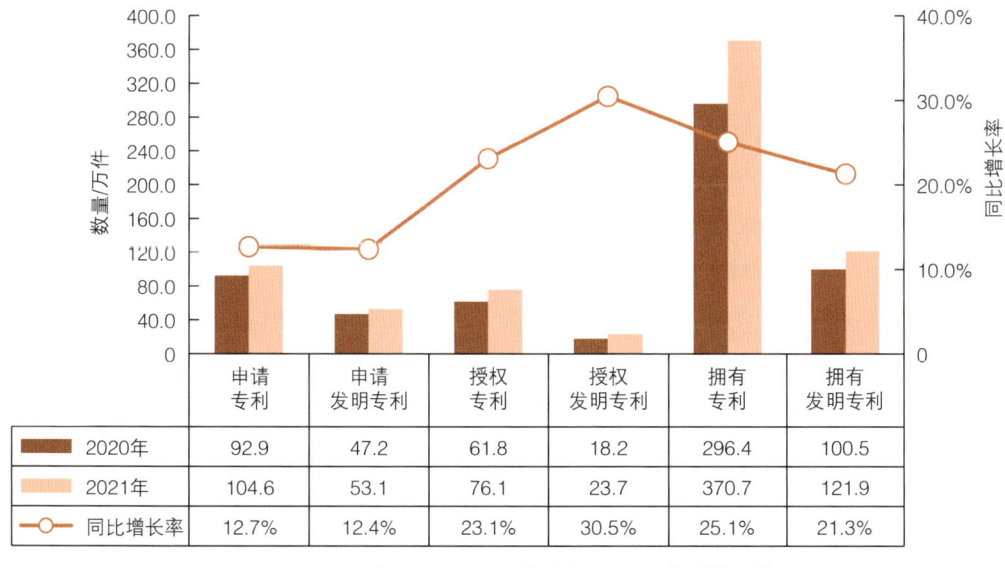

图4-15 2020年、2021年国家高新区企业专利数量情况

近年来，国家高新区企业专利数量持续快速增长，其占我国境内外专利的比例也有所提升，尤其是申请发明专利的占比提升最为明显。2021年，国家高新区企业申请发明专利数、有效发明专利数占中国境内外发明专利的比例分别为33.5%、33.9%，较2020年分别提升2.0个百分点、1.0个百分点；高新区企业授权发明专利数占中国境内外授权发明专利的比例为34.1%，较2020年下降0.2个百分点（图4-16）。

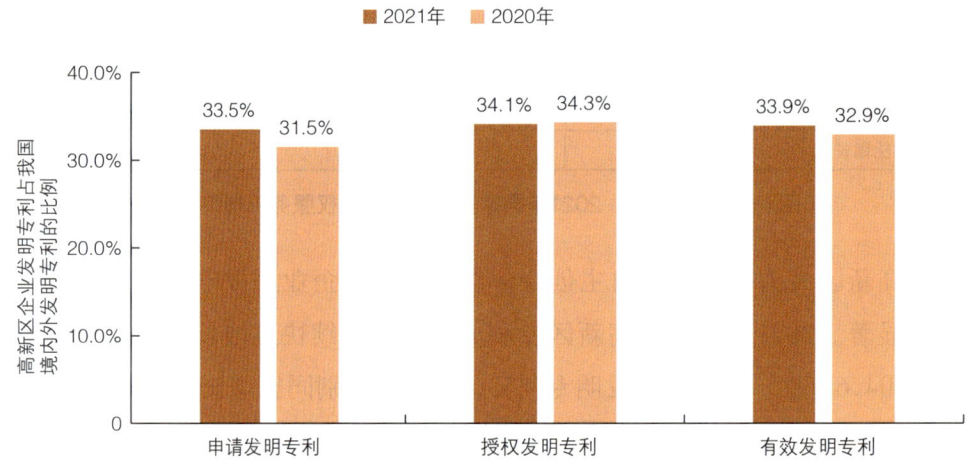

图4-16 2020年、2021年国家高新区企业发明专利占我国境内外发明专利的比例情况

除专利成果外，国家高新区其他各类型知识产权也实现较快增长。截至2021年底，国家高新区企业拥有注册商标1 381 485件，其中当年注册商标197 811件，分别同比增长26.0%、31.1%；拥有软件著作权1 857 729件，其中当年获得软件著作权357 809件，分别同比增长28.0%、21.7%；拥有集成电路布图23 748件，其中当年获得集成电路布图5350件，分别同比增长22.4%、4.3%；拥有植物新品种2731件，同比增长19.8%，其中当年获得植物新品种341件，同比下降11.0%；拥有国家一类新药品种493件，其中当年获得国家一类新药证书39件，分别同比增长6.0%、18.2%；拥有国家一级中药保护品种46件，同比下降2.1%，其中当年获得国家一级中药保护品种证书11件，同比下降21.4%（表4-3）。

表4-3 2020年、2021年国家高新区各类型知识产权数量情况

类型	2021年	2020年	同比增长率
拥有注册商标/件	1 381 485	1 096 175	26.0%
当年注册商标/件	197 811	150 866	31.1%
拥有软件著作权/件	1 857 729	1 451 211	28.0%
当年获得软件著作权/件	357 809	293 986	21.7%
拥有集成电路布图/件	23 748	19 407	22.4%
当年获得集成电路布图/件	5350	5128	4.3%
拥有植物新品种/件	2731	2279	19.8%
当年获得植物新品种/件	341	383	−11.0%
拥有国家一类新药品种/件	493	465	6.0%
当年获得国家一类新药证书/件	39	33	18.2%
拥有国家一级中药保护品种/件	46	47	−2.1%
当年获得国家一级中药保护品种证书/件	11	14	−21.4%

（二）专利产出效率持续提升，所有权转让及许可数翻番

国家高新区人均专利产出量持续增加。2021年，国家高新区每万名从业人员申请专利417.3件，其中申请发明专利211.7件；每万名从业人员授权专利303.6件，其中授权发明专利94.7件；每万名从业人员拥有有效专利1478.9件，其中拥有有效发明专利486.2件。从同比变化来看，每万名从业人员专利和发明专利的申请、授权及拥有数量，均呈现增长态势，其中每万名从业人员授权发明专利数增长最快，同比增长24.1%（图4-17）。

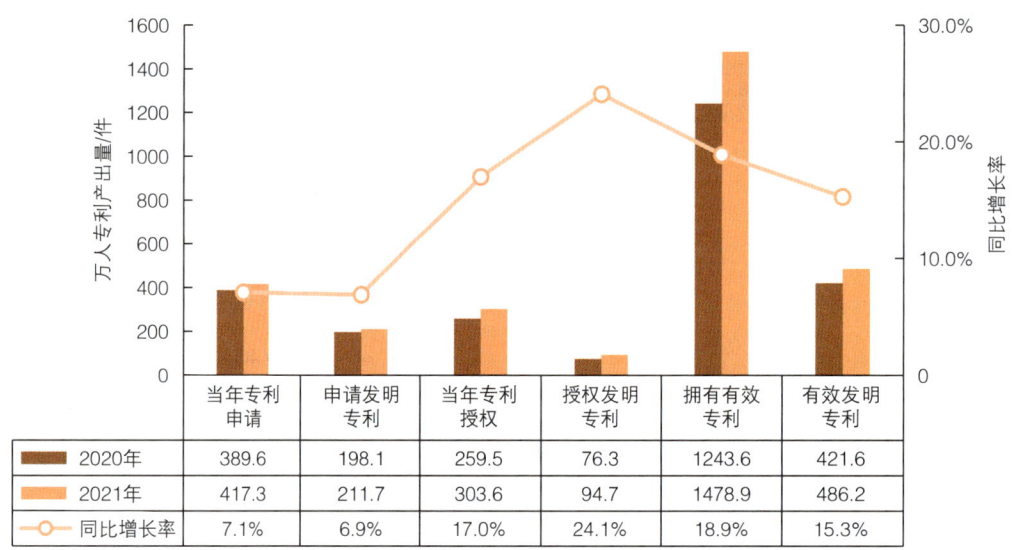

图4-17 2020年、2021年国家高新区每万名从业人员专利产出量

从投入产出角度看,国家高新区单位研发投入的专利产出量持续提升。2021年,国家高新区每亿元研发投入的申请专利、申请发明专利数量为113.8件、57.7件,分别同比增长12.7%、12.4%;国家高新区每亿元研发投入的授权专利数量为82.8件,同比增长23.1%,其中授权发明专利数量为25.8件,同比增长30.5%;国家高新区每亿元研发投入的拥有专利数、拥有发明专利数分别为403.3件、132.6件,分别同比增长25.1%、21.3%(表4-4)。

表4-4 2020年、2021年国家高新区单位研发投入的专利产出情况

每亿元研发投入专利产出量	2021年	2020年	同比增长率
申请专利/件	113.8	101.0	12.7%
申请发明专利/件	57.7	51.4	12.4%
授权专利/件	82.8	67.3	23.1%
授权发明专利/件	25.8	19.8	30.5%
拥有专利/件	403.3	322.5	25.1%
拥有发明专利/件	132.6	109.3	21.3%

2021年，国家高新区企业申请发明专利占申请专利的比例、授权发明专利占授权专利的比例、拥有发明专利占拥有专利的比例分别为50.7%、31.2%、32.9%，是全国相应比例的1.5倍、2.1倍和1.4倍。技术含量较高的发明专利在国家高新区专利产出中占据相对更大的比例，表明高新区专利成果的质量要高于全国平均水平（图4-18）。

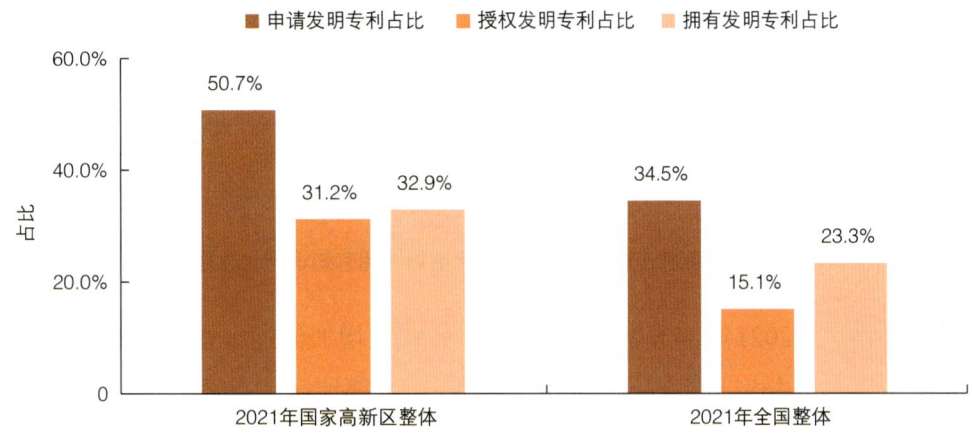

图4-18　2021年国家高新区企业发明专利占专利的比重与全国对比情况

国家高新区积极推进专利转让工作，在专利转让的价值实现上取得较大进展。2021年，国家高新区企业专利所有权转让及许可数为65 511件，同比翻一番；专利所有权转让及许可收入为194.7亿元，同比增长11.8%。

（三）知识经济持续发育，东部地区优势明显

国家高新区单位经济价值中的知识和技术含量可以在一定程度上反映高新区知识经济的发育程度，体现经济发展的"含金量"。2010—2021年，国家高新区企业100亿元增加值拥有知识产权数量和各类标准数量呈现逐年增长态势，2021年为6809件，同比增长6.0%，是2010年的近4倍，国家高新区知识经济持续发育、态势良好（图4-19）。

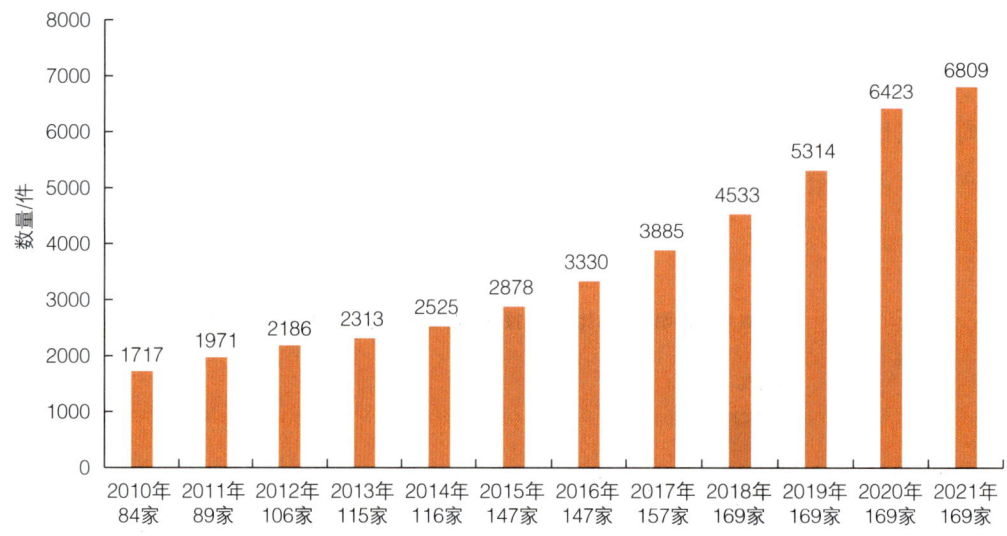

图4-19 2010—2021年国家高新区企业100亿元增加值拥有知识产权数量和各类标准数量

分地区来看，2021年，国家高新区企业100亿元增加值拥有知识产权数量和各类标准数量由高到低分别是东部地区、中部地区、西部地区、东北地区，其中东部地区拥有量高达7786件，分别是东北地区、西部地区、中部地区的1.8倍、1.7倍和1.3倍。从两年变化来看，四大地区高新区拥有量较上年均有不同幅度的提升，其中东北地区较上年增长698件，位居四大地区之首（图4-20）。东部地区高新区单位经济价值中的科技含量绝对值远超出其他区域，已成为区域经济高质量发展的"领头羊"。

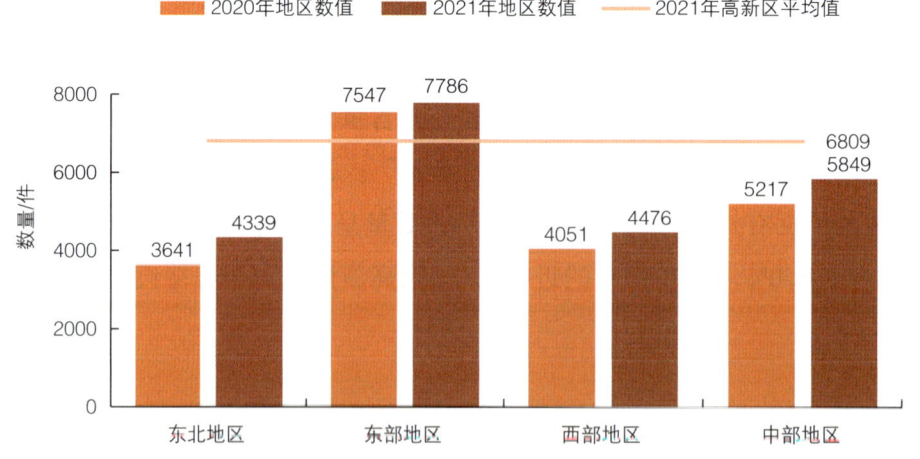

图4-20 2021年国家高新区企业100亿元增加值拥有知识产权数量和各类标准数量的地区分布情况

从不同类别国家高新区来看，2021年，世界一流高科技园区企业100亿元增加值拥有知识产权数量和各类标准数量为7688件，分别是创新型科技园区、创新型特色园区和其他园区的1.1倍、1.2倍和1.5倍；稳定期园区为7559件，是新升级园区的1.7倍；自创区园区为7717件，是非自创区园区的2.0倍（图4-21）。发展较为成熟的世界一流高科技园区、稳定期园区和自创区园区群体，其知识经济发育程度明显更高。

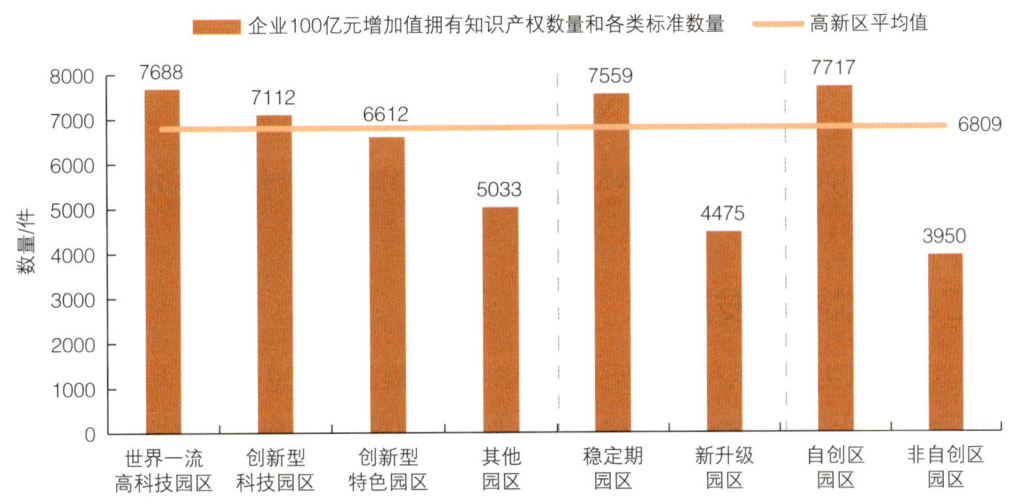

图4-21　2021年不同类别国家高新区企业100亿元增加值拥有知识产权数量和各类标准数量

具体看10家世界一流高科技园区的情况，2021年，深圳高新区企业100亿元增加值拥有知识产权数量和各类标准数量以11 800件位居第一，其次是广州高新区，为9175件。近年来，深圳和广州高新区牢固树立以打造知识产权强国建设高地为目标，在知识产权创造、保护、运用、管理和服务等方面取得重大突破，已经形成全国知识产权发展的领先优势。此外，武汉、上海张江、苏州工业园、杭州、成都、中关村、西安和合肥8家高新区100亿元增加值拥有知识产权数量和各类标准数量均在5000件以上（图4-22）。

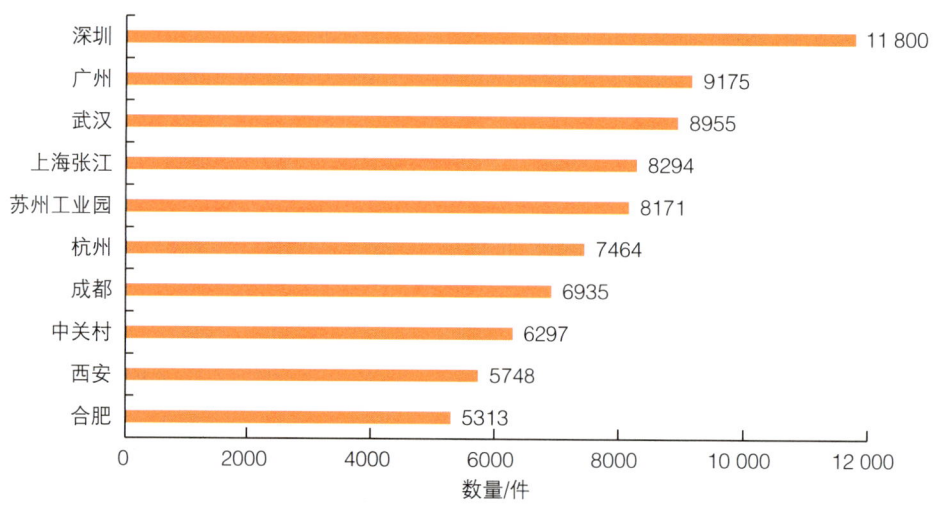

图4-22 2021年10家世界一流高科技园区企业100亿元增加值拥有知识产权数量和各类标准数量情况

三、技术要素发展

国家高新区为打造以科技创新驱动经济社会发展的知识型园区，大力提升产业技术要素含量、知识成果供给效率和优质企业扶持力度。国家高新区创新活动绩效评价中，体现技术要素方面的指标为企业当年完成的技术合同成交额和技术性收入相关指标。

（一）技术交易规模大幅增长，中关村占比超三成

国家高新区高度重视科技成果和先进技术的转移转化，多措并举推进技术交易，提高技术市场活跃度。一方面，加强技术合同登记工作的组织投入，设立技术合同登记站，加强技术合同登记政策的宣传和相关培训；另一方面，加强供需对接，积极组织科技成果交流会，引导园区企业与高校院所、技术型龙头企业加强技术合作。此外，国家高新区创新技术交易模式，以线上与线下融合、资本与技术融合的方式，促进技术交易规模与质量同步提升。

国家高新区企业技术交易非常活跃，2010—2021年，国家高新区企业当年完成技术合同成交额整体呈增长态势，2021年为10 283.3亿元，同比增长28.3%，是2010年的9.3倍，同时也是2010年以来技术合同成交额增长幅度最大的一年（图4-23）。国家高新区企业2021年完成的技术合同成交额占全国技术合同成交额（37 294亿元）的比重为27.6%；企业从业人员人均技术合同成交金额为41 021元，是全国就业人员人均技术合同成交额（4995.7元[①]）的8.2倍。

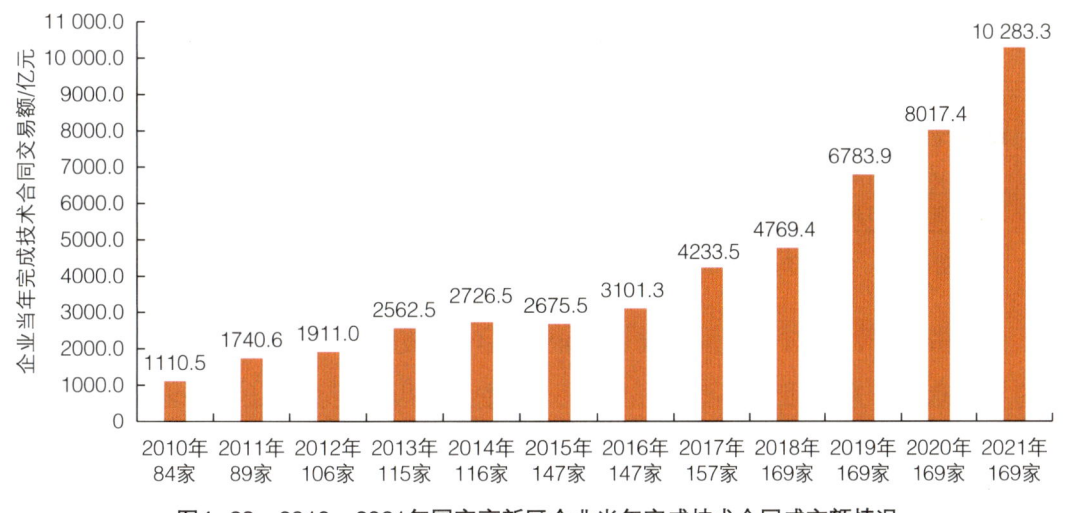

图4-23　2010—2021年国家高新区企业当年完成技术合同成交额情况

分地区来看，2021年，国家高新区企业当年完成的技术合同成交额最高的是东部地区，为7519.0亿元，占国家高新区整体比重的73.1%，较上年降低2.5个百分点；其次是中部地区，为1251.3亿元，占国家高新区整体比重的12.2%，较上年增加2.7个百分点；西部地区为1249.6亿元，占国家高新区整体比重的12.2%，较上年下降0.3个百分点；东北地区最低，为263.4亿元，占国家高新区整体比重的2.6%，较上年增加0.3个百分点（图4-24）。东部地区高新区仍是技术交易的高地，东北地区的技术市场正在逐步完善。

---

① 数据来源：国家统计局。

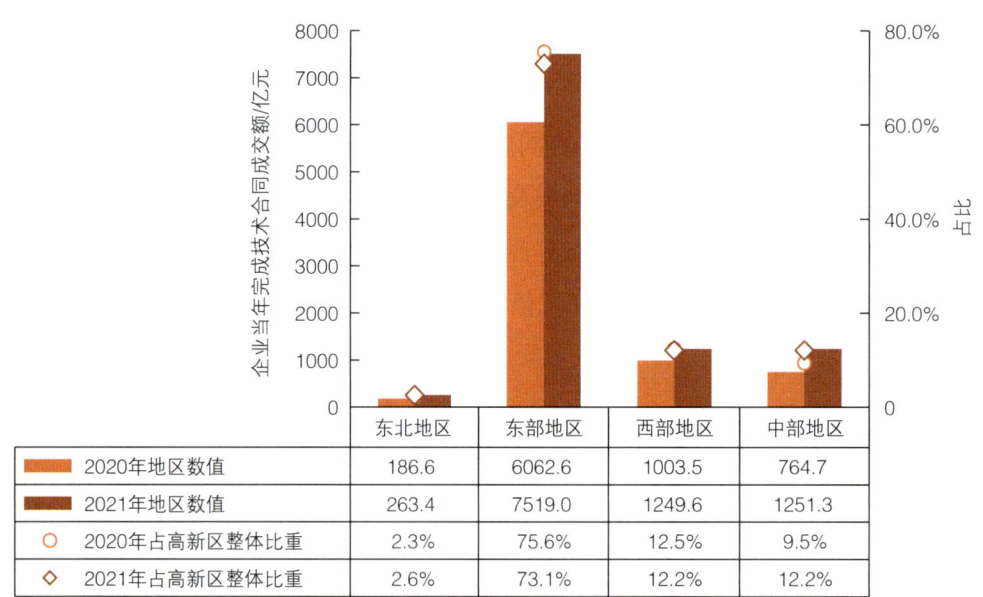

图4-24　2020年、2021年国家高新区企业当年完成的技术合同成交额的地区分布

分省份来看，2021年，国家高新区企业当年完成的技术合同成交额在100亿元以上的有北京、广东、上海、江苏、陕西、湖北、四川、浙江、山东、湖南、安徽、河南、辽宁和天津14个省份，其中北京高达3362.2亿元，占国家高新区整体比例的32.7%；内蒙古、云南、吉林、宁夏、海南、青海和新疆7个省份技术交易规模较低，均在10亿元以下，其中，宁夏、海南、青海和新疆4个省份不足1亿元（表4-5）。

表4-5　2021年不同省份国家高新区企业当年完成的技术合同成交额

省份	高新区企业当年完成的技术合同成交额/亿元	占高新区整体比例	省份	高新区企业当年完成的技术合同成交额/亿元	占高新区整体比例
北京	3362.2	32.70%	山东	293.3	2.85%
广东	1618.4	15.74%	湖南	287.6	2.80%
上海	872.1	8.48%	安徽	185.5	1.80%
江苏	770.5	7.49%	河南	181.3	1.76%
陕西	744.8	7.24%	辽宁	175.6	1.71%
湖北	515.3	5.01%	天津	128.7	1.25%
四川	387.8	3.77%	福建	97.0	0.94%
浙江	326.8	3.18%	黑龙江	81.2	0.79%

续表

省份	高新区企业当年完成的技术合同成交额/亿元	占高新区整体比例	省份	高新区企业当年完成的技术合同成交额/亿元	占高新区整体比例
江西	68.4	0.66%	内蒙古	8.4	0.08%
河北	49.3	0.48%	云南	7.9	0.08%
广西	35.9	0.35%	吉林	6.7	0.06%
贵州	27.8	0.27%	宁夏	0.8	0.01%
重庆	23.5	0.23%	海南	0.6	0.01%
山西	13.2	0.13%	青海	0.6	0.01%
甘肃	11.6	0.11%	新疆	0.6	0.01%

从不同类别国家高新区来看，2021年，平均每家世界一流高科技园区的企业技术合同成交额为765.5亿元，是技术交易最为活跃的园区群体，创新型科技园区、创新型特色园区和其他园区平均每家园区的企业技术合同成交额分别为52.2亿元、30.8亿元和7.3亿元，均低于高新区平均值；稳定期园区、自创区园区平均每家企业技术合同成交额分别为176.9亿元、157.5亿元，分别是国家高新区平均值的2.9倍和2.6倍，而新升级园区、非自创园区分别仅为6.4亿元、6.3亿元（图4-25）。可见，不同类别园区的技术市场发育程度和技术交易规模存在较大差距。

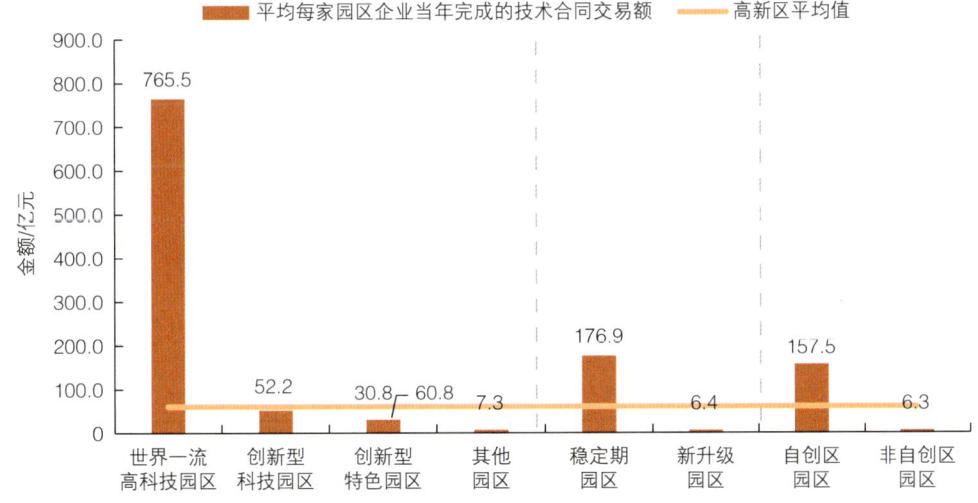

图4-25 2021年不同类别国家高新区平均企业当年完成的技术合同成交额

具体到园区层面，2021年，企业当年完成的技术合同成交额超过50亿元的国家高新区有24家，分别为中关村、上海张江、深圳、西安、广州、武汉、成都、南京、杭州、苏州工业园、合肥、济南、郑州、长沙、天津、沈阳、株洲、惠州、哈尔滨、大连、青岛、宁波、厦门和无锡高新区，共计9114.3亿元，占国家高新区整体的88.6%；其中，中关村科技园区企业当年完成的技术合同成交额高达3362.2亿元，稳居全国首位，占国家高新区整体的32.7%（图4-26）。

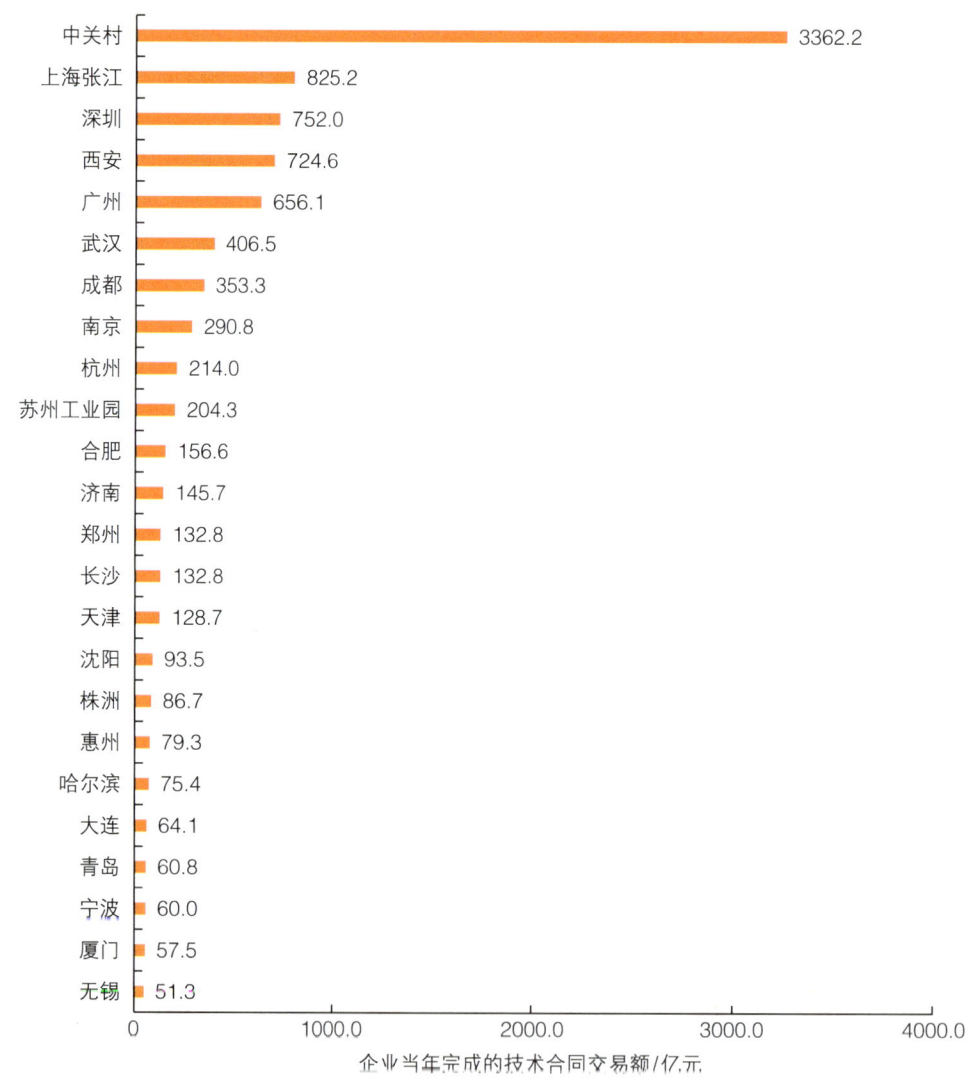

图4-26　2021年企业当年完成的技术合同成交额超50亿元的国家高新区

（二）企业各项收入均衡增长，高新技术产品规模持续扩大

2021年，国家高新区企业营业收入、技术收入、产品销售收入、商品销售收入和其他营业收入分别为49.5万亿元、6.9万亿元、34.1万亿元、4.7万亿元和3.8万亿元，增速分别为15.7%、17.6%、15.3%、16.2%和14.6%。高新区企业各项收入均衡增长，增速相差均在3%以内（图4-27）。

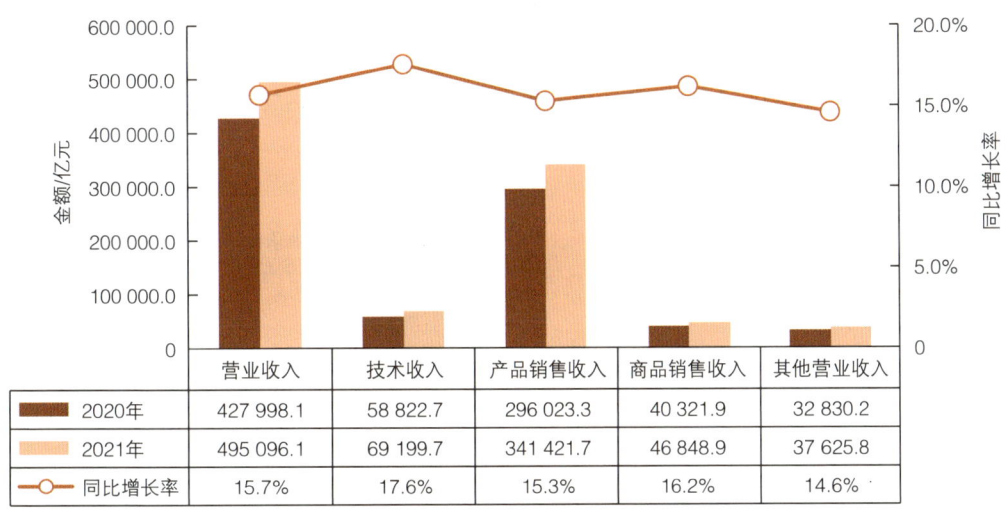

图4-27　2020年、2021年国家高新区营业收入及细分指标增长情况

具体来看，2021年，国家高新区企业技术收入占营业收入的比例为14.0%，较2020年提高0.3个百分点；产品销售收入占营业收入的比例为68.9%，占比最高，但较2020年下降0.3个百分点；商品销售收入占营业收入的比例为9.5%，较2020年提高0.1个百分点（图4-28）。

从高新区企业技术收入内部结构上看，2021年技术转让收入为1815.3亿元，占比为2.6%；技术承包收入为9207.5亿元，占比为13.3%；技术咨询与服务收入为44 538.1亿元，占比为64.4%；接受委托研究开发收入为3894.9亿元，占比为5.6%（图4-29）。

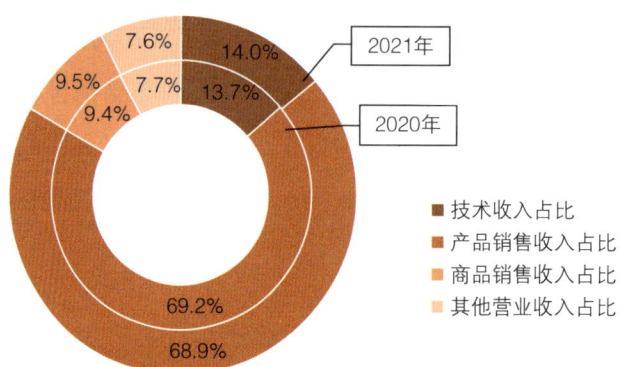

图4-28　2020年、2021年国家高新区营业收入构成情况

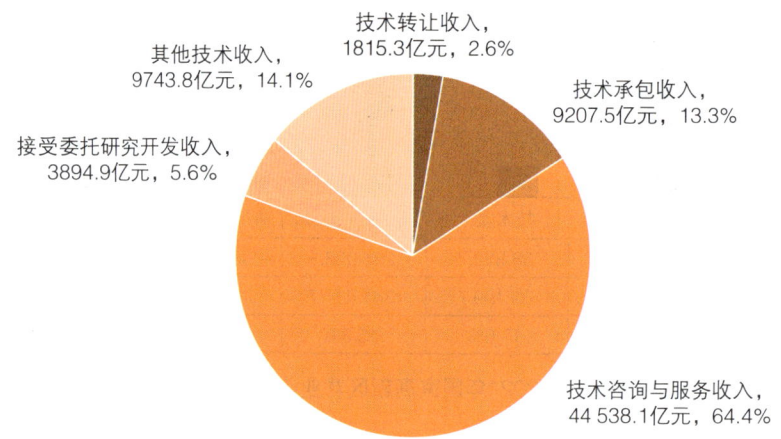

图4-29　2021年国家高新区企业技术收入构成情况

国家高新区企业新产品和高新技术产品规模持续扩大。2021年，高新区企业新产品产值为97 960.1亿元，新产品销售收入为102 137.4亿元，新产品出口额为19 385.7亿元，分别同比增长13.4%、15.8%、19.2%；高新技术产品销售收入为197 066.6亿元，高新技术产品出口额为32 247.2亿元，分别同比增长20.4%、19.4%（图4-30）。2021年，高新区高新技术产品销售收入占产品销售收入的57.7%，占比超过一半。

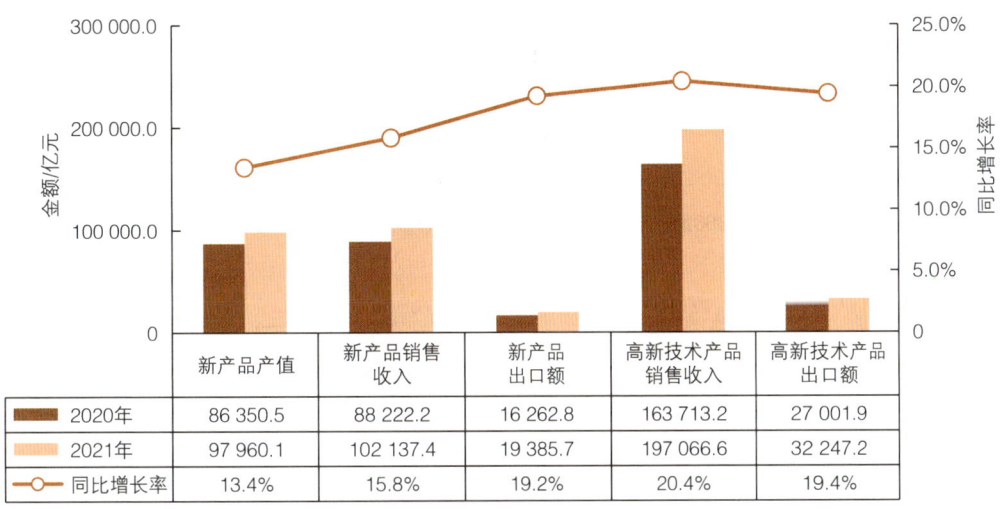

图4-30 2020年、2021年国家高新区企业新产品、高新技术产品的规模情况

四、企业及行业利润

企业是创新主体,承载着国家高新区实现"科技自立自强"发展目标的重任。考察企业的盈利能力有助于反映目前园区企业的发展现状,也有助于分析产业的发展趋势。国家高新区创新活动绩效评价中,体现企业盈利能力方面的指标为企业营业收入利润率及各个细分行业的利润率。

(一)企业净利润占全国四成,利润率实现小幅上涨

国家高新区形成了大、中、小、微型企业比例相对适宜的企业规模布局。2021年,国家高新区有大型企业6041家,较2020年同比增长8.7%;有中型企业22 204家、小型企业102 228家、微型企业51 068家,分别同比增长8.0%、9.5%、11.3%。2021年,国家高新区大、中、小、微型企业占比分别为3.3%、12.2%、56.3%、28.1%,小型企业占据半壁江山(图4-31)。

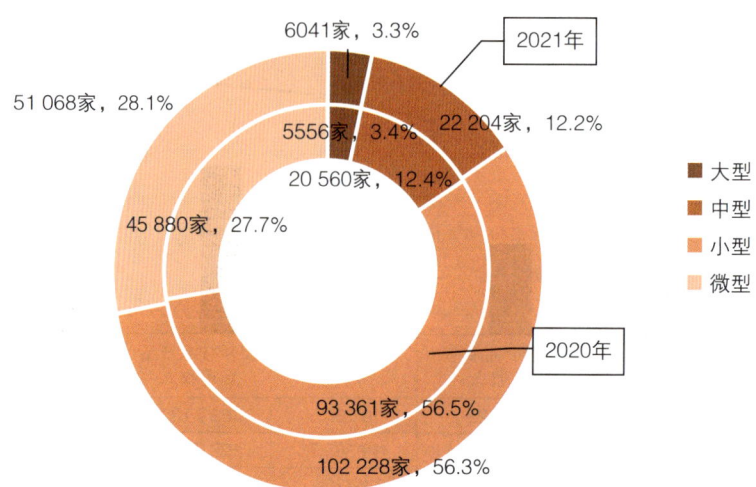

图4-31 2020年、2021年国家高新区大型、中型、小型、微型企业数量和占比分布情况

企业效益的不断提升，是园区经济健康持续发展的根本。国家高新区通过多种措施，加快促进企业竞争力提升，企业净利润总额不断增长。2021年，国家高新区企业实现净利润35 862.0亿元（图4-32），同比增长17.8%，占我国全年规模以上工业企业利润总额（87 092.1亿元）的41.2%。

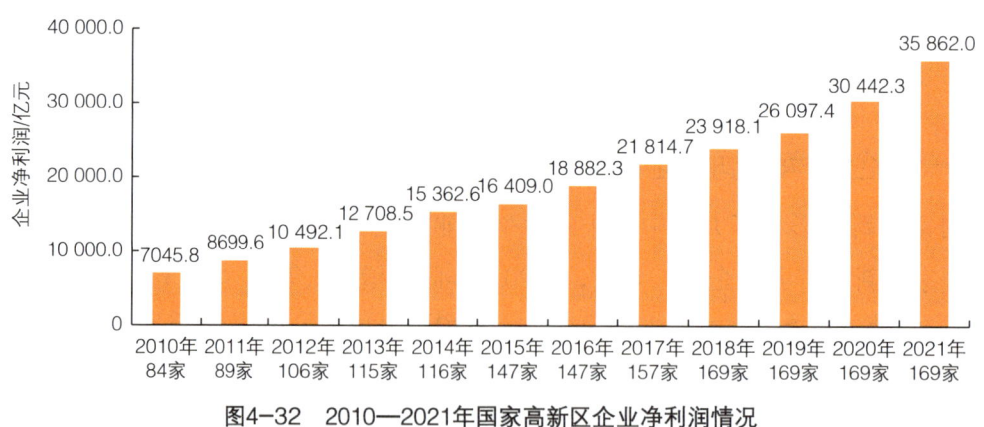

图4-32 2010—2021年国家高新区企业净利润情况

具体到园区层面，2021年，企业净利润排名居前10位的国家高新区分别为中关村、上海张江、深圳、广州、成都、西安、杭州、合肥、武汉和南京，企业净利润共计18 211.9亿元，占国家高新区总额的50.8%；其中，中关村、上海张江、深圳、广州和成都高新区的企业净利润均在千亿元以上（图4-33）。

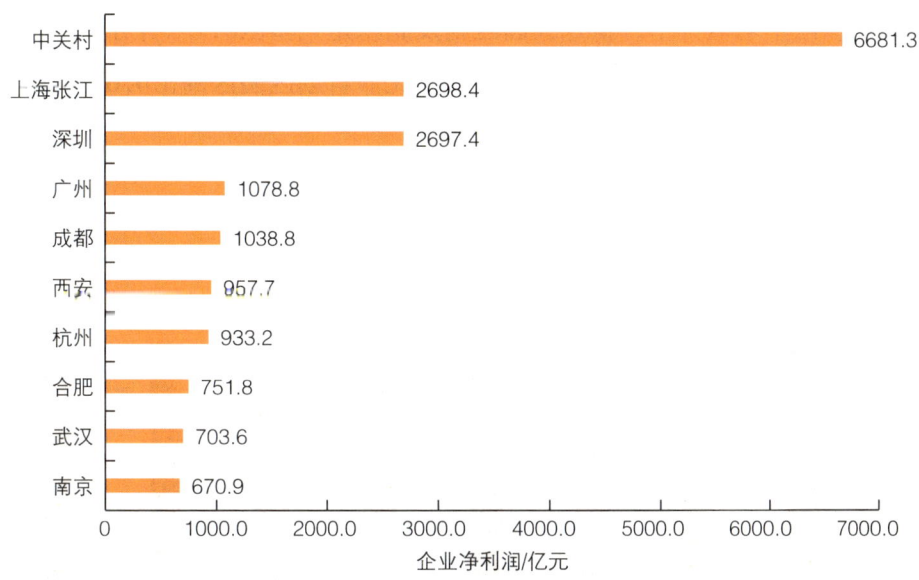

图4-33 2021年企业净利润排名居前10位的国家高新区

从高新区企业营业收入利润率来看，2010—2021年，国家高新区企业营业收入利润率整体在6%~7%浮动，2021年为7.2%，较2020年上升0.1个百分点（图4-34）。

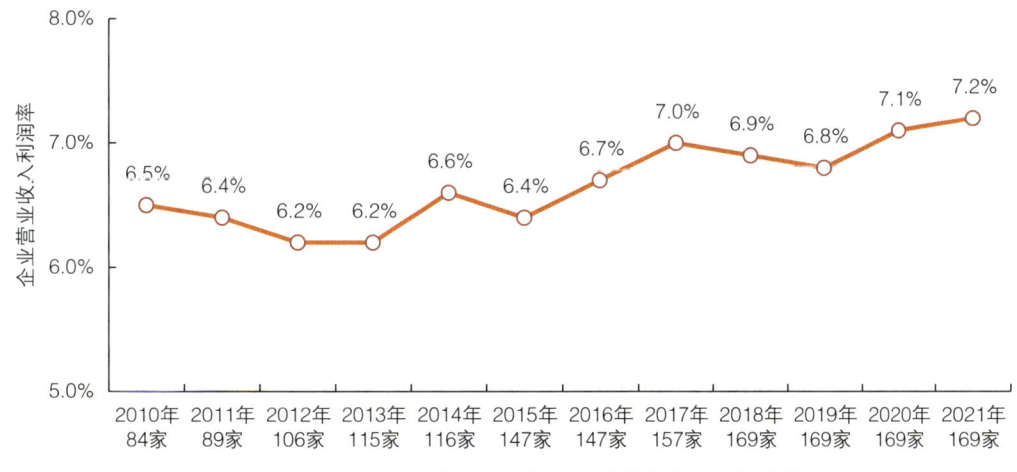

图4-34 2010—2021年国家高新区企业营业收入利润率情况

从不同类别国家高新区来看，2021年，世界一流高科技园区的企业营业收入利润率为8.2%，高于高新区平均值；创新型科技园区、创新型特色园区和其他园区分别为6.5%、6.0%和6.8%，均低于高新区平均值；稳定期园区的企业营业收入利润率为

第四章 创新活动绩效评价 119

7.2%，与高新区平均值持平，新升级园区则反超稳定期园区0.1个百分点；自创区园区的企业利润率为7.4%，高于高新区平均值，比非自创区园区高出0.6个百分点（图4-35）。

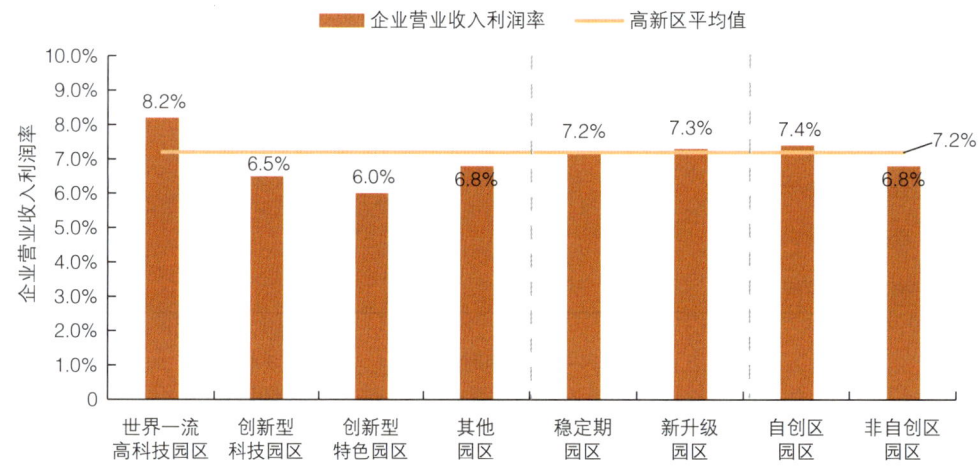

图4-35　2021年不同类别国家高新区企业营业收入利润率

（二）高技术制造业营收利润率优于全国，医药制造业表现抢眼

观察高技术产业及其细分领域企业的营业收入利润率情况，2021年，国家高新区高技术产业的营业收入利润率为9.4%，高出国家高新区整体水平2.2个百分点。其中，属于高技术制造业的企业平均营业收入利润率为9.9%，高出国家高新区整体水平2.7个百分点；属于高技术服务业的企业平均营业收入利润率为8.7%，高出国家高新区整体水平1.5个百分点。

具体来看，在6类高技术制造业中，医药制造业、医疗仪器设备及仪器仪表制造业企业的营业收入利润率较高，分别为5.9%、12.5%，分别高出国家高新区平均水平18.7个百分点、5.3个百分点；在8类高技术服务业中，营业收入利润率高出高新区整体水平的有3个类别，分别为信息服务业（11.7%）、检验检测服务业（14.8%）、环境监测及治理服务业（7.5%），其中检验检测服务业领域企业的营业收入利润率最高（图4-36）。

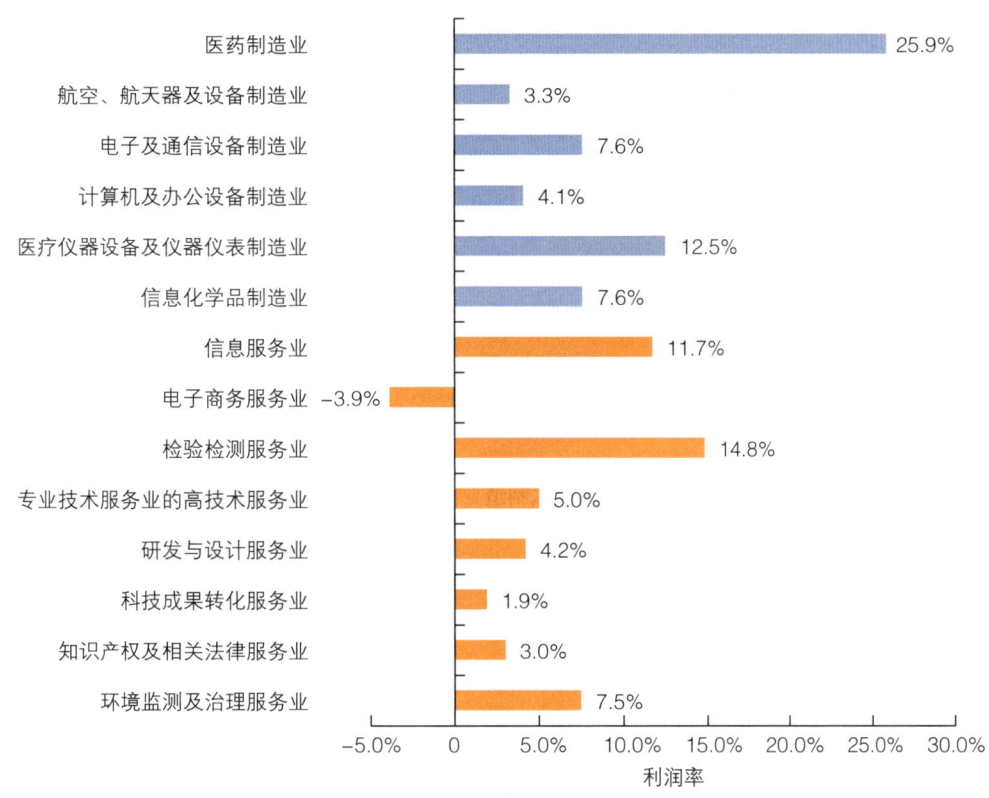

图4-36 2021年国家高新区高技术制造业、高技术服务业细分领域的营业收入利润率

（三）细分领域电子及通信设备制造、信息服务业营收规模领先

观察高技术产业细分领域的营业收入规模和结构，2021年，属于高技术制造业的企业实现营业收入97 763.4亿元，其中，医药制造业为13 927.9亿元，航空、航天器及设备制造业为3355.1亿元，电子及通信设备制造业为59 249.1亿元，计算机及办公设备制造业为13 651.4亿元，医疗仪器设备及仪器仪表制造业为7440.0亿元，信息化学品制造业为139.9亿元。电子及通信设备制造业营业收入规模最大，占高技术制造业的比重为60.6%；其次是医药制造业，占比为14.2%；计算机及办公设备制造业紧随其后，占比为14.0%；其余细分领域占比均不到8%（图4-37）。

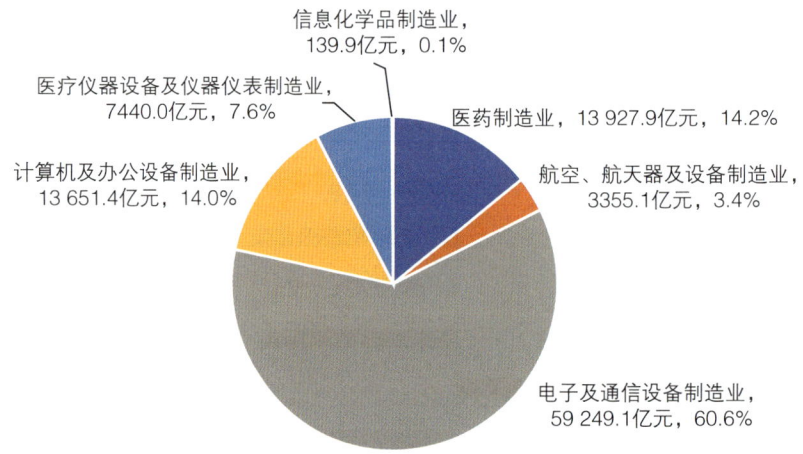

图4-37　2021年国家高新区高技术制造业细分领域企业的营业收入分布情况

2021年，属于高技术服务业的企业共实现营业收入79 286.1亿元，其中信息服务业为52 468.6亿元、电子商务服务业为5907.9亿元、检验检测服务业为969.1亿元、专业技术服务业的高技术服务业为10 373.3亿元、研发与设计服务业为5476.2亿元、科技成果转化服务业为2897.4亿元、知识产权及相关法律服务业为112.6亿元、环境监测及治理服务业为1081.0亿元。其中，信息服务业营业收入规模最大，占高技术服务业的比重高为66.2%；其次是专业技术服务业的高技术服务，占比为13.1%；其余细分领域占比均在8%以下。值得注意的是，电子商务服务业占比为7.5%，相比2020年增长6.7个百分点（图4-38）。

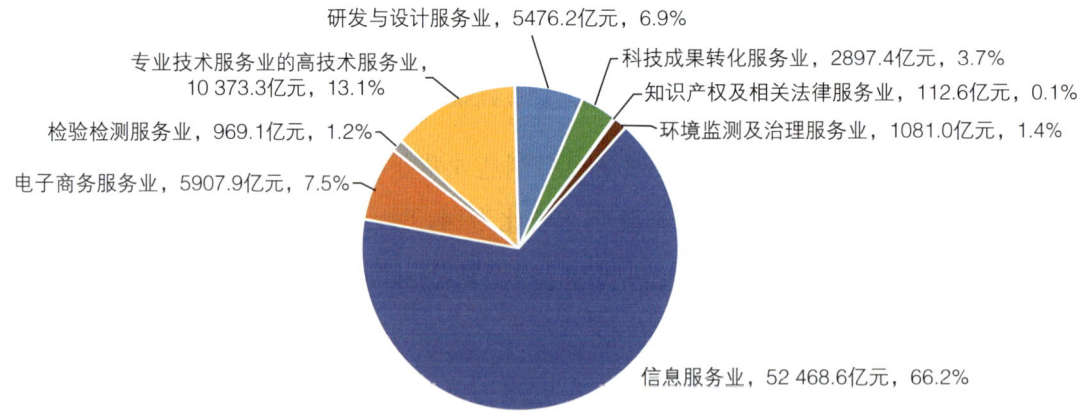

图4-38　2021年国家高新区高技术服务业细分领域企业的营业收入分布情况

国家高新区创新能力评价报告2022

第五章 创新的国际化评价

习近平总书记指出："当今世界，发展科学技术必须具有全球视野，把握时代脉搏，紧扣人类生产生活提出的新要求"。国家高新区作为我国最开放最具全球视野的区域之一，随着"一带一路"倡议的持续推进，在参与全球创新合作方面扮演越来越重要的角色，特别是在创新国际化、产业国际化、企业国际化等方面，积极探索、深化改革，为我国构建互利共赢的开放经济体系贡献了积极力量。创新的国际化主要考察国家高新区在全球范围内开展创新合作和进行创新资源整合的水平。从测算结果来看，2021年国家高新区创新的国际化指数为642.2点，同比增长73.7点；增速为13.0%，较2020年增长5.9个百分点。

创新的国际化下设5个二级指标，分别为内资控股企业设立的境外研发机构数量、内资控股企业万人拥有欧美日专利授权数量及境外注册商标数量、技术服务出口占出口总额比例、企业委托境外开展研发活动费用支出、企业从业人员中留学归国人员和外籍常驻人员所占比重。2021年5个二级指标数值分别为1628家、131.3件、6.5%、289.7亿元、1.3%，分别同比增长16.8%、18.5%、-0.1%、27.4%、6.5%，除"技术服务出口占出口总额比例"外，其他指标较2020年均有所提高，其中"企业委托境外开展研发活动费用支出"指标增长最快（图5-1）。

从增速贡献来看，以"企业委托境外开展研发活动费用支出"指标对创新的国际化指数增长的贡献最大，贡献值为36%；其次为"内资控股企业万人拥有欧美日专利授权数量及境外注册商标数量"和"内资控股企业设立的海外研发机构数量",贡献值分别为28%和25%。

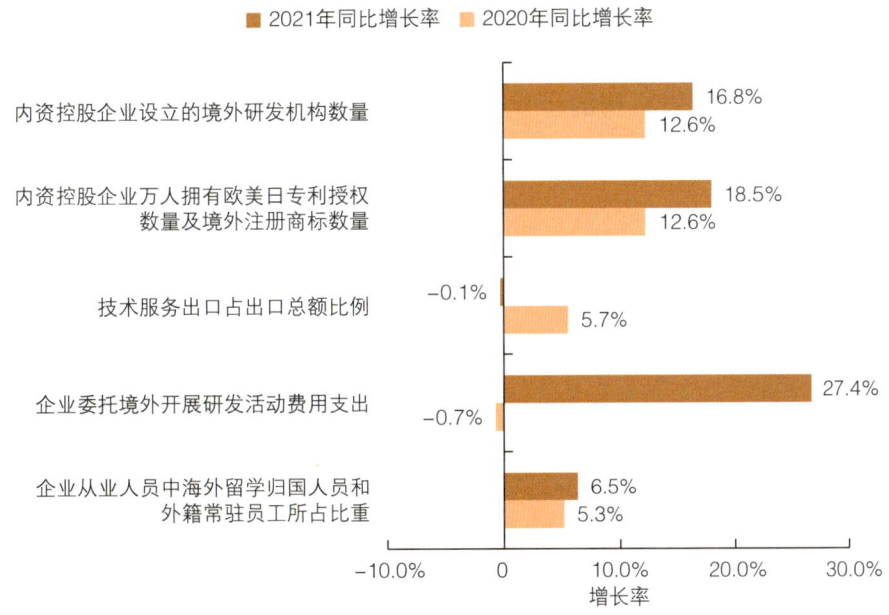

图 5-1　2020 年、2021 年国家高新区创新的国际化 5 个二级指标的增长率对比

围绕5个二级指标,分别从国际创新合作、国际人才集聚、国际创新成果、国际贸易交流等4个方面,对国家高新区创新的国际化情况进行详细分析和阐述。

一、国际创新合作

国家高新区积极构建以国内大循环为主体、国内国际双循环相互促进的新发展格局。面对新冠肺炎疫情带来的深远影响及外部环境变化带来的新挑战,国家高新区以全球视野谋划和推动创新发展,积极践行"一带一路"国家倡议,主动探索建立与日本、欧美等多个地区一流科技园多形式的合作关系,促进资金资源、人才要素进行跨国布局,并与海外一流科技园中的高科技企业进行相互借鉴,企业创新的国际竞争力逐渐增强。国家高新区创新的国际化评价中,主要以"内资控股企业设立的境外研发机构数量""企业委托境外开展研发活动费用支出"两个指标来表征国际创新合作方面的情况。

（一）国际研发平台建设步伐加快，成熟园区更具优势

外资研发机构是国家高新区链接国际创新资源的重要平台，在链接、集聚全球创新资源、实现创新技术溢出、推动科技开放合作方面发挥着重要作用。2013—2021年，国家高新区外资研发机构数总体呈现增长态势。近两年受新冠疫情影响，高新区外资企业设立研发机构的步伐有所放缓，随着全球新冠病情防控进入"常态化"，2021年国家高新区内外资研发机构数有所增长，为4568家，同比增长19.3%（图5-2）。

图5-2 2013—2021年国家高新区拥有的外资研发机构数量情况

国家高新区不断鼓励企业通过建立境外分支机构等方式主动"走出去"，加强对国际资源的整合。2021年国家高新区企业共设立境外营销服务机构7193家、境外技术研发机构2282家、境外生产制造基地2726家，除境外营销服务机构外，其他两类境外分支机构分别增长10.7%、163.9%（图5-3）。

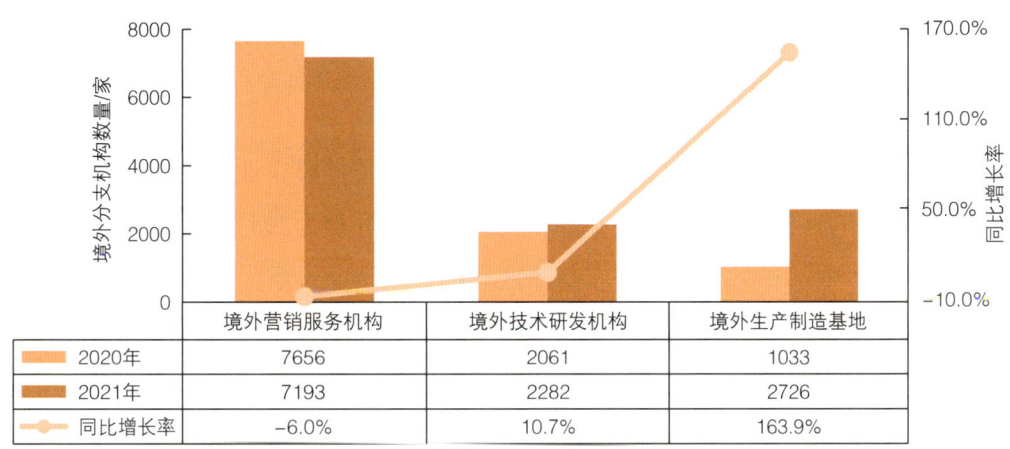

图5-3 2020年、2021年国家高新区企业设立的境外分支机构数量情况

国家高新区内本土企业积极拓展国际创新合作，将价值链中的研发环节延伸到境外，在境外设立研发机构，加速整合全球创新资源。一些先进园区，如中关村在硅谷、以色列，上海张江在波士顿等地均建立创新中心，西安高新区在温哥华建立新药研发中心。2010—2021年，国家高新区内资控股企业设立的境外研发机构数量整体增长迅速，2021年为1628家，同比增长16.8%，是2010年的15.7倍（图5-4）。

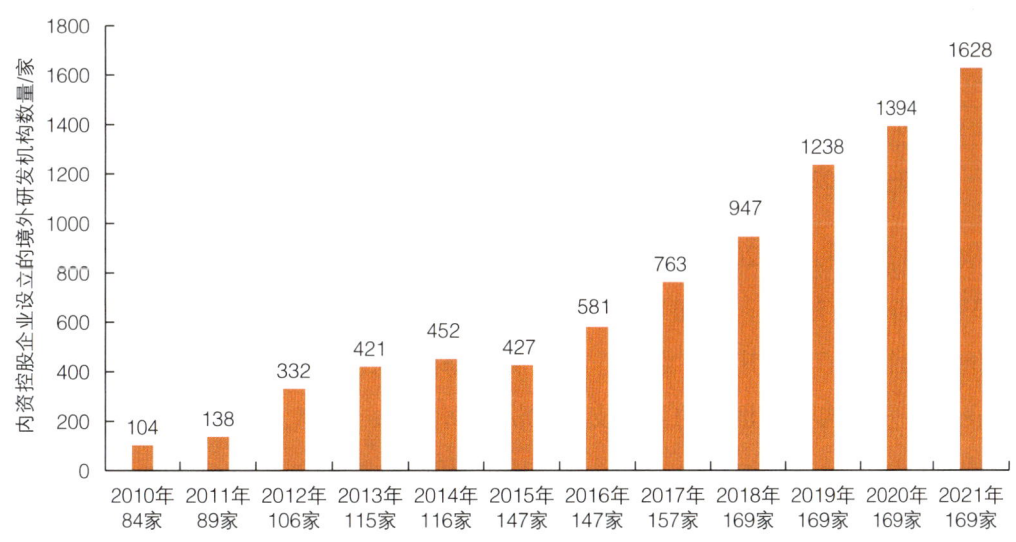

图5-4 2010—2021年国家高新区内资控股企业设立的境外研发机构数量情况

按不同地区国家高新区、不同省份国家高新区、不同类别国家高新区评价指标"内资控股企业设立的海外研发机构"进行分析。

从不同地区来看，2021年东部地区国家高新区内资控股企业设立的境外研发机构数量保持领先，为1172家，其次是中部和西部地区，分别为298家、122家。从两年变化来看，东北、东部和西部地区国家高新区内资控股企业设立的境外研发机构数量占高新区整体比重较2020年均略有下降，而中部地区的占比有所上升，同比增长1.2个百分点（图5-5）。

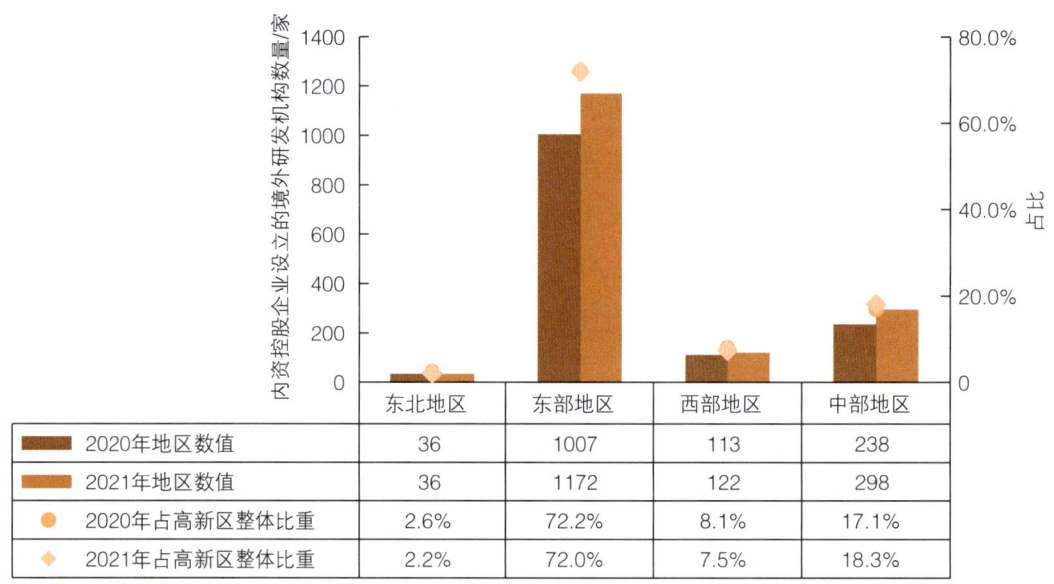

图5-5　2020年、2021年国家高新区内资企业设立的海外研发机构的地区分布情况

从不同省份来看，2021年，国家高新区内资控股企业设立的境外研发机构数量超过100家的省份共有5个，分别为江苏、广东、上海、山东和湖北，占国家高新区整体的比例之和超过67%，其中，江苏、广东和上海的占比均超过14%，成为国家高新区本土企业研发机构走向世界的重要支撑省份；而贵州、云南、山西、海南、宁夏等省份则相对较低，最高仅为2家，黑龙江、内蒙古和青海为0家（表5-1）。

表5-1　2021年国家高新区内资企业设立的境外研发机构数量的省份分布情况

省份	高新区内资控股企业设立的境外研发机构数量/家	占国家高新区整体的比例	省份	高新区内资控股企业设立的境外研发机构数量/家	占国家高新区整体的比例
江苏	339	20.82%	广西	23	1.41%
广东	298	18.30%	重庆	16	0.98%
上海	237	14.56%	四川	13	0.80%
山东	111	6.82%	天津	11	0.68%
湖北	111	6.82%	吉林	6	0.37%
浙江	71	4.36%	甘肃	6	0.37%
安徽	59	3.62%	新疆	4	0.25%
陕西	55	3.38%	贵州	2	0.12%
河南	50	3.07%	云南	2	0.12%
江西	44	2.70%	山西	2	0.12%
北京	42	2.58%	海南	1	0.06%
福建	39	2.40%	宁夏	1	0.06%
湖南	32	1.97%	黑龙江	0	0
辽宁	30	1.84%	内蒙古	0	0
河北	23	1.41%	青海	0	0

从不同类别国家高新区来看，2021年平均每家世界一流园区高科技园区、创新型科技园和创新型特色园区中的内资控股企业设立的海外研发机构数均高于国家高新区平均值，尤其世界一流高科技园区是高新区平均值的7.5倍；同时，稳定期园区明显高于新升级园区，自创区园区明显高于非自创区园区（图5-6）。整体来看，发展较为成熟的园区在整合海外研发资源方面更有经验和优势。

具体到单个园区，2021年，内资控股企业设立的境外研发机构数量超过40家的国家高新区共有10家，分别为上海张江、苏州工业园、佛山、深圳、武汉、合肥、南京、西安、中关村和广州高新区，占国家高新区整体的53.3%，较2020年（46.5%）增长6.8个百分点；其中上海张江最多，为236家，占国家高新区整体的14.5%（图5-7）。

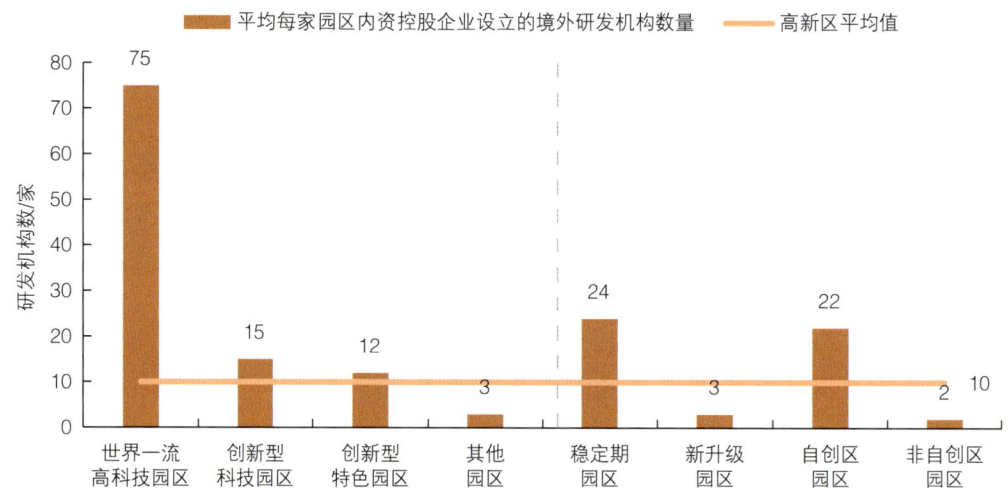

图5-6 2021年不同类别国家高新区内资控股企业设立的境外研发机构数量情况

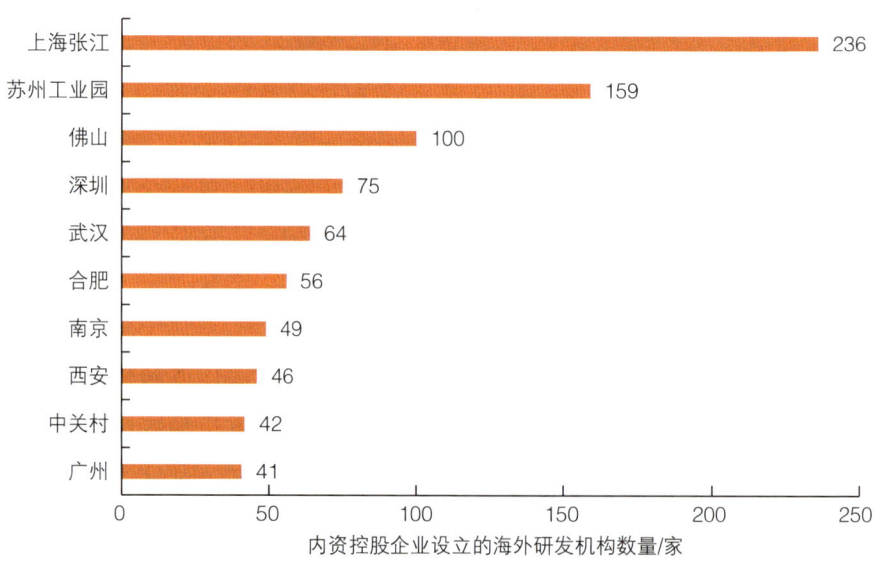

图5-7 2021年内资控股企业设立的境外研发机构数量超40家的高新区

（二）委托境外研发费用小幅回升，东部地区最高

国家高新区鼓励企业在全球范围内开展创新交流与合作。2010年以来，国家高新区企业委托境外开展研发活动费用支出整体保持上升趋势，尤其是2019年增速加快，突破200亿元，2021年为289.7亿元，是2010年的13.6倍（图5-8）。

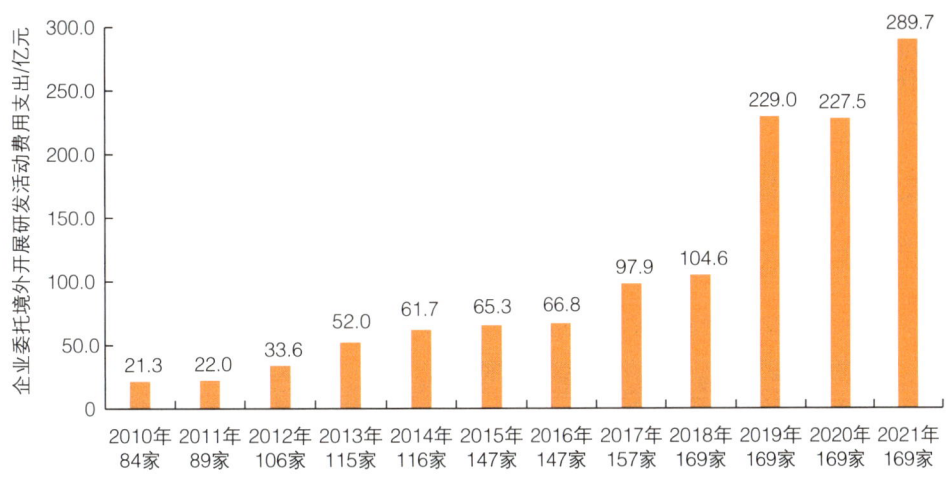

图5-8 2010—2021年国家高新区企业委托境外开展研发活动费用支出情况

分地区来看，2021年东部地区国家高新区企业委托境外开展研发活动费用支出最高，为231.1亿元，占国家高新区整体比重的79.8%，分别是西部地区、中部地区、东北地区的49.3倍、9.0倍、8.2倍（图5-9）。从两年变化来看，东北、西部和中部地区国家高新区企业委托境外开展研发活动的支出额占高新区整体比重均有所提高，尤其东北地区提升最为明显，增长9.1个百分点。

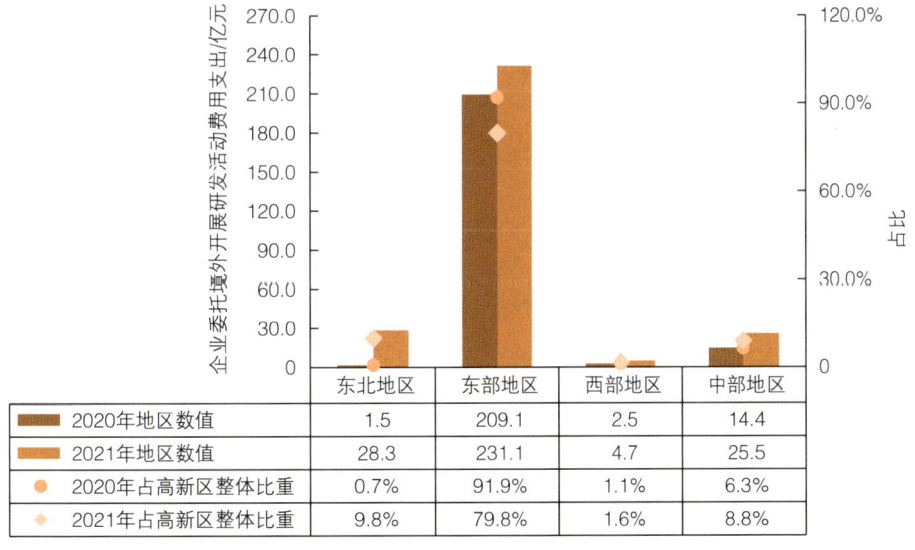

图5-9 2020年、2021年各地区国家高新区企业委托境外开展研发活动费用支出情况

分省份来看，2021年，国家高新区企业委托境外开展研发活动费用支出排在前三的省份分别为广东、上海、吉林，均在26亿元以上，3个省份高新区占国家高新区整体的比例达66.4%；而四川、海南、河北等15个省份高新区企业委托境外开展研发活动费用支出均不足1亿元，其中黑龙江、山西、青海、内蒙古、宁夏5个省份高新区为0亿元（表5-2）。

表5-2 2021年国家高新区企业委托境外开展研发活动费用支出的省份分布情况

省份	高新区企业委托境外开展研发活动费用支出/亿元	占国家高新区整体的比例	省份	高新区企业委托境外开展研发活动费用支出/亿元	占国家高新区整体的比例
广东	129.33	44.64%	四川	0.89	0.31%
上海	36.29	12.53%	海南	0.54	0.18%
吉林	26.77	9.24%	河北	0.52	0.18%
江苏	18.93	6.53%	广西	0.26	0.09%
山东	15.56	5.37%	天津	0.26	0.09%
湖北	15.28	5.27%	江西	0.21	0.07%
浙江	14.92	5.15%	甘肃	0.13	0.05%
北京	12.99	4.48%	云南	0.03	0.01%
河南	5.50	1.90%	新疆	0.01	0.00%
湖南	2.75	0.95%	贵州	0.01	0.00%
福建	1.83	0.63%	黑龙江	0.00	0.00%
安徽	1.81	0.62%	山西	0.00	0.00%
重庆	1.78	0.62%	青海	0.00	0.00%
陕西	1.58	0.55%	内蒙古	0.00	0.00%
辽宁	1.55	0.53%	宁夏	0.00	0.00%

从不同类别国家高新区来看，2021年，平均每家世界一流高科技园区、创新型科技园区的企业委托境外开展研发活动费用支出均高于高新区平均值（1.7亿元），尤其世界一流高科技园区分别是创新型科技园区、创新型特色园区、其他园区的5.3倍、24.1倍、42.3倍；稳定期园区是新升级园区的11.0倍；自创区园区是非自创区园区的13.7倍（图5-10）。

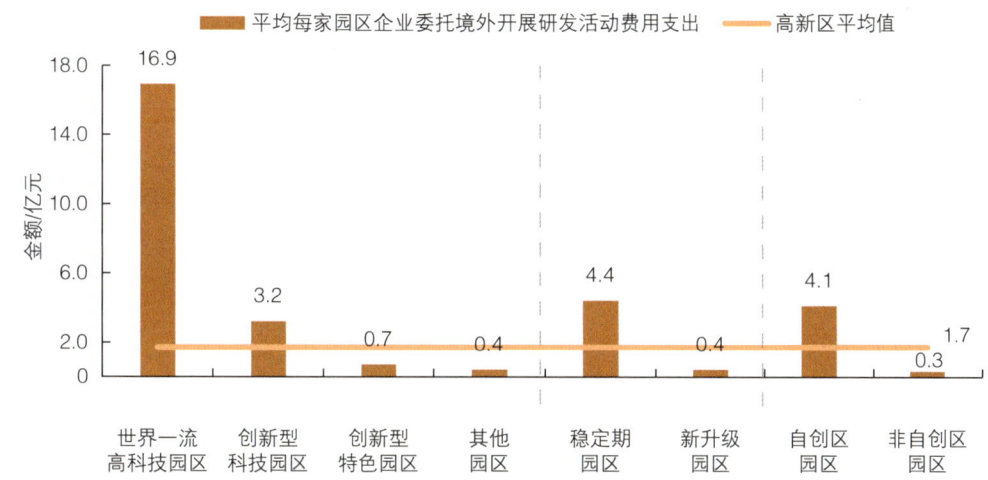

图5-10　2021年不同类别国家高新区企业委托境外开展研发活动费用支出情况

具体到单个园区，2021年企业委托境外开展研发活动费用支出超过1亿元的国家高新区有26家，分别为深圳、上海张江、东莞、长春、武汉、中关村等高新区，共计274亿元，占国家高新区整体的94.5%；其中，排在第1位的深圳高新区委托境外开展研发活动费用支出86.3亿元，占国家高新区整体的29.8%，是第2名上海张江高新区委托境外开展研发活动费用支出的2.4倍（图5-11）。

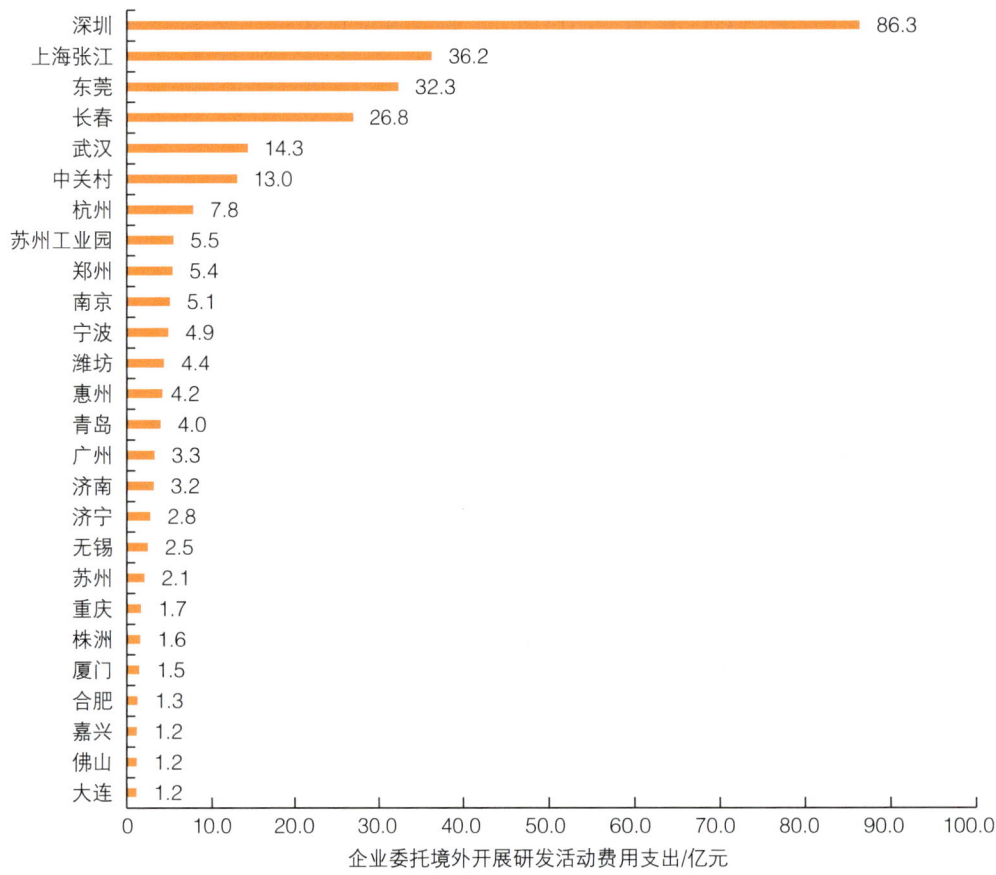

图5-11 2021年企业委托境外开展研发活动费用支出超过1亿元的国家高新区

二、国际人才集聚

"得天下人才者得天下"。当今国际竞争，说到底是人才的竞争，占领人才高地已成为各国竞争制胜的关键。未来科技园区竞争一定是国际化人才的竞争，以硅谷为代表的发达国家科技园区十分关注吸引全球人才迁徙落户。在高新区创新的国际化评价中，体现国际人才集聚方面的指标为"企业从业人员中留学归国人员和外籍常驻人员所占比重"。

（一）国际人才持续汇聚，中关村留学归国人员占比超两成

国家高新区通过加大政策支持力度、创新支持方式、优化人才发展环境等多种方式，吸引了大量国际高端人才来高新区开展创新创业。截至2021年底，国家高新区企业从业人员中有外籍常驻人员7.04万人，引进外籍专家1.57万人，有留学归国人员24.53万人，其中，引进外籍专家和留学归国人员均实现增长。

从地区分布来看，2021年，东部地区高新区企业中留学归国人员和外籍常驻人员数分别为18.7万人、5.0万人，占国家高新区整体比重分别为76.0%、71.4%；中部地区分别为3.5万人、1.1万人，占国家高新区整体比重分别为14.2%、15.7%；西部地区分别为1.6万人、0.8万人，占国家高新区整体比重分别为6.5%、11.4%；东北地区分别为0.8万人、0.2万人，占国家高新区整体比重分别为3.3%、2.9%（图5-12）。可以看出，东部地区高新区对海外人才具有绝对的吸引力，留学归国人员和外籍常驻人员占国家高新区整体比重均达到七成以上。

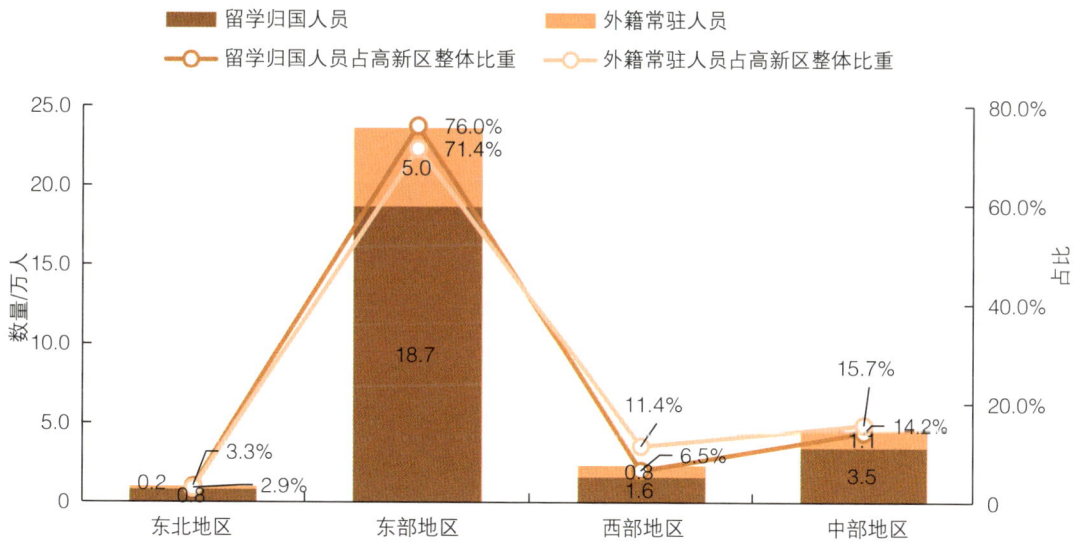

图5-12　2021年国家高新区企业留学归国人员和外籍常驻人员的地区分布情况

具体到单个园区，2021年，企业留学归国人员数量超过1000人的高新区共有27家，拥有国家高新区88.7%的留学归国人员；其中中关村拥有59 827人，位居第一，上海张江拥有41 901人，位居第二，占国家高新区整体比重分别为24.4%、17.1%；苏州工业园、深圳和合肥高新区企业留学归国人员数在10 000人以上；武汉、南京、杭州、广州、西安和成都6家高新区企业留学归国人员数也在5000人以上（图5-13）。

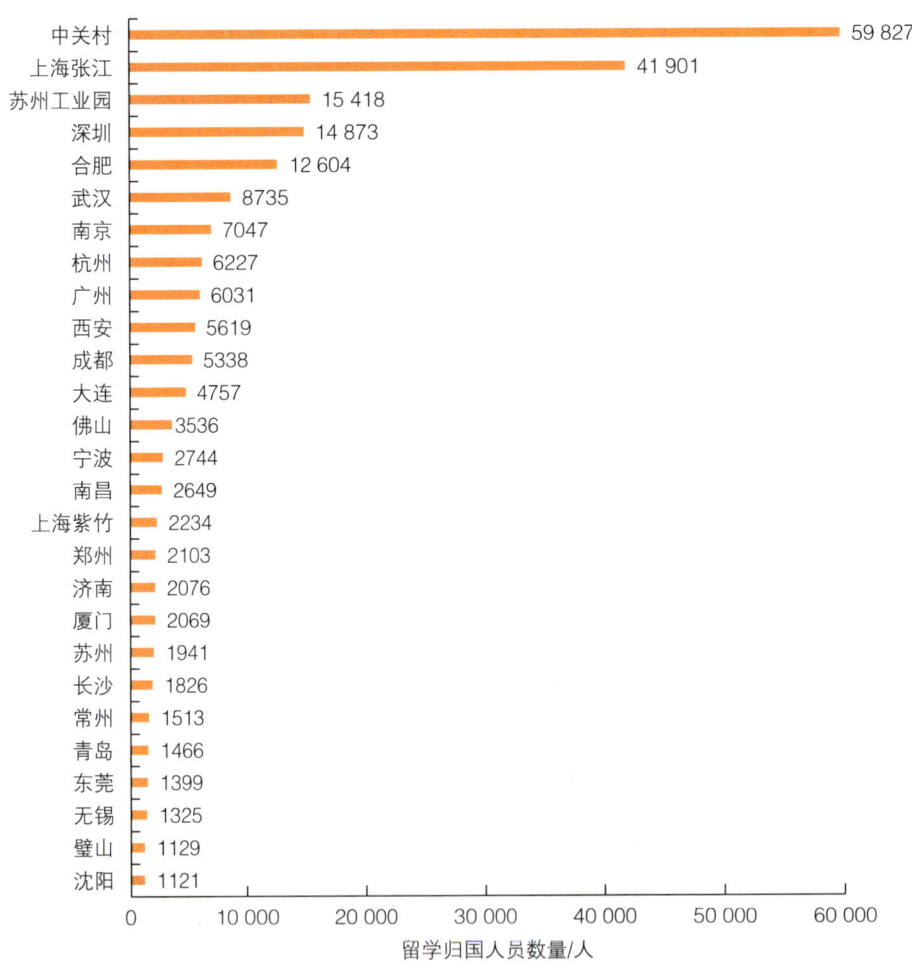

图5-13 2021年企业留学归国人员超过1000人的国家高新区

2021年，企业外籍常驻人员超过1000人的国家高新区有17家，这17家高新区拥有国家高新区71.4%的外籍常驻人员；其中拥有外籍常驻人员最多的高新区是上海张江和苏州工业园，均超过8500人，占国家高新区整体的比例均为12.1%；其次为西安高新区和中关村科技园区，均在4000人以上，占国家高新区整体的比例为6%左右（图5-14）。

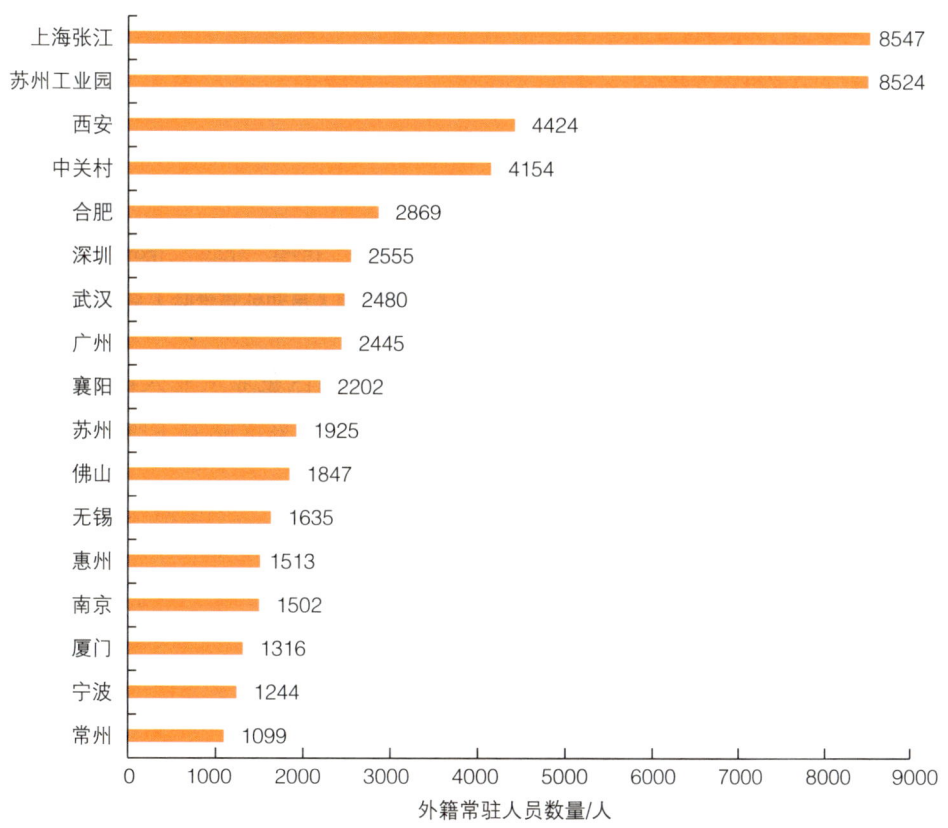

图5-14　2021年企业外籍常驻人员超过1000人的国家高新区

（二）人才国际化水平稳步提升，东部地区具有显著优势

国际人才所占比重一定程度上可以反映一个区域人才国际化的水平。自2010年以来，国家高新区企业从业人员中留学归国人员和外籍常驻人员所占比重呈波动上升趋势，2021年占比为1.26%，达到2010年以来最高水平（图5-15）。

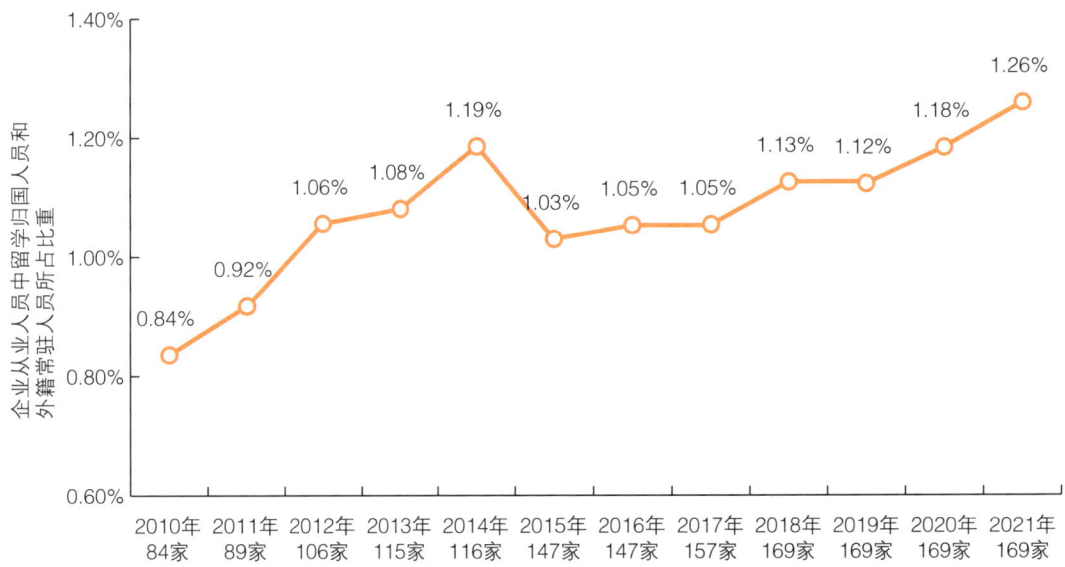

图5-15 2010—2021年国家高新区企业从业人员中留学归国人员和外籍常驻人员所占比重情况

分地区来看，2021年，东北、东部和中部地区高新区企业从业人员中留学归国人员和外籍常驻人员所占比重较上年均有所上升，而西部高新区略有下降（图5-16）。

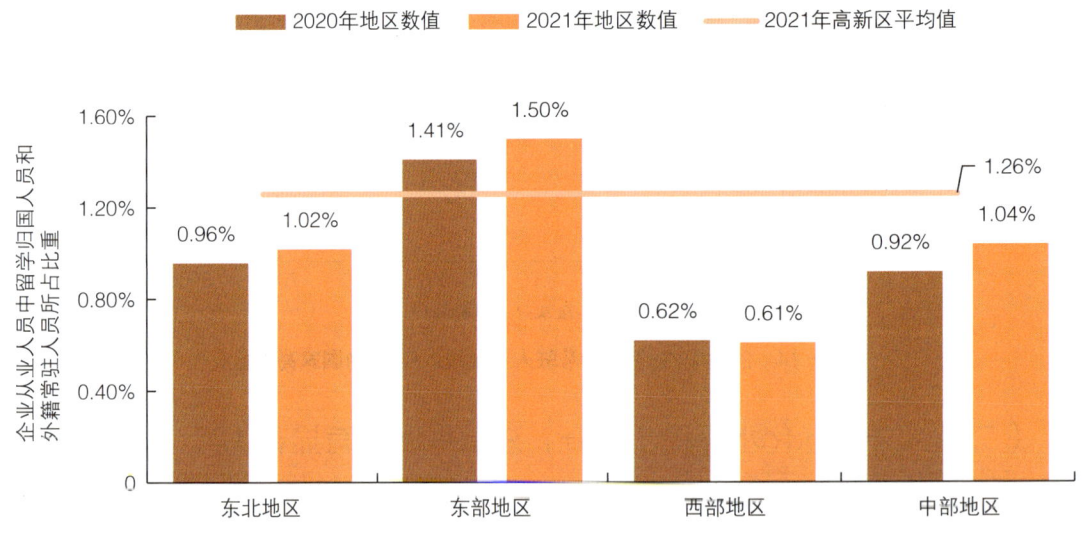

图5-16 2021年国家高新区企业从业人员中留学归国人员和外籍常驻人员所占比重的地区分布

分省份来看，2021年，企业从业人员中留学归国人员和外籍常驻人员所占比重在1%以上的省份共有9个，分别为上海、安徽、北京、江苏、辽宁、陕西、广东、江西、湖北，其中上海最高，为2.79%。从两年对比来看，30个省份中，有20个省份的比重较上年有所增长，说明大部分省的人才国际化水平有所提高（表5-3）。

表5-3 2020年、2021年国家高新区企业从业人员中留学归国人员和外籍常驻人员所占比重的省份分布

省份	2021年	2020年	省份	2021年	2020年
上海	2.79%	2.63%	山东	0.56%	0.40%
安徽	2.71%	2.64%	湖南	0.49%	0.61%
北京	2.25%	2.11%	重庆	0.47%	0.44%
江苏	1.68%	1.60%	宁夏	0.45%	0.34%
辽宁	1.44%	1.38%	河北	0.39%	0.55%
陕西	1.13%	1.32%	黑龙江	0.36%	0.31%
广东	1.05%	1.02%	内蒙古	0.34%	0.31%
江西	1.03%	0.88%	海南	0.27%	0.24%
湖北	1.01%	0.61%	广西	0.24%	0.22%
浙江	0.96%	0.86%	山西	0.22%	0.20%
四川	0.78%	0.78%	贵州	0.19%	0.18%
吉林	0.69%	0.72%	云南	0.18%	0.17%
福建	0.69%	0.70%	甘肃	0.17%	0.17%
河南	0.62%	0.70%	新疆	0.16%	0.16%
天津	0.60%	0.54%	青海	0.12%	0.46%

分不同类型国家高新区来看，2021年，世界一流高科技园区留学人员和外籍常驻人员所占比重为2.2%，明显高于创新型科技园区、创新型特色园区和其他园区；稳定期园区海外留学人员和外籍常驻人员所占比重比新升级园区高出1个百分点；自创区园区比非自创区园区高出1.2个百分点；世界一流高科技园区、稳定期园区和自创区园区的比重均高于平均值（1.3%）（图5-17）。

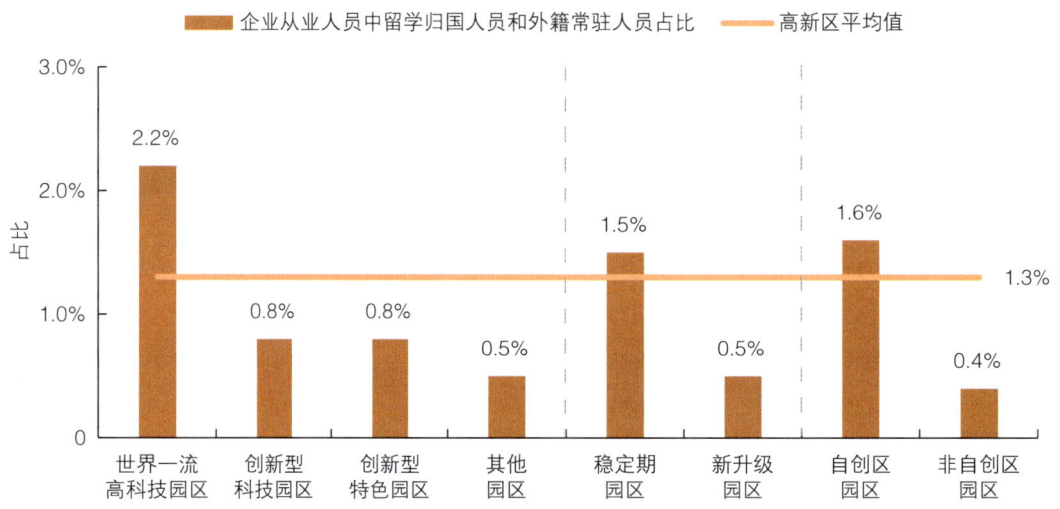

图5-17 2021年不同类别国家高新区的企业从业人员中留学归国人员和外籍常驻人员占比情况

具体到单个园区，2021年，企业从业人员中留学归国人员和外籍常驻人员所占比重在1%及以上的国家高新区共有10家。其中，苏州工业园留学归国人员和外籍常驻人员所占比重最高，为7.3%；其次为合肥高新区，占比为4.3%；上海张江和中关村占比分别为2.7%和2.2%，其他园区占比均在2%以下（图5-18）。

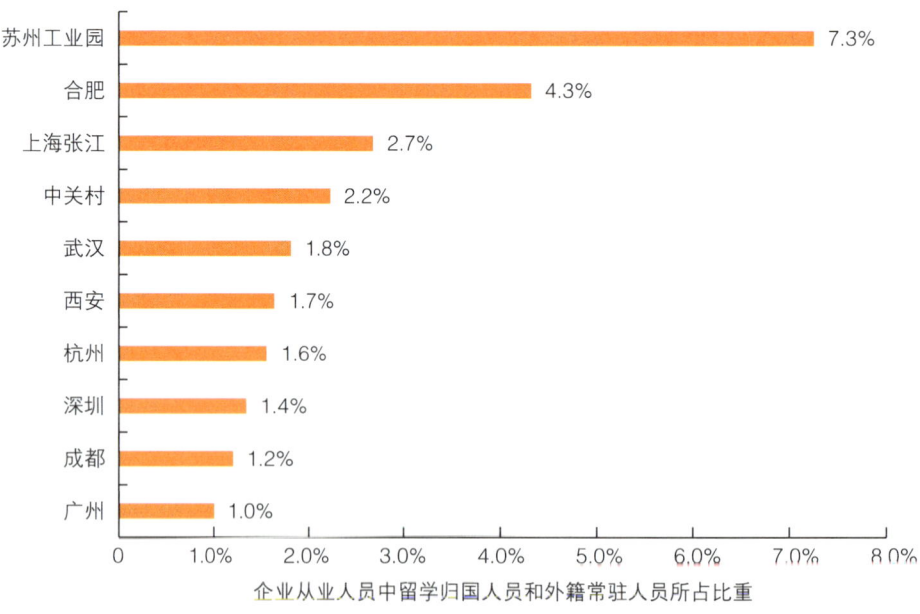

图5-18 2021年我国代表性高新区企业留学归国人员和外籍常驻人员所占比重

三、国际创新成果

国家高新区支持企业通过申报境外知识产权、参与国际标准制定、进行境外收购等方式，取得具有国际影响力的创新成果，有力提升企业国际化水平。在国家高新区创新的国际化评价中，体现国际创新成果方面的指标为"内资控股企业万人拥有欧美日专利授权数量及境外注册商标数量"。

（一）国际创新成果丰硕，五家园区PCT专利申请超千件

国家高新区企业在拓展国际市场，提升国际竞争力的过程中，知识产权意识逐步增强，更加重视国际知识产权的申请、运用、保护和管理。2021年，国家高新区企业申请欧美日专利、授权欧美日专利和拥有欧美日专利数量分别为31 822件、25 499件和155 740件，分别同比增长11.2%、7.7%和31.1%；申请PCT国际专利34 688件，同比下降3.0%；境外授权发明专利188 550件，同比增长34.0%，拥有境外授权专利218 771件，同比增长20.3%（图5-19）。

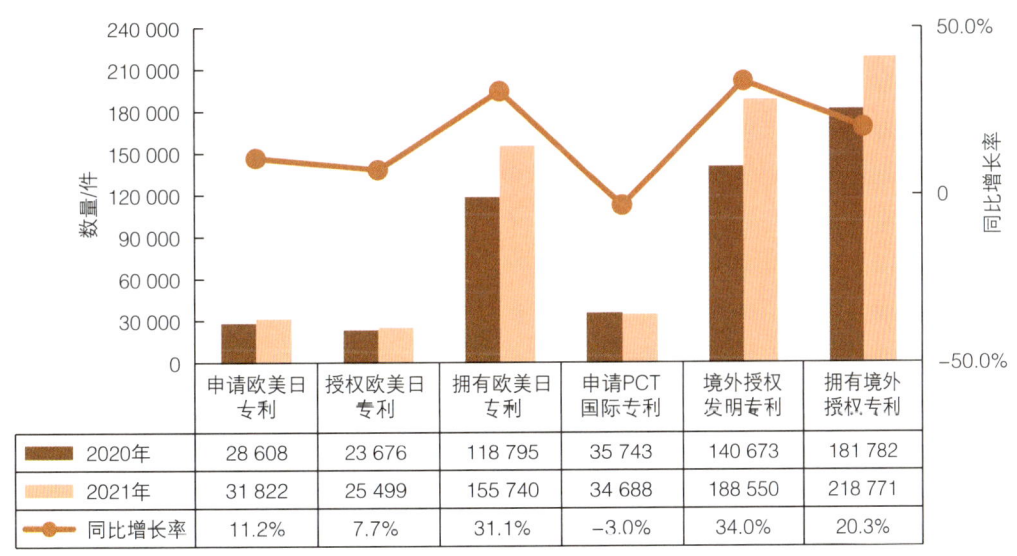

图5-19　2020—2021年国家高新区企业境外知识产权数量情况

具体到单个园区，以具有代表性的PCT国际专利为例，2021年企业当年申请PCT国际专利数超过100件的园区有27家，其中数量最多的是深圳高新区，为12 435件，占国家高新区整体的35.8%，其次为中关村科技园区，申请数为7386件，占国家高新

区整体的21.3%；上海张江、武汉和青岛高新区申请数均在1000件以上，分别为2480件、1406件和1142件（图5-20）。

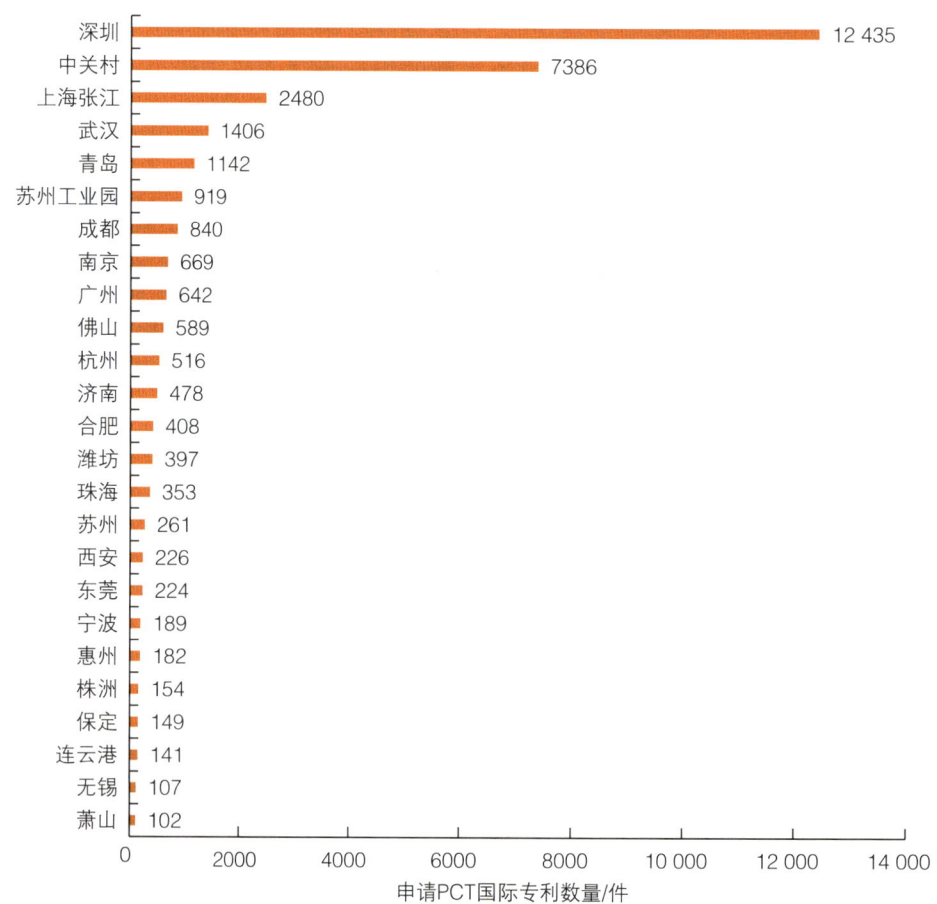

图5-20　2021年企业当年申请PCT国际专利超100件的国家高新区

（二）本土企业是国际创新主力，深圳成果产出效率最高

观察国家高新区本土企业国际创新成果的产出情况。从总量来看，2021年，国家高新区内资控股企业申请欧美日专利、授权欧美日专利、拥有欧美日专利、申请PCT国际专利、境外授权发明专利、拥有境外授权专利分别为26 661件、20 780件、131 221件、28 349件、114 291件、175 241件，占国家高新区全部企业的比例分别为83.8%、81.5%、84.3%、81.7%、60.6%、80.1%，除境外授权发明专利外，占比均超过80%（图5-21），表明本土企业是国家高新区参与国际创新竞争的主力军。

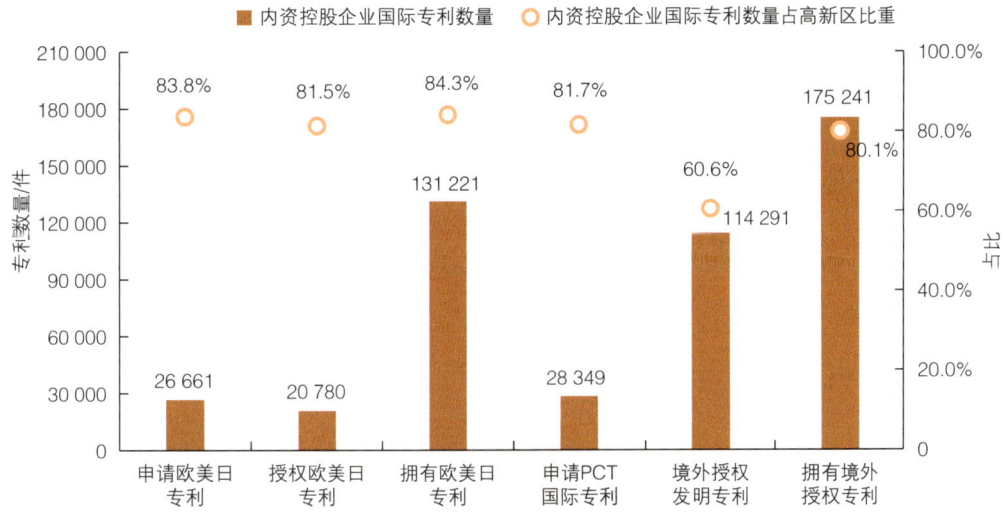

图5-21　2021年国家高新区内资控股企业国际专利数量及占比情况

从产出效率来看，2010—2021年国家高新区内资控股企业万人拥有欧美日专利授权数量及境外注册商标数量呈上升态势，尤其是自2018年以来增速加快，到2021年为131.3件，实现新高（图5-22）。

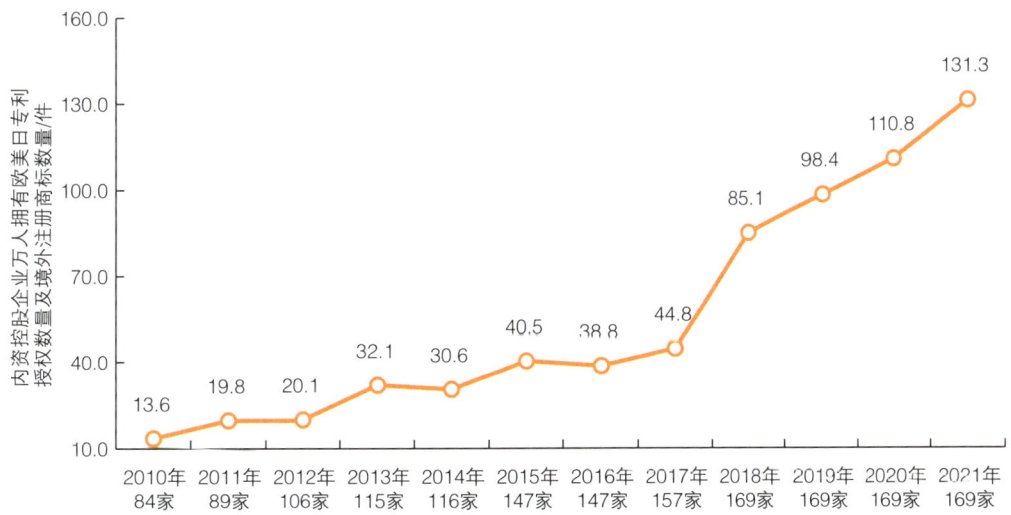

图5-22　2010—2021年国家高新区内资控股企业万人拥有欧美日专利数量及境外注册商标数量情况

第五章　创新的国际化评价　143

从地区分布来看，2021年，东部地区高新区内资控股企业万人拥有欧美日专利授权数量及境外注册商标数量为199件，比国家高新区平均值（131件）高68件，具有显著优势。从两年对比来看，东部和中部地区高新区较2020年均有所提升，西部地区高新区略有下降，东北地区保持不变（图5-23）。

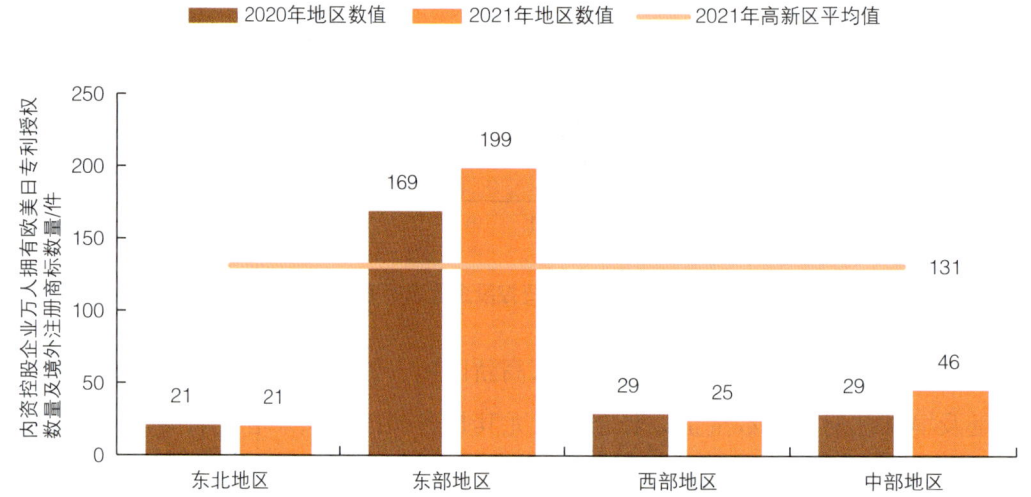

图5-23　2020—2021年国家高新区内资控股企业万人拥有欧美日专利授权数量及境外注册商标数量的地区分布

从不同类别国家高新区来看，2021年，世界一流高科技园区内资控股企业万人拥有欧美日专利授权数量及境外注册商标数量为260件，明显高于创新型科技园区、创新型特色园区和其他园区；稳定期高新区为169件，是新升级园区的5.2倍；自创区园区为174件，是非自创区园区的7.3倍；非自创区园区内资控股企业万人拥有国际创新成果数量仅为国家高新区平均值的18.3%，仍有较大的提升空间（图5-24）。

具体到单个园区，2021年，10家世界一流高科技园区的内资控股企业万人拥有欧美日专利授权数量及境外注册商标数量差异显著，深圳高新区最高，为1157.4件，远超其他9家科技园区；中关村、武汉、苏州工业园、合肥等5家高新区均超过100件（图5-25）。

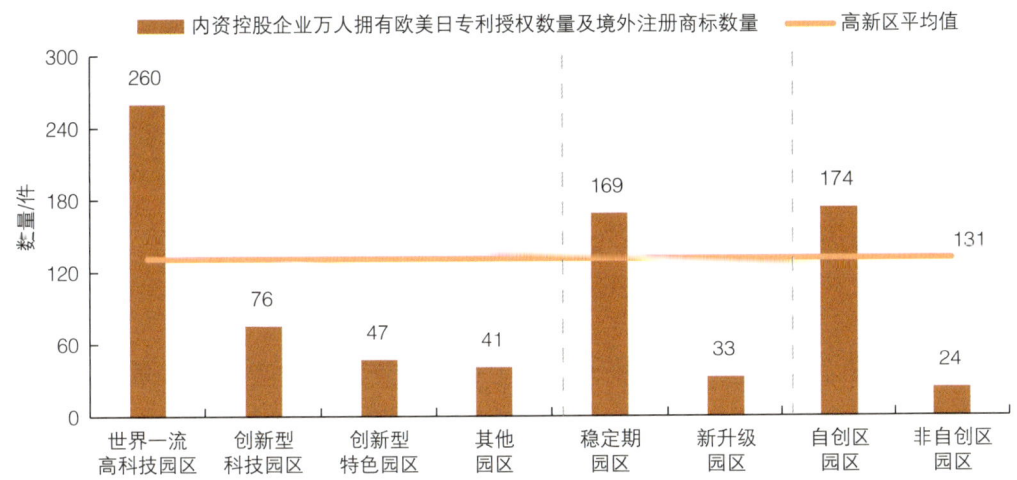

图5-24　2021年不同类别国家高新区内资控股企业万人拥有欧美日专利授权数量及境外注册商标数量对比

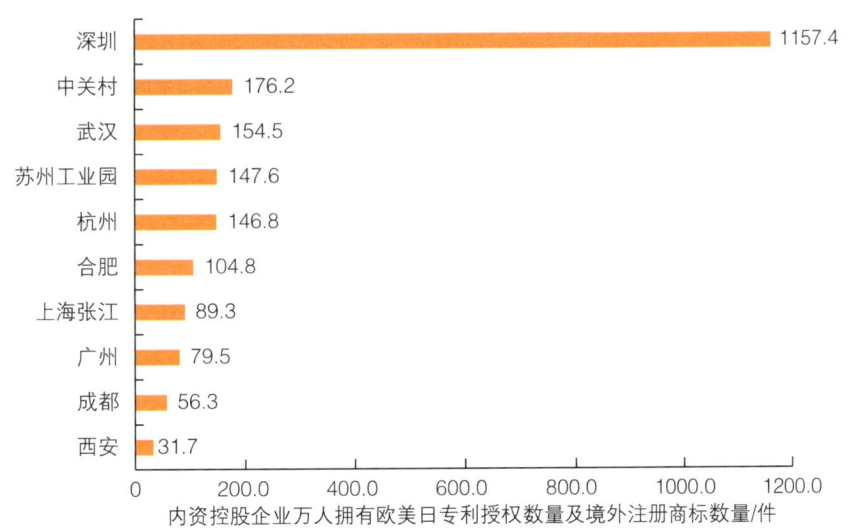

图5-25　2021年10家世界一流高科技园区内资控股企业万人拥有欧美日专利授权量及境外注册商标数量情况

四、国际贸易交流

全球化是各国经济深化分工协作、发展壮大的必然结果。国家高新区积极响应"一带一路"倡议，鼓励和引导企业积极开拓国际市场，2021年，在新冠疫情加剧国际贸易摩擦的大背景下，国际贸易仍取得新的进展。国家高新区创新的国际化评价中，使用"技术服务出口占出口总额比例"来体现国际贸易交流的情况。

（一）国际贸易规模快速增长，利用外资占全国一半以上

国家高新区企业拓展国际贸易市场的步伐不断加快。2021年，国家高新区出口总额为52 120.0亿元，同比增长16.5%，占到我国出口总额（217 300亿元）的24.0%；国家高新区企业共实现对境外直接投资额2344.2亿元，同比增长62.8%。

国家高新区企业通过在境外资本市场上市、融资等方式吸引了大量国际资本。2014—2021年，国家高新区当年实际利用外资金额占全国实际使用外商直接投资额的比重整体呈上升趋势（图5-26），2021年实际利用外资金额为7015.8亿元，同比增长65.0%，占全国实际使用外商直接投资金额（11 494亿元）的比重超过一半，其中，企业海外上市融资股本为2813.5亿元，同比增长80.4%。

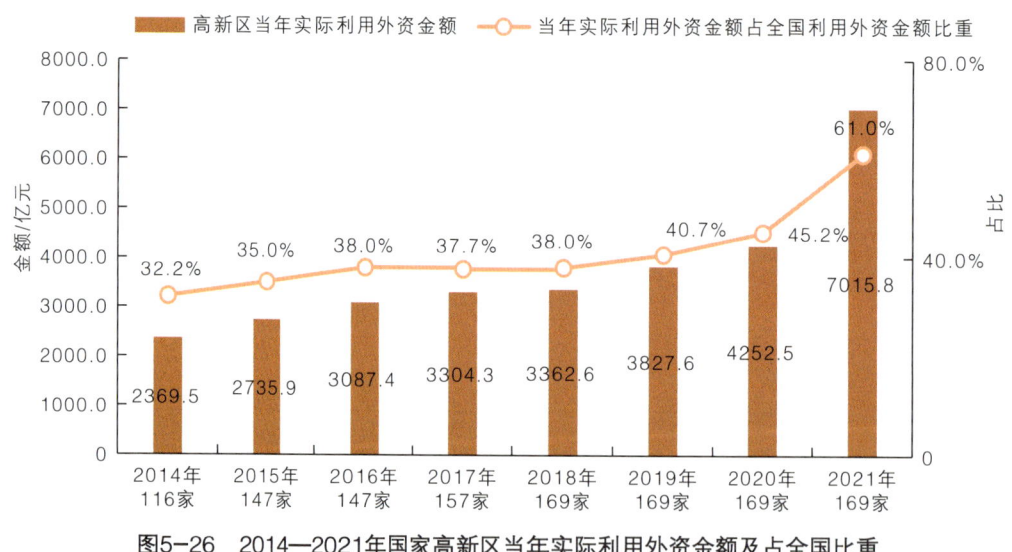

图5-26　2014—2021年国家高新区当年实际利用外资金额及占全国比重

（二）高附加值贸易持续扩大，企业出口结构不断优化

国家高新区鼓励企业开展高附加值的国际技术和服务贸易，提升企业参与国际贸易的水平和层级，增强出口竞争力。2021年，国家高新区企业高新技术产品出口总额为32 247.2亿元，同比增长19.4%，占全国高新技术产品出口（63 266亿元）比重达51.0%；实现技术服务出口总额3394.3亿元，同比增长16.4%，占全国服务出口

（25 435亿元）比重为13.3%（图5-27）。

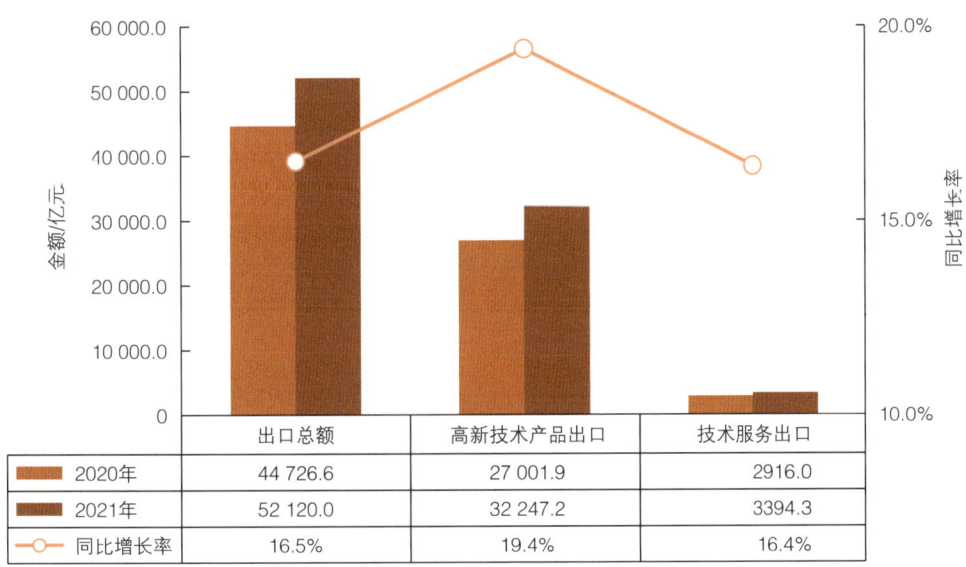

图5-27　2020年、2021年国家高新区高新技术产品出口和技术服务出口情况

从出口结构来看，自2015年以来，国家高新区企业技术服务出口占出口总额的比例持续上升，2021年为6.5%，较2010年提升5.6个百分点（图5-28）；高新技术产品出口占出口总额比重为61.9%，超过全国水平（29.1%）的两倍，国家高新区出口结构领先于全国。

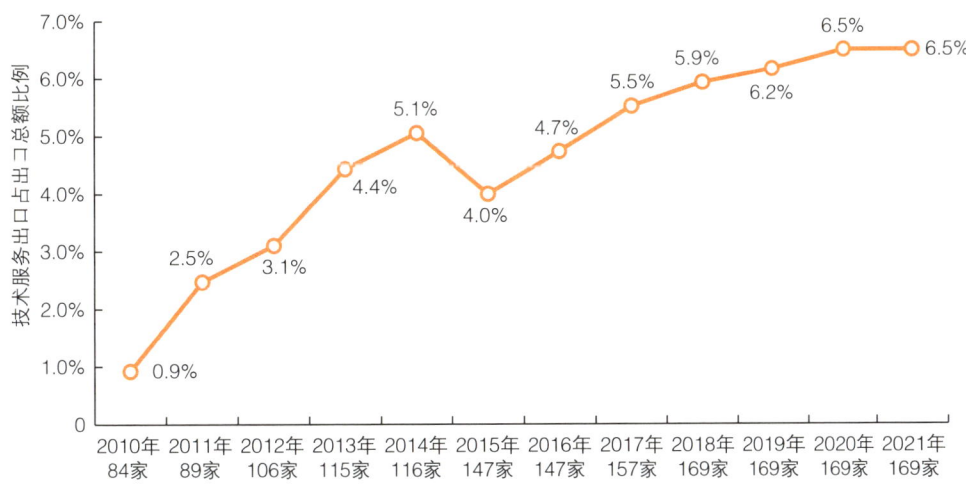

图5-28　2010—2021年国家高新区企业技术服务出口占出口总额比例情况

第五章　创新的国际化评价　147

从省份分布来看，2021年，技术服务出口占出口总额比例在10%以上的省市共有5个，分别为陕西、安徽、辽宁、四川和上海；重庆、内蒙古和云南等8个省份技术服务出口占出口总额比例均在1%以下，其中，甘肃和青海为0.0%。从两年对比来看，17个省份该指标出现上升，11个省份有所下降，2个省份与上年持平（表5-4）。

表5-4　2020年、2021年国家高新区技术服务出口占出口总额比例的省份分布

省份	2021年技术服务出口占出口总额比例	2020年技术服务出口占出口总额比例	省份	2021年技术服务出口占出口总额比例	2020年技术服务出口占出口总额比例
陕西	18.3%	15.2%	贵州	3.6%	0.0%
安徽	18.2%	23.5%	天津	3.5%	3.4%
辽宁	14.7%	16.6%	山西	2.4%	1.3%
四川	14.4%	17.2%	福建	2.0%	1.5%
上海	10.8%	10.9%	江西	1.4%	1.6%
北京	9.9%	14.6%	河北	1.3%	1.7%
山东	6.3%	4.1%	黑龙江	1.1%	0.6%
吉林	6.1%	4.9%	重庆	0.8%	0.7%
宁夏	5.8%	5.7%	内蒙古	0.7%	0.5%
湖南	5.4%	8.2%	云南	0.7%	0.0%
广东	4.6%	3.2%	广西	0.4%	0.5%
湖北	4.6%	2.6%	新疆	0.2%	0.0%
河南	4.0%	2.4%	海南	0.1%	0.1%
浙江	3.9%	4.3%	甘肃	0.0%	0.2%
江苏	3.8%	3.2%	青海	0.0%	0.0%

从不同类别国家高新区来看，2021年，企业技术服务出口占比最高的是世界一流高科技园区群体，为10.1%，远高于高新区平均值（6.5%）；稳定期园区企业技术服务出口占比为7.7%，是新升级园区的4.1倍；自创区园区为7.2%，是非自创区园区的3.6倍（图5-29）。

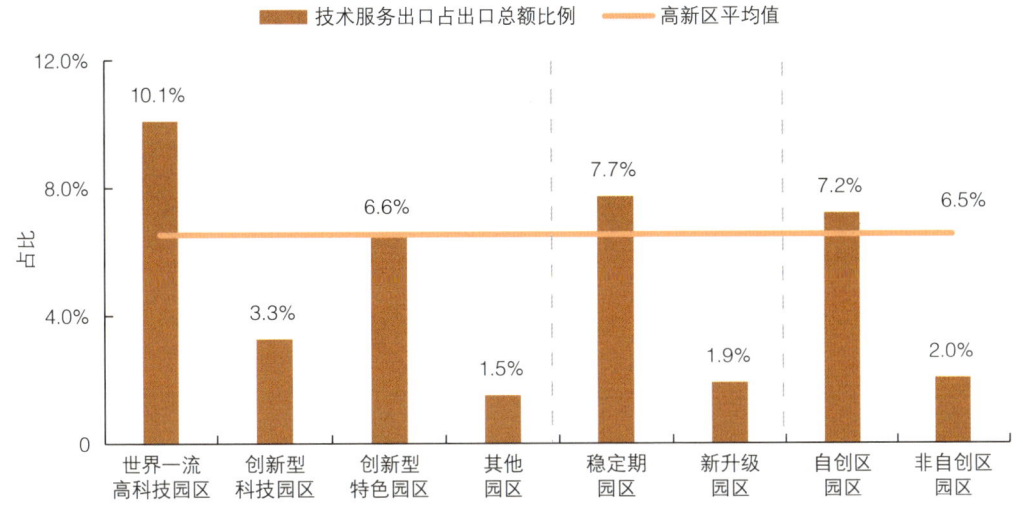

图5-29 2021年不同类别国家高新区的技术服务出口占出口总额比例情况

具体到单个园区，2021年，企业技术服务出口占出口总额比例超10%的国家高新区有14家，分别为上海紫竹、延吉、西安、大连、合肥、银川、惠州、湘潭、成都、燕郊、青岛、璧山、杭州和上海张江。其中，上海紫竹高新区在推动对外经贸合作、促进技术服务出口方面成效显著，技术服务出口占出口总额比例为51.2%（图5-30）。

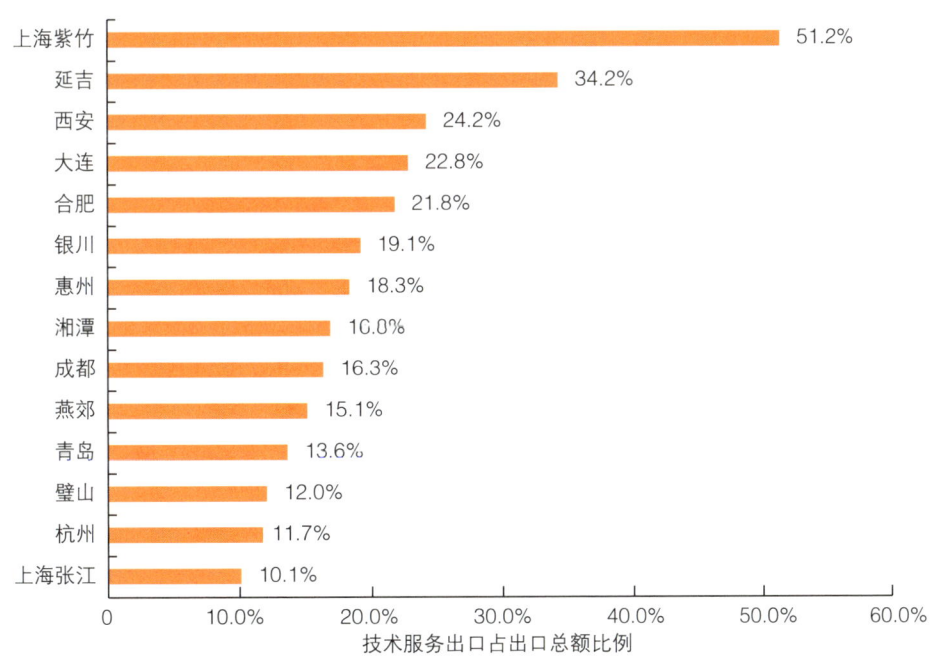

图5-30 2021年技术服务出口占出口总额比例超10%的国家高新区

第五章 创新的国际化评价 149

国家高新区创新能力评价报告2022

第六章 创新驱动发展评价

国家高新区是落实创新驱动发展战略的重要载体。国家高新区创新能力评价中创新驱动发展主要考察高新区在支撑带动区域经济发展、提升劳动生产率、推动共享发展和绿色可持续发展等方面的绩效。从测算结果来看，2021年国家高新区创新驱动发展指数为155.8点，较上年增长7.9点，增速为5.3%。

创新驱动发展下设5个二级指标，分别为园区生产总值占其所在城市GDP比例[①]、企业单位增加值中劳动者报酬所占比重、工业企业万元增加值综合能耗、企业人均营业收入、企业净资产利润率。2021年，5个二级指标分别为16.5%、43.1%、0.403吨标准煤、197.5万元和10.4%，除园区生产总值占其所在城市GDP比例出现下滑之外，其他4个指标数值均较2020年有所改善[②]（图6-1）。

从增速贡献来看，"企业人均营业收入"指标对创新驱动发展指数增长的贡献最大，对创新驱动发展指标加权增长率的贡献达到44%；其次为"规模以上企业万元增加值综合能耗"，贡献为43%。

[①] 算法有所改变。2016年开始由园区直接填报所在城市GDP，因此从2017年开始，园区生产总值占其所在城市GDP比例，在计算时采用了加权平均值方法（将全部高新区看成一个整体，其数值是全部高新区全口径增加值之和/全部高新区所在城市GDP之和）。
[②] 单位增加值综合能耗为负向指标，即数值越低越好。

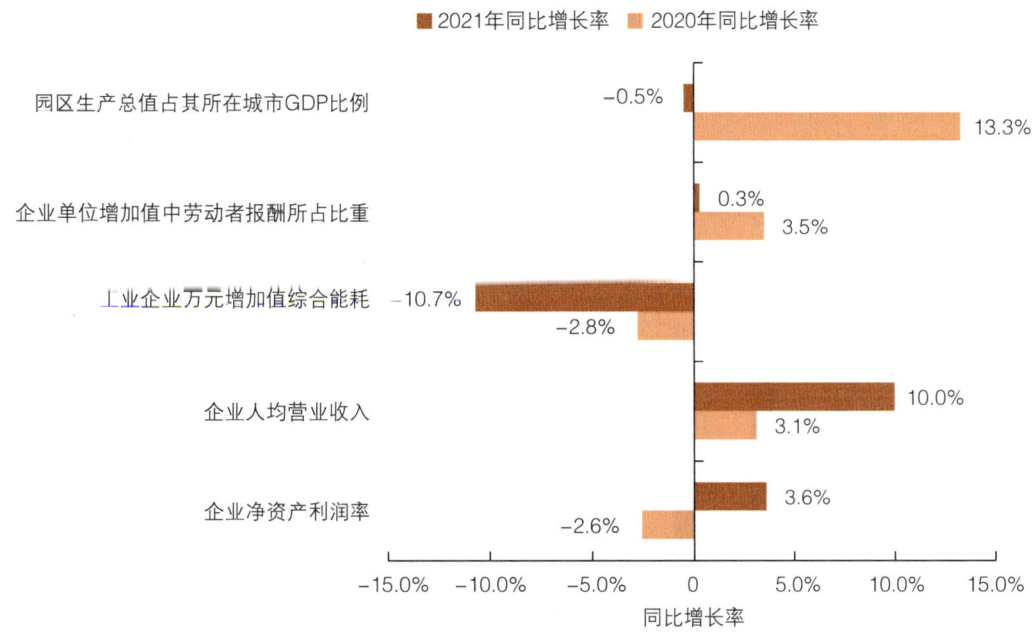

图6-1 2020年、2021年国家高新区创新驱动发展各二级指标的同比增长率对比

下面围绕5个二级指标，分别从辐射带动、效率提升、共享发展、绿色发展4个方面，对国家高新区创新驱动发展情况进行分析和阐述。

一、辐射带动

国家高新区是所在城市和区域的重要发展板块，设立之初就肩负着辐射带动所在区域经济发展的使命。经过30多年的建设发展，绝大多数国家高新区已经成为所在区域的经济增长极，有力支撑和带动地方经济的发展。在国家高新区创新驱动发展评价中，体现辐射带动地方经济增长的指标为"园区生产总值占其所在城市GDP比例"。

（一）经济规模不断扩大，区域经济带动作用突出

国家高新区对国民经济的支撑力进一步增强。2021年，国家高新区园区生产总值（相当于全口径增加值）加总值为15.3万亿元，相当于全国GDP的13.4%（图6-2）。国家高新区企业工业增加值为65 483.4亿元，占全国全部工业增加值（372 575亿元）比重的17.6%，较上年提高0.1个百分点。

第六章　创新驱动发展评价　153

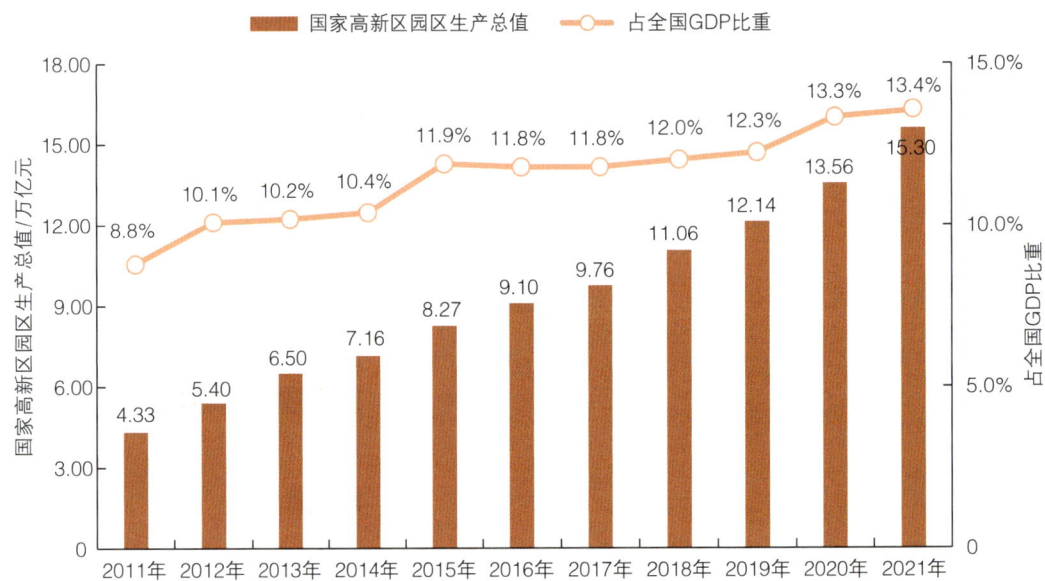

图6-2 2011—2021年国家高新区园区生产总值（相当于全口径增加值）加总值及占全国GDP比重

国家高新区经济占所在城市经济的比重不断增加，成为区域经济增长的重要引擎。2021年，169家高新区园区生产总值（相当于全口径增加值）占其所在城市GDP比例均值为16.5%，其中，高新区园区生产总值（相当于全口径增加值）占其所在城市GDP比例在20%以上的有61家，较2020年增加3家；30%以上的有34家，较2020年增加3家（图6-3）。

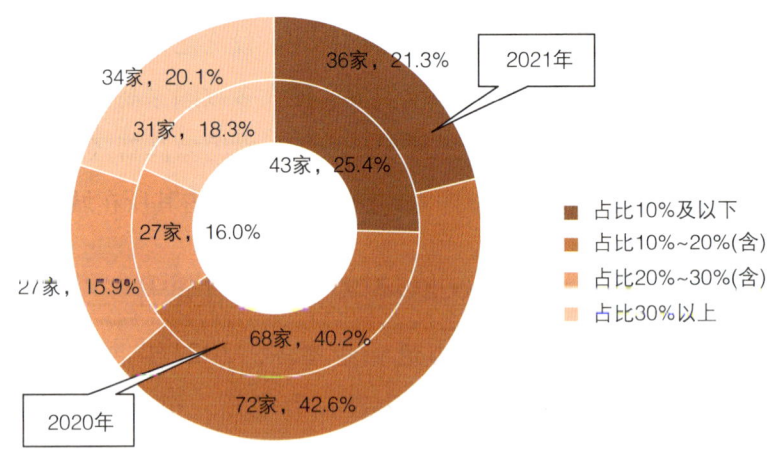

图6-3 2020年、2021年国家高新区园区生产总值（相当于全口径增加值）占其所在城市GDP比例的园区数量分布

(二)经济规模头部效应显著,七家园区营收超万亿元

从不同地区来看,2021年,东北地区高新区园区生产总值(相当于全口径增加值)合计为6992.3亿元,东部地区为98 192.7亿元,西部地区为23 854.5亿元,中部地区为26 997.9亿元,园区生产总值占国家高新区整体比例分别为4.5%、62.9%、15.3%、17.3%(图6-4)。其中,东部地区以占全国四成的国家高新区数量贡献了六成的国家高新区经济规模。

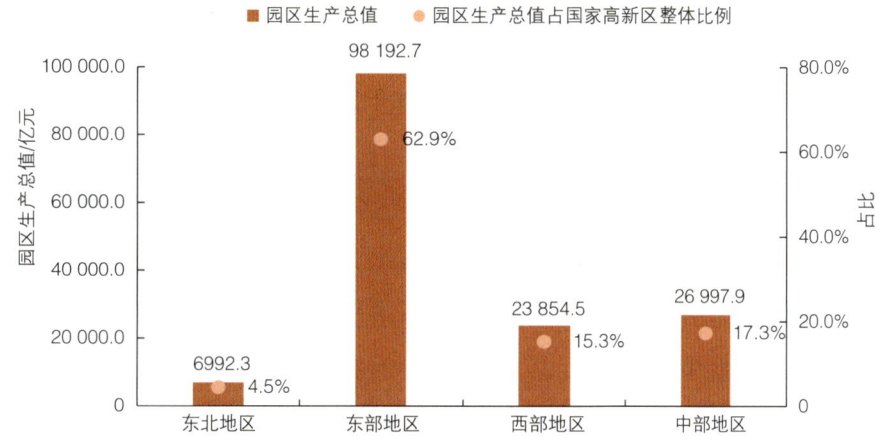

图6-4 2021年国家高新区园区生产总值(相当于全口径增加值)及其占高新区整体比例的地区分布情况

从不同类别国家高新区来看,2021年,10家世界一流高科技园区生产总值(相当于全口径增加值)合计为55 831.1亿元,占国家高新区整体比例为35.8%;18家创新型科技园区生产总值(相当于全口径增加值)合计为25 756.9亿元,占比为16.5%;28家创新型特色园区①生产总值(相当于全口径增加值)合计26 948.8亿元,占比为17.3%;113家其他园区合计为47 500.4亿元,占比为30.4%(图6-5)。可见,10家世界一流高科技园区对国家高新区整体经济的贡献,超出113家其他园区对高新区整体经济的贡献,也超出创新型科技园区和创新型特色园区这两类园区对高新区整体经济的贡献,具有显著的头部效应。

---

① 报告中涉及创新型特色园区(本为29家园区)总量型指标,均使用了28家创新型特色园区的数据进行估算,不包括无锡宜兴环保园,但南京江宁开发区使用南京高新区数据代替,因为有两家创新型特色园区(南京江宁开发区、无锡宜兴环保园)分别为南京高新区、无锡高新区中的小园区,而无锡高新区本身又是创新型科技园区,如果单独考虑小园区会导致数据重复计算,故此处南京江宁开发区使用其所在南京高新区的数据,而无锡宜兴环保园的数据则不再单独考虑。

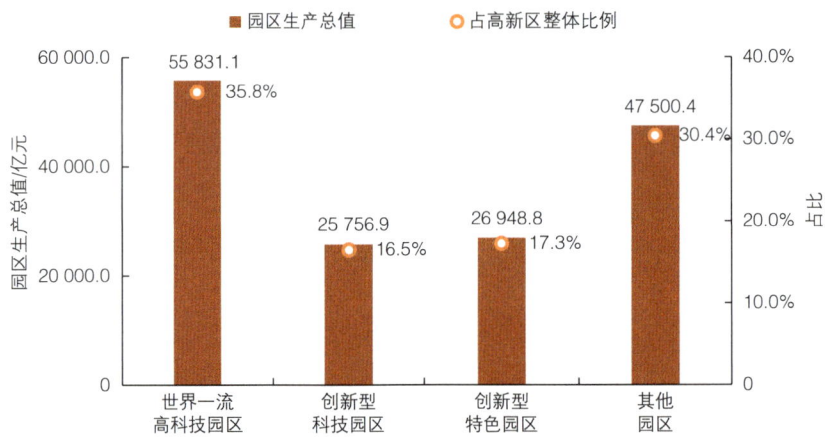

图6-5　2021年不同类别国家高新区园区生产总值（相当于全口径增加值）及占其高新区整体比例分布情况

具体到单个园区，2021年在169家国家高新区中，营业收入超5000亿元的国家高新区共有20家，较2020年增加3家。其中，营业收入超万亿元的国家高新区有7家，分别为中关村、上海张江、深圳、广州、武汉、南京和成都高新区，包含6家世界一流高科技园区和1家创新型特色园区，尤其是中关村科技园区营业收入高达84 402.3亿元，是第2名上海张江高新区的2倍，具有显著的领先优势（图6-6）。

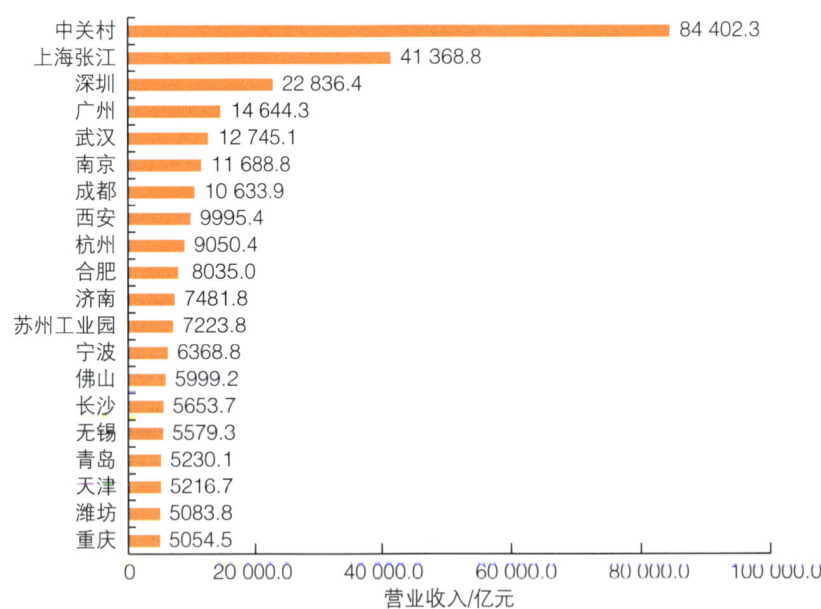

图6-6　2021年营业收入超5000亿元的国家高新区

2021年，中关村国家高新区生产总值（相当于全口径增加值）为14 885.1亿元，远超其他国家高新区；园区生产总值超过1000亿元的34家国家高新区中，包括了全部的10家世界一流高科技园区、11家创新型科技园区、7家创新型特色园区和6家其他园区（图6-7）。

图6-7　2021年园区生产总值（相当于全口径增加值）总量超过1000亿元的国家高新区

第六章　创新驱动发展评价　157

从不同类别国家高新区对所在城市的经济贡献来看，2021年，世界一流高科技园区生产总值（相当于全口径增加值）占其所在城市GDP比例最高，达23.0%，高于创新型科技园区、创新型特色园区和其他园区；同时，稳定期园区高于新升级园区，自创区园区也高于非自创区园区（图6-8）。这反映出世界一流高科技园区在所在城市经济发展中辐射带动作用更为显著，发展相对较好的稳定期园区和自创区园区对所在城市经济的发展也起着重要的经济带动作用。

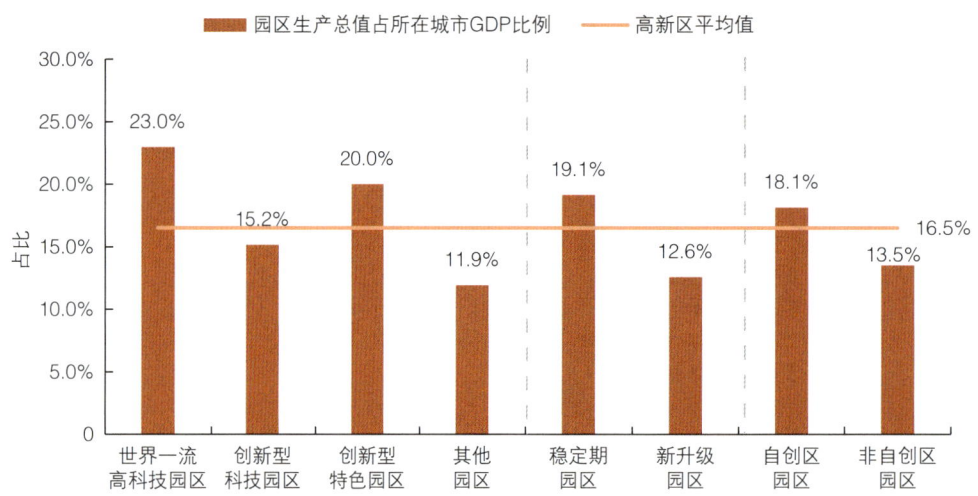

图6-8 2021年不同类别国家高新区园区生产总值（相当于全口径增加值）占其所在城市GDP比例情况

二、效率提升

当前，我国经济已进入高质量发展阶段。企业是推动经济高质量发展的主体。只有充分激发市场主体活力、推动企业创新发展、提升生产效率，才能不断推动经济可持续发展和高质量发展。在国家高新区创新驱动发展评价中，体现经济效率情况的指标为"企业人均营业收入"和"企业净资产利润率"。

（一）企业生产效率加速增长，人均上缴税额出现上涨

国家高新区企业生产效率持续提升。2010—2021年，国家高新区企业人均营业收入整体呈现增长趋势，11年来累计提高87.1万元，2021年为197.5万元/人，同比增长10.0%，较2020年提高6.9个百分点（图6-9）。

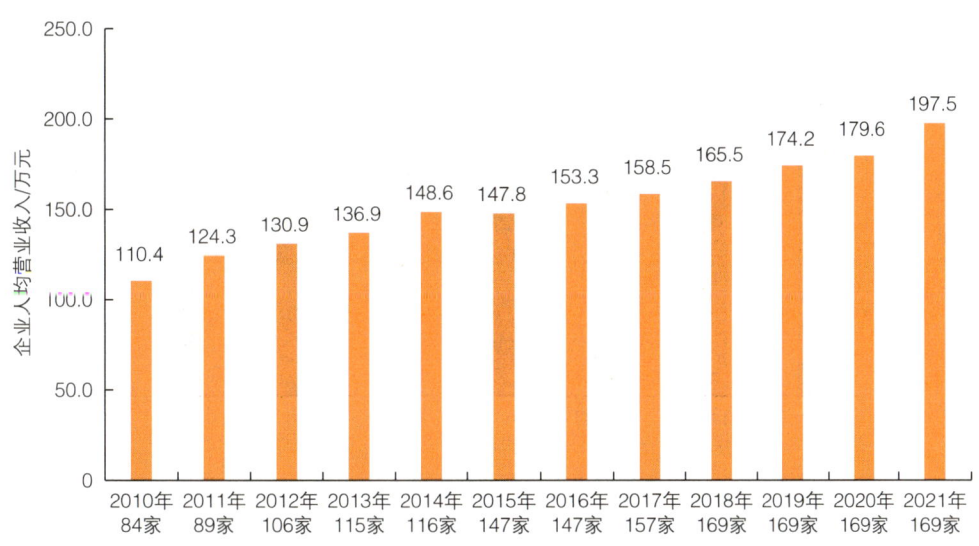

图6-9　2010—2021年国家高新区企业人均营业收入变化

从其他相关的人均经济指标来看，2021年，国家高新区人均工业总产值、人均净利润、人均上缴税额、人均出口总额分别为117.1万元、14.3万元、8.5万元、20.8万元，分别同比增长8.8%、11.8%、8.8%、10.6%（表6-1）。需要注意的是，自2019年我国对企业实施大规模的减税降费政策以来，国家高新区人均上缴税额首次出现上涨，国家高新区需积极落实减税降费政策，持续推进减税降费工作，助力企业发展。

表6-1　2020年、2021年国家高新区主要人均经济指标比较

人均指标	2021年	2020年	同比增长率
工业总产值/万元	117.1	107.6	8.8%
净利润/万元	14.3	12.8	11.8%
上缴税额/万元	8.5	7.8	8.8%
出口总额/万元	20.8	18.8	10.6%

从不同类别国家高新区企业人均营业收入情况来看，2021年，世界一流高科技园区企业人均营业收入最高，为227.7万元/人，分别高出创新型科技园区、创新型特色园区和其他园区40.9万元、53.4万元和51.5万元；稳定期园区高出新升级园区30.6万元，自创区园区高出非自创区园区20.8万元（图6-10）。可见，世界一流高科技园区、稳定期园区和自创区园区经济发展效率更高。

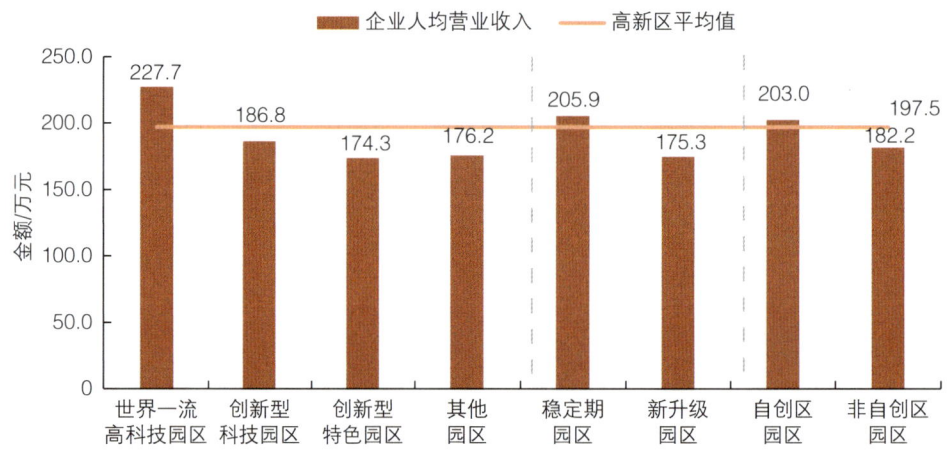

图6-10 2021年不同类别国家高新区的企业人均营业收入情况

（二）劳动生产率快速回升，合肥保持领先地位

劳动生产率可以直接反映国家高新区在知识经济下创造价值的效率。自2012年起，国家高新区的劳动生产率总体呈上升趋势，2021年为41.4万元/人[①]，同比增长14.4%，是全国全员劳动生产率（14.6万元/人）的2.8倍（图6-11）。国家高新区的高价值创造能力成为我国地方经济发展的典型示范。

图6-11 2012—2021年国家高新区企业劳动生产率变化

---

① 国家高新区劳动生产率 = 国家高新区增加值/年末从业人员；全国全员劳动生产率 = 全国生产总值/全部就业人员。

从具体园区来看，2021年，劳动生产率在30万元/人以上的国家高新区共计106家，较2020年增加27家；10家世界一流高科技园区的劳动生产率均在38万元/人以上，其中合肥、中关村、苏州工业园、杭州和西安高新区均超过50万元/人（图6-12）。

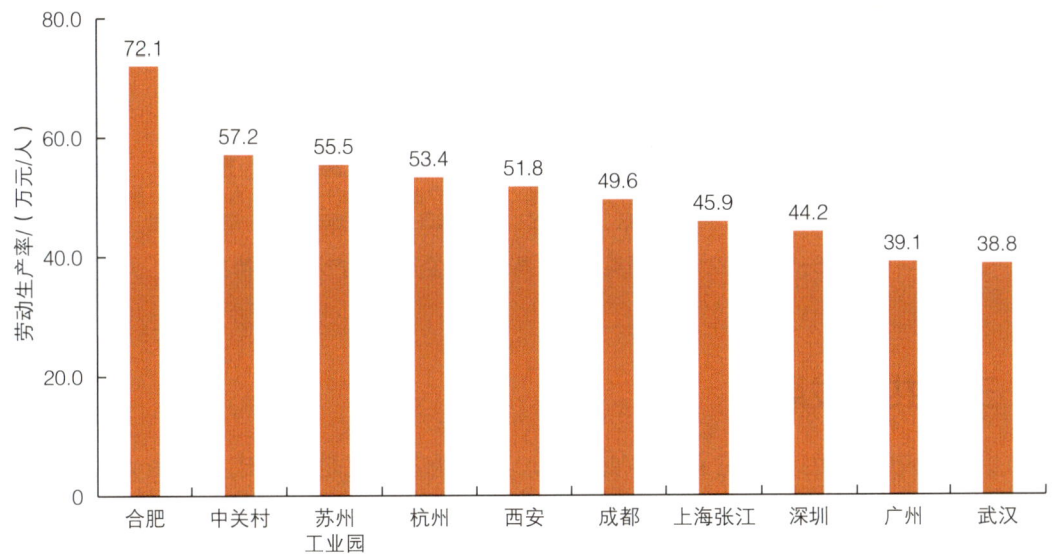

图6-12　2021年10家世界一流高科技园区劳动生产率情况

从不同类别高新区的情况来看，2021年，国家高新区企业净资产利润率为10.4%，较2020年上升0.3个百分点。发展水平较高的世界一流高科技园区、稳定期园区和自创区园区群体的企业净资产利润率并不具优势，均低于国家高新区平均值，而发展水平相对较低的新升级园区、非自创区园区群体的企业净资产利润率则相对较高（图6-13）。需要注意的是，净资产利润率可以反映企业净资产（股权资金）的收益水平，但并不能全面反映一个企业的资金运用能力，有一定的局限性。

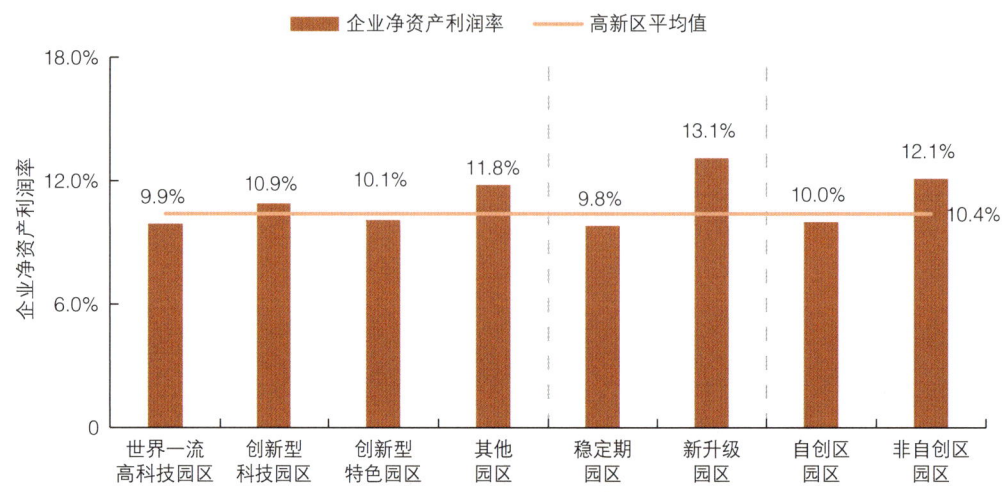

图6-13　2021年不同类别国家高新区的企业净资产利润率情况

三、共享发展

共享是中国特色社会主义的本质要求，其内涵之一就是发展成果要由人民共享。在国家高新区创新驱动发展评价中，使用"企业单位增加值中劳动者报酬所占比重"来体现人才价值实现方面的情况。

（一）薪酬水平持续提升，上海紫竹表现最优

优厚待遇是国家高新区企业留住人才的重要手段，也是体现人才价值的核心指标。2011—2021年，国家高新区企业从业人员平均薪酬持续上升，2021年为17.6万元／年，是2011年的2.75倍，尤其是2021年增势明显，同比增长13.3%（图6-14）。2021年，国家高新区企业从业人员平均薪酬是全国城镇单位就业人员年平均工资[①]（84 860.5元）的2.1倍。

---

① 全国城镇单位就业人员年平均工资，数据来自国家统计局发布的《中国统计年鉴2022》，其中表明2021年我国城镇非私营单位就业人员年平均工资为106 837元，城镇私营单位就业人员年平均工资为62 884元，该处数据是将106 837和62 884算术平均得来的。

图6-14　2011—2021年国家高新区企业从业人员平均薪酬

从具体园区来看，2021年，企业从业人员平均薪酬超过15万元/年的高新区共有40家，较2020年增加16家，其中上海紫竹以36.2万元/年的人均薪酬排在第一，中关村、苏州工业园、杭州、上海张江高新区的人均薪酬也在25万元/年及以上（图6-15）。

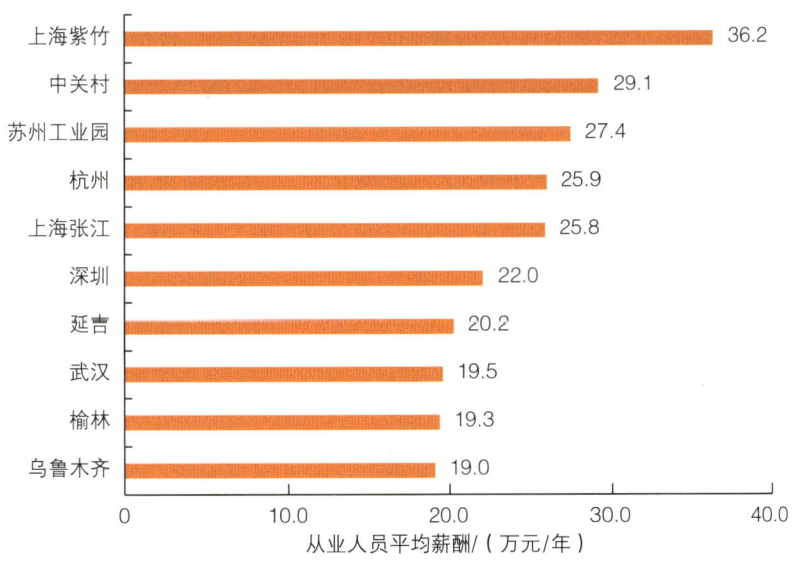

图6-15　2021年企业从业人员平均薪酬排名居前10位的国家高新区

我国国家高新区从业人员待遇相对以硅谷为代表的世界先进园区还有较大差距。2021年，国家高新区中企业从业人员平均薪酬最高的上海紫竹为36.2万元/年，仅为美国硅谷从业人员平均薪酬（2021年83.2万元/年[①]）的43.5%，10家世界一流园区企业从业人员平均薪酬均在30万元/年之下，与硅谷仍有明显差距（图6-16）。

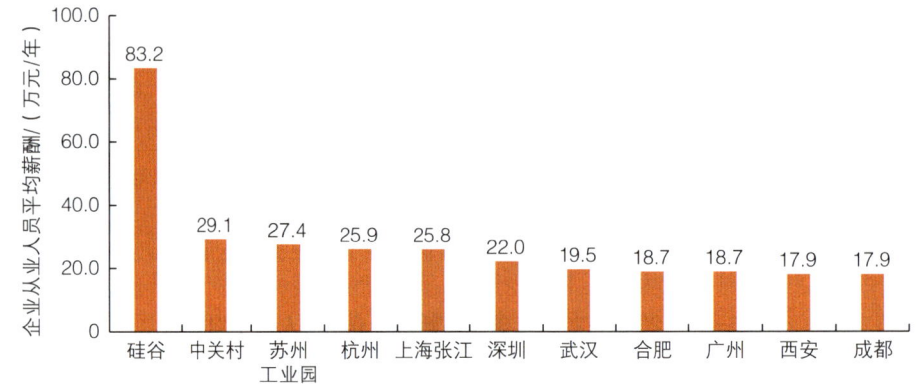

图6-16　2021年我国10家世界一流园区与美国硅谷的对比情况

（二）发展成果普惠共享，高技术服务业优势突出

劳动者报酬占增加值的比重可以间接反映劳动收益与资本收益的分配情况。2010—2021年，国家高新区企业单位增加值中劳动者报酬所占比重指标持续攀升，2021年为43.1%，较2010年提高18.6个百分点（图6-17）。

分不同地区来看，2021年东北地区、东部地区、西部地区和中部地区国家高新区的企业单位增加值中劳动者报酬所占比重分别为30.8%、47.4%、34.9%和37.0%，东部地区最高，东北地区最低。从两年变化来看，东北地区和中部地区分别增长0.8百分点和1.3个百分点，东部地区和西部地区略有下降，分别下降0.5百分点和0.1个百分点（图6-18）。东部地区良好的产业生态和相对高端的产业价值链层级密切相关，因此具有更强的人才集聚力和吸引力。

[①]　2021年硅谷地区人均收入约为12.9万美元，按照年平均汇率6.45折算人民币为83.2万元。

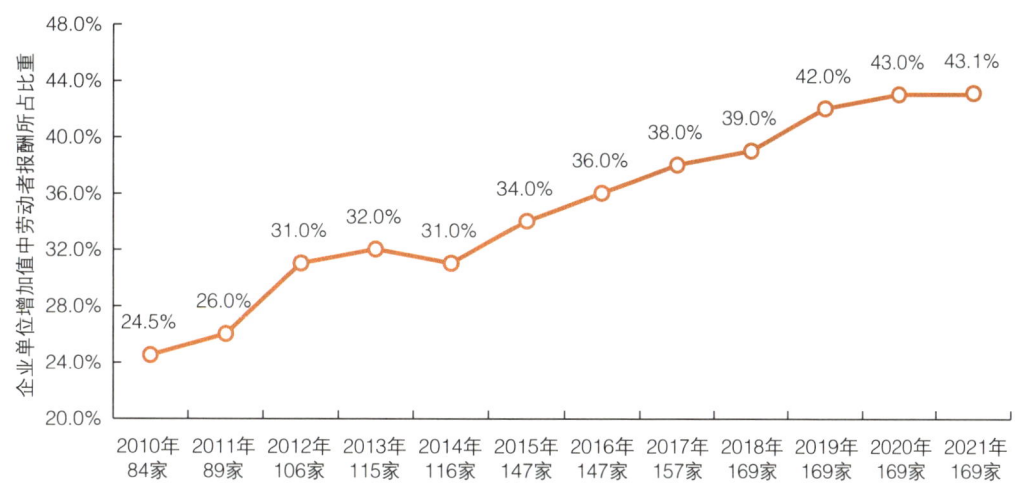

图6-17 2010—2021年国家高新区企业单位增加值中劳动者报酬所占比重

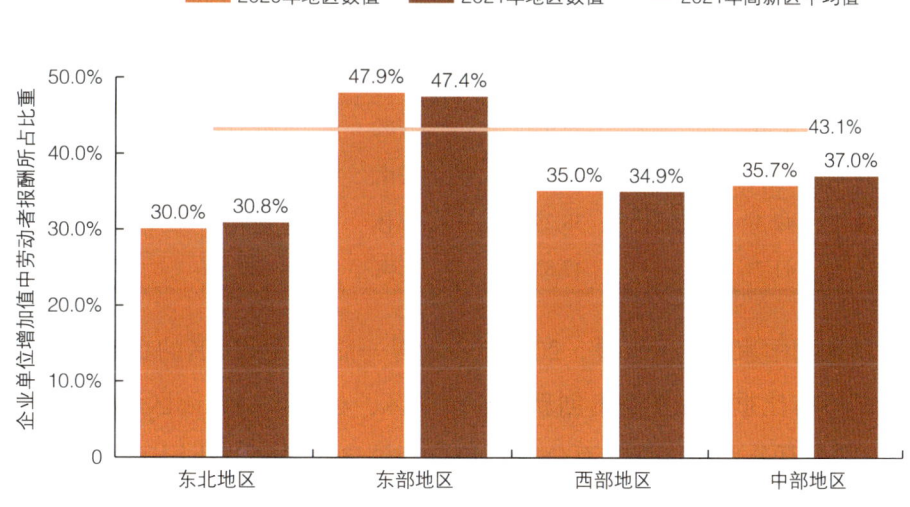

图6-18 2020年、2021年国家高新区企业单位增加值中劳动者报酬所占比重的地区分布

分省份来看，2021年，国家高新区企业单位增加值中劳动者报酬所占比重等于或超过高新区整体平均值（43.1%）的省份有10个，分别是上海、青海、北京、天津、广东、福建、湖南、贵州、河南和山西。4个直辖市中，北京、上海和天津的企业单位增加值中劳动者报酬所占比重均超过45%；重庆相对较低，为37.7%。从两年变化来看，2021年，30个省份中有18个省份劳动者报酬所占比重有所提升，12个省份出现下降（表6-2）。

表6-2 2020年、2021年国家高新区企业单位增加值中劳动者报酬所占比重的省份分布

省份	2021年高新区企业单位增加值中劳动者报酬所占比重	2020年高新区企业单位增加值中劳动者报酬所占比重	省份	2021年高新区企业单位增加值中劳动者报酬所占比重	2020年高新区企业单位增加值中劳动者报酬所占比重
上海	57.8%	53.8%	山东	39.6%	40.7%
青海	54.7%	52.2%	新疆	38.6%	46.1%
北京	51.1%	60.6%	重庆	37.7%	37.1%
天津	48.7%	47.6%	湖北	37.5%	38.7%
广东	46.7%	45.0%	辽宁	36.4%	37.3%
福建	46.0%	45.7%	黑龙江	36.0%	37.6%
湖南	45.9%	38.9%	甘肃	35.6%	34.7%
贵州	44.8%	45.0%	四川	35.1%	36.6%
河南	43.3%	40.8%	陕西	32.8%	32.0%
山西	43.1%	47.6%	江西	30.4%	29.3%
江苏	42.6%	41.4%	内蒙古	29.7%	33.9%
浙江	42.6%	39.9%	安徽	28.6%	27.6%
广西	42.4%	40.5%	海南	27.8%	32.5%
河北	42.4%	38.2%	吉林	22.3%	21.1%
宁夏	41.7%	47.8%	云南	20.6%	16.8%

分不同类别国家高新区来看，2021年，世界一流高科技园区的企业单位增加值中劳动者报酬所占比重，分别高出创新型科技园区、创新型特色园区和其他园区7.7个百分点、7.2个百分点和14.8个百分点；稳定期园区高于新升级园区14.0个百分点，自创区园区高于非自创区园区14.7个百分点（图6-19）。世界一流高科技园区、稳定期园区和自创区园区群体薪酬更为优厚，能够更好地推动人才价值的实现。

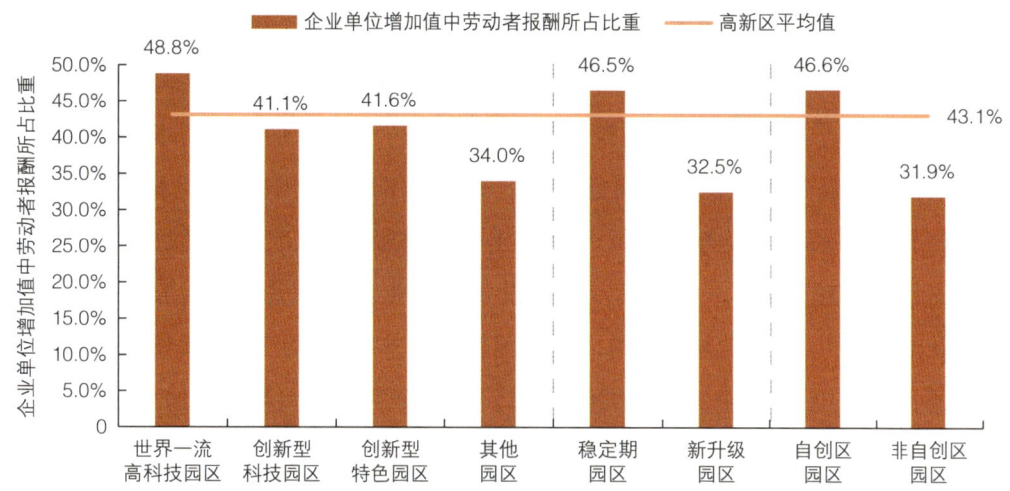

图6-19 2021年不同类别国家高新区的企业单位增加值中劳动者报酬所占比重

具体看10家世界一流高科技园区的表现，2021年，上海张江的企业单位增加值中劳动者报酬所占比重最高，为58.0%；其次是中关村、深圳和杭州高新区，分别为51.1%、50.9%和50.4%；苏州工业园、广州和武汉高新区在40%~50%；成都、西安高新区分别为36.5%、36.8%；合肥高新区则相对较低，为26.2%（图6-20）。

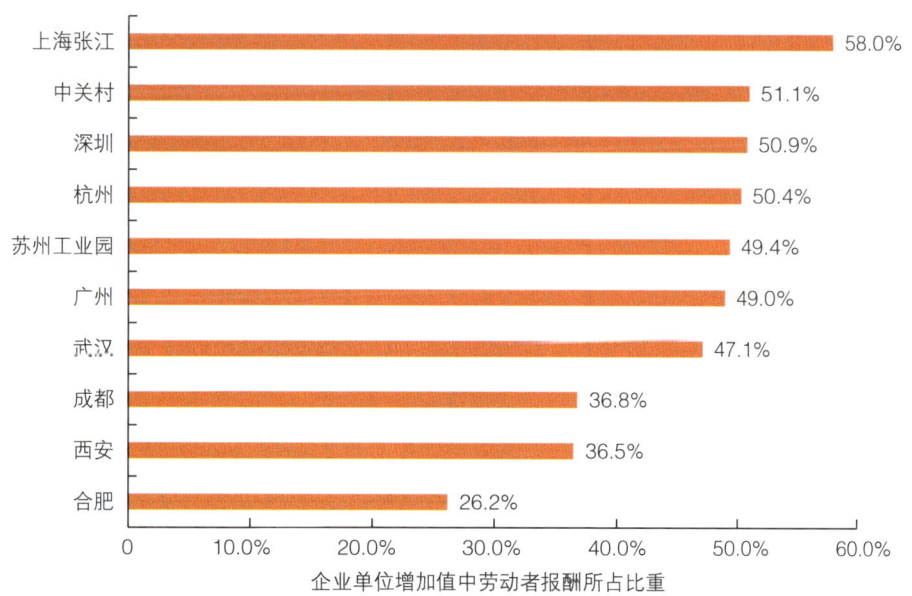

图6-20 2021年世界一流高科技园区的企业单位增加值中劳动者报酬所占比重

从高技术制造业和高技术服务业看从业人员平均薪酬与产业增加值的比例，2021年，国家高新区6个高技术制造业中有3个产业的单位增加值中从业人员薪酬所占比重超过全产业的平均水平，8个高技术服务业均远高于全产业的平均水平。其中，航空、航天器及设备制造业，电子商务服务，专业技术服务业中的高技术服务，研发设计服务，科技成果转化服务和知识产权及相关法律服务6个产业的增加值中从业人员薪酬所占比重均超过60%，计算机及办公设备制造业、信息服务、检验检测服务和环境检测及治理服务4个产业均在50%以上。国家高新非高技术产业的单位增加值从业人员薪酬所占比重仅为37.4%，较2020年提高了0.2个百分点（图6-21）。可以看到，相比非高技术产业，从业者的收入分配结构明显向高技术产业倾斜。

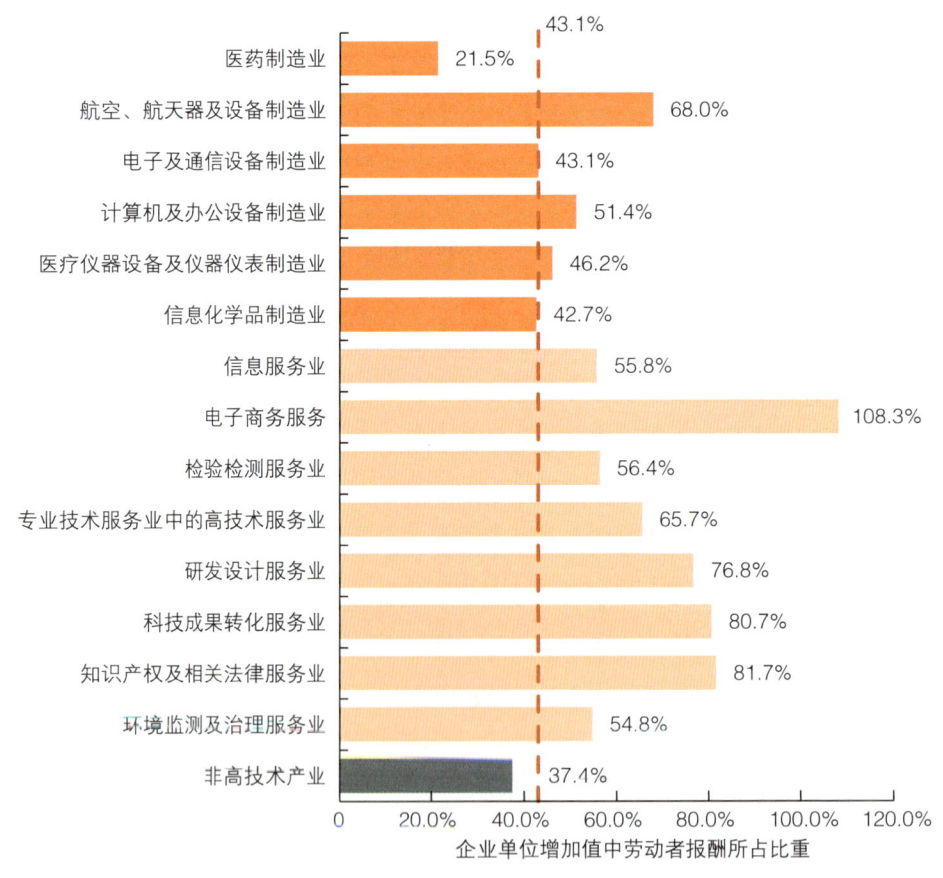

图6-21 2021年国家高新区高技术制造业和服务业企业单位增加值中劳动者报酬所占比重

四、绿色发展

绿色发展体现科技创新促进可持续发展的作用和程度，反映正确处理经济增长与资源、生态、环境之间的关系，是实现资源节约和环境友好的重要理念。国家高新区牢固树立绿色发展理念，以生态环境营造发展优势，以经济发展促进环境保护，全力构筑环境友好、资源节约的生态经济，形成生态与发展互相促进的良性发展格局。

（一）节能降耗效果突出，西部地区能耗下降幅度最大

在国家高新区创新驱动发展评价中，体现节能降耗情况的指标为"工业企业万元增加值综合能耗"。自2015年以来，国家高新区工业企业万元增加值综合能耗总体呈下降趋势。2021年，169家国家高新区工业企业万元增加值综合能耗为0.403吨标准煤（图6-22），是全国万元国内生产总值能耗[①]（0.456吨标准煤）的88.4%。

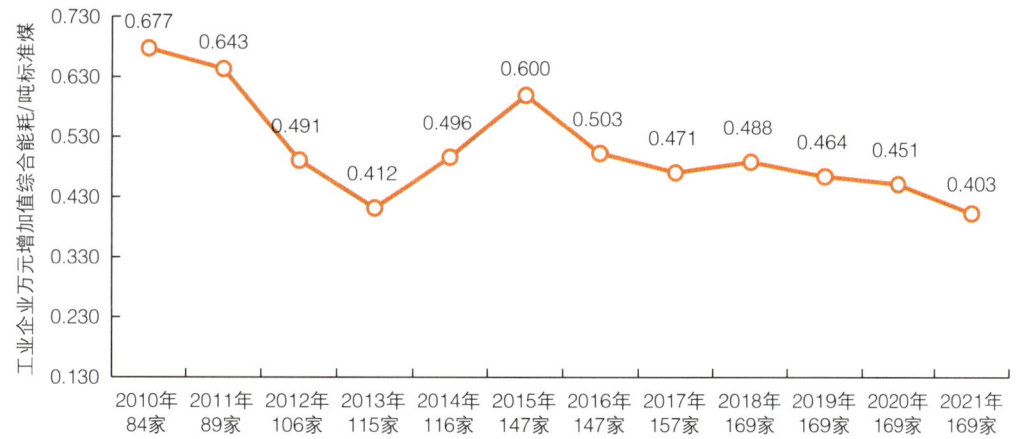

图6-22　2010—2021年国家高新区工业企业万元增加值综合能耗变化

分地区来看，四大地区国家高新区在节能降耗方面差异较大。东部地区国家高新区工业企业万元增加值综合能耗最低，为0.257吨标准煤；东北地区国家高新区工业企业万元增加值综合能耗最高，为1.001吨标准煤，为东部地区的3.9倍，是国家高新区开展节能降耗的重点地区；从两年变化来看，只有中部地区国家高新区能耗有所提

---

① 此处，全国万元国内生产总值能耗数值由"我国全年能源消费总量"与"全年国内生产总值"相除计算而来，计算结果仅用于与国家高新区的对比；2021年我国全年能源消费总量52.4亿吨标准煤，全年国内生产总值为1 149 237亿元。

升，其余3个地区国家高新区消耗均有不同幅度的下降，西部地区能耗下降幅度最大（图6-23）。

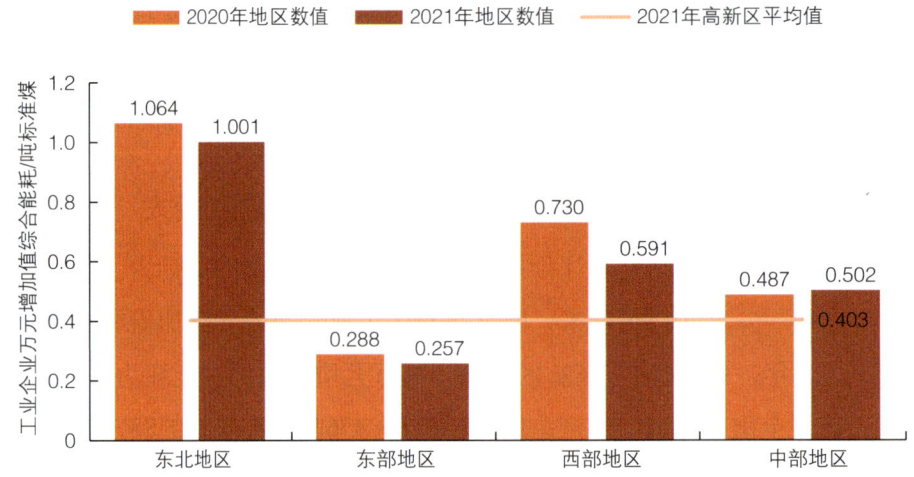

图6-23 2020年、2021年国家高新区工业企业万元增加值综合能耗地区分布

分省份来看，2021年，国家高新区工业企业万元增加值综合能耗北京最低，为0.068吨标准煤，其次是天津和海南，分别为0.114吨标准煤和0.119吨标准煤；国家高新区工业企业万元增加值综合能耗数值大于1的省份有7个，分别为宁夏、山西、甘肃、辽宁、内蒙古、黑龙江和新疆。比2020年，在30个省份中有21个省份的国家高新区工业企业万元增加值综合能耗有所下降（表6-3），各省份需要进一步加强对国家高新区节能降耗工作的指导和管理。

表6-3 国家高新区工业企业万元增加值综合能耗的省份分布 单位：吨标准煤

省份	2021年国家高新区工业企业万元增加值综合能耗	2020年国家高新区工业企业万元增加值综合能耗	省份	2021年国家高新区工业企业万元增加值综合能耗	2020年国家高新区工业企业万元增加值综合能耗
北京	0.068	0.138	广东	0.288	0.278
天津	0.114	0.235	重庆	0.290	0.210
海南	0.119	0.093	云南	0.314	0.377
上海	0.136	0.138	福建	0.341	0.340
青海	0.144	0.150	广西	0.353	0.387
江苏	0.232	0.249	浙江	0.359	0.407

续表

省份	2021年国家高新区工业企业万元增加值综合能耗	2020年国家高新区工业企业万元增加值综合能耗	省份	2021年国家高新区工业企业万元增加值综合能耗	2020年国家高新区工业企业万元增加值综合能耗
安徽	0.285	0.264	四川	0.360	0.449
吉林	0.366	0.389	河南	0.792	0.689
山东	0.392	0.429	宁夏	1.079	1.544
陕西	0.404	0.486	山西	1.184	0.242
江西	0.407	0.377	甘肃	1.268	1.381
河北	0.423	0.463	辽宁	1.296	1.574
湖北	0.445	0.593	内蒙古	1.383	2.483
贵州	0.642	0.735	黑龙江	1.912	2.125
湖南	0.658	0.571	新疆	2.566	4.331

从不同类别国家高新区来看，2021年，世界一流高科技园区的工业企业万元增加值综合能耗平均值为0.094吨标准煤，创新型科技园区为0.353吨标准煤，均明显低于创新型特色园区和其他园区；稳定期园区和自创区园区的工业企业万元增加值综合能耗也明显低于新升级高新区和非自创区园区（图6-24）。这与不同类别的国家高新区群体所处发展阶段、产业结构紧密相关，新升级园区、非自创区园区及其他园区普遍存在传统重工业和高能耗产业比重偏大的情况。

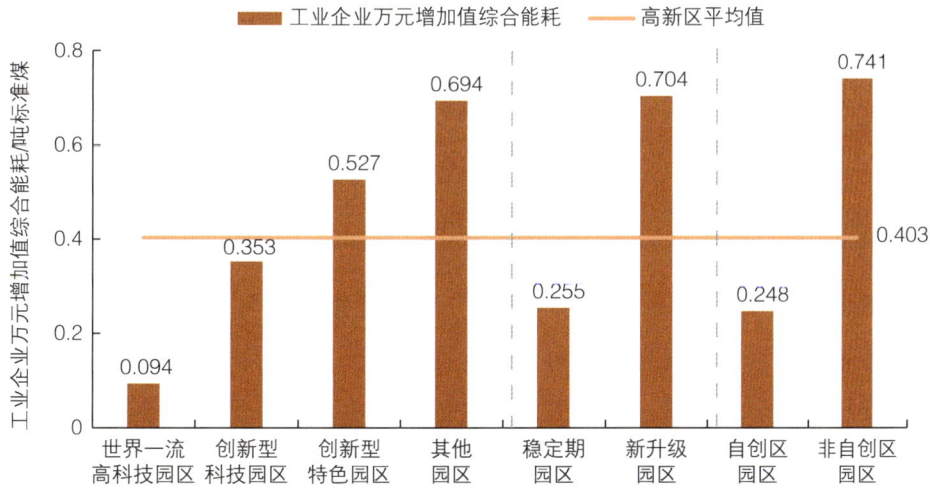

图6-24　2021年不同类别国家高新区工业企业万元增加值综合能耗情况

（二）生态文明建设日益加强，创新发展环境不断优化

和谐美好的生态环境是区域经济可持续发展的保障，国家高新区高度重视园区经济与生态环境的协调发展。自2021年科技部印发《国家高新区绿色发展专项行动实施方案》以来，多家国家高新区积极行动，坚定不移地走"绿色发展"之路。例如，广州高新区坚持绿水青山就是金山银山，以生态文明为引领，成功创建广州市首个国家生态文明建设示范区；南昌高新区发布"绿色发展"专项扶持政策，从2021年起每年列支绿色发展专项资金1000万元，用于扶持企业节能技改、清洁生产、循环利用、生态文明建设等；无锡高新区坚决履行长江大保护责任，严格落实长江经济带污染防治工作要求，不断拓展治污渠道，提升治污能力；包头稀土高新区整合稀土行业高端科研力量，积极铺就以"绿"为底的产业发展"快车道"，推进稀土资源绿色开发与高效利用，全力建设具有国际影响力的稀土产业集群。截至2021年底，共有23家国家高新区获批建设国家生态工业示范园（表6-4）。

表6-4 获批国家生态工业示范园的国家高新区

国家生态工业示范园		
常州高新区	江阴高新区	无锡高新区
赣州高新区	昆山高新区	武进高新区
合肥高新区	南昌高新区	西安高新区
天津高新区	南京高新区	萧山高新区
珠海高新区	宁波高新区	徐州高新区
株洲高新区	青岛高新区	长沙高新区
肇庆高新区	上海张江高新区	苏州工业园
沈阳高新区	苏州高新区	

优质的创新发展环境具有"洼地效应"和"连锁效应"。一方面促使资金、技术、人才等生产要素不断流入，汇集、相互促进，产生创新，从而推动新的经济增长点迅速发展壮大、形成规模，另一方面促进创新创业者利用优良的条件实现创新、不断发展，使市场主体通过创新的正反馈强化创新能力，本身也成为良好创新环境的创造者。伴随着近年来的产城融合发展，国家生产总值（相当于全口径增加值）规模过

千亿元的国家高新区已经开始呈现"创新经济体"的局域形态。在"十四五"新时期，国家高新区将以园区数字化建设为基础，承载产业发展，以产业高端化发展为保障，驱动园区功能完善，并以人为本提供宜居宜业环境，以实现产业、园区、人的融合发展。

国家高新区创新能力评价报告2022

国家高新区创新能力评价指标体系及相关说明

附录

一、指标体系

国家高新区创新能力评价指标体系的设计充分考虑我国国家高新区的发展阶段和现行统计制度设置，既具有一定的理论性，又具有较强的可操作性。结合相关创新理论和国家高新区创新发展的典型特征，借鉴国际和国内创新评价的实践经验，研究确定国家高新区创新能力评价指标体系的多层次指标模型，重点从创新资源集聚、创新创业环境、创新活动绩效、创新的国际化和创新驱动发展5个方面进行国家高新区创新能力的测度描述和观察研究。每个方面的评价通过5个创新指标完成，创新指标的选取原则遵循系统性与独立性相协调、总量指标与相对指标相平衡、有效性与可操作性相适应、动态性与可扩展性相结合。创新指标为评价体系的基本单元，通过多层递阶综合评价方法形成对国家高新区创新能力发展状况的监测和评估。

国家高新区创新能力评价指标体系设计为5个一级指标，分别是创新资源集聚、创新创业环境、创新活动绩效、创新的国际化、创新驱动发展。这5个一级指标下各设5个二级指标，共计25个二级指标（附表1）。

附表1 国家高新区创新能力评价指标体系

一级指标	二级指标
创新资源集聚 （20%）	企业R&D人员全时当量
	企业R&D投入占增加值比例
	财政科技支出占当年财政支出比例
	省级及以上各类研发机构数量
	当年认定的高新技术企业数量
创新创业环境 （20%）	当年新注册企业数占工商注册企业总数比例
	省级及以上各类创新服务机构数量
	企业开展产学研合作研发费用支出
	科技企业孵化器及加速器内企业数量
	创投机构当年对企业的风险投资总额
创新活动绩效 （25%）	高技术产业营业收入占营业收入比例
	企业100亿元增加值拥有知识产权数量和各类标准数量
	企业当年完成的技术合同成交额
	高技术服务业从业人员占从业人员比例
	企业营业收入利润率
创新的国际化 （10%）	内资控股企业设立的境外研发机构数量
	内资控股企业万人拥有欧美日专利授权数量及境外注册商标数量
	技术服务出口占出口总额比例
	企业委托境外开展研发活动费用支出
	企业从业人员中留学归国人员和外籍常驻人员所占比重
创新驱动发展 （25%）	园区生产总值占其所在城市GDP比例
	企业单位增加值中劳动者报酬所占比重
	工业企业万元增加值综合能耗
	企业人均营业收入
	企业净资产利润率

二、指标解释及数据来源

评价对象选取截至2021年底全部169家国家高新区，评价指标体系测算涉及数据均来源于经国家统计局批准、火炬中心组织实施的火炬统计调查，包括国家高新区企业和区外高新技术企业统计年报表(以下简称"企业报表")、国家高新区综合统计年报表(以下简称"综合报表")、科技企业孵化器情况统计报表(以下简称"孵化器报表")、国家大学科技园情况统计报表(以下简称"大学科技园报表")。

(一)创新资源集聚

1. 企业R&D人员全时当量

企业R&D人员全时当量由参加R&D项目人员直接花费在R&D活动上的工作时间折合为人员的全时当量,该指标反映企业创新人力资源的直接投入强度。计算方法:企业R&D人员折合全时当量;数据来源:企业报表及R&D核算。

2. 企业R&D投入占增加值比例

该指标反映研发投入强度,是国际通用指标。计算公式:企业R&D投入占增加值比例=企业R&D投入总额/企业增加值;数据来源:企业报表及R&D核算。

3. 财政科技支出占当年财政支出比例

该指标反映国家高新区管委会对科技活动的支持及营造良好创新创业环境的情况。美国北卡罗来纳创新指数有"SBIR & STTR的资助"指标,麻省创新经济指数有"小企业获得的政府资助"指标。计算公式:财政科技支出占当年财政支出比例=高新区财政科技拨款/高新区财政总支出;数据来源:综合报表。

4. 省级及以上各类研发机构数量

该指标反映国家高新区创新载体的集聚程度和以企业为主体的创新平台建设情况。计算公式:省级及以上各类研发机构数量=省级和国家级的研发机构数(包括各类大学、研究院所、新型产业技术研发机构、企业技术中心、重点实验室、博士后科研工作站、国家工程研究中心、国家工程技术研究中心、国家工程实验室、国家和地方联合实验室、其他国家级研发机构);数据来源:综合报表。

5．当年认定的高新技术企业数量

高新技术企业是符合国家重点支持的高新技术领域、持续进行研究开发与技术成果转化、并已形成核心自主知识产权的企业，是知识密集、技术密集的经济实体。该指标反映国家高新区在聚集和培养创新型企业方面的发展情况。计算公式：当年认定的高新技术企业数量＝当年认定的高新技术企业数；数据来源：企业报表。

（二）创新创业环境

1．当年新注册企业数占工商注册企业总数比例（采用工商注册口径）

该指标反映国家高新区创业活力，特别是小微企业的创业氛围。计算公式：当年新注册企业数占工商注册企业总比例＝当年新注册企业数量／高新区工商注册企业总数；数据来源：综合报表。

2．省级及以上各类创新服务机构数量

该指标反映国家高新区服务创新和创新成果产业化的支撑条件。计算公式：省级及以上各类创新服务机构数量＝省级和国家级的产业促进机构数（包括生产力促进中心、技术转移机构、产业技术创新战略联盟、产品检验检测机构）；数据来源：综合报表。

3．企业开展产学研合作研发费用支出

该指标反映国家高新区企业开放创新合作的程度，直接反映国家高新区内的企业在开展产学研合作方面的成效。计算公式：企业开展产学研合作研发费用支出＝园区内企业委托外单位开展科技活动的经费支出（包括对国内研究机构支出、对国内高等学校支出、对国内企业支出）；数据来源：企业报表。

4．科技企业孵化器及加速器内企业数量

该指标反映国家高新区支撑科技创业的基础条件和服务能力。计算公式：科技企业孵化器及加速器内企业数量＝科技企业孵化器、加速器和国家大学科技园内在孵企业数量；数据来源：综合报表、孵化器报表和大学科技园报表。

5．创投机构当年对企业的风险投资总额

该指标衡量园区的科技金融发展水平，反映国家高新区在聚集创投机构、吸纳风险投资以支持创新创业等方面的发展情况。计算公式：创投机构当年对企业的风险投资总额＝园区内企业当年获得创业风险投资机构的风险投资额；数据来源：企业报表。

（三）创新活动绩效

1．高技术产业营业收入占营业收入比例

对应国家高新区打造高新技术产业核心载体的发展定位，设计该指标反映国家高新区高新技术产业总体规模及所占园区整体的份额。按照国家统计局以《国民经济行业分类》(GB／T 4754—2017)为基础的高技术产业（制造业）和高技术服务业分类进行统计分析，详细代码提取参考该分类标准。计算公式：高技术产业营业收入占营业收入比例＝[高技术产业（制造业）营业收入＋高技术服务业营业收入]／营业收入；数据来源：企业报表。

2．企业100亿元增加值拥有知识产权数量和各类标准数量

该指标反映国家高新区相对于经济产出的知识含量。计算公式：企业100亿元增加值拥有知识产权数量和各类标准数量＝企业拥有的有效知识产权数（包括专利、软件著作权、集成电路布图、植物新品种、注册商标、国际标准、国家和行业标准、新药品种、中药保护品种）／增加值×100；数据来源：企业报表。

3．企业当年完成的技术合同成交额

该指标反映国家高新区企业技术引进与技术转让收入，直接反映国家高新区在科技成果产业化方面的成效。计算公式：企业当年完成的技术合同成交额＝技术合同成交总额；数据来源：企业报表。

4．高技术服务业从业人员占从业人员比例

该指标反映国家高新区高技术服务业的现状和发展高端产业的配套环境，映射出

国家高新区转方式调结构及产业优化升级的成效，用来判断园区由价值链曲线底端向两端攀升的情况。按照国家统计局高技术服务业分类进行统计分析，详细代码提取参考该分类标准。计算公式：高技术服务业从业人员占从业人员比例＝高技术服务业从业人员数量/年末从业人员总数；数据来源：企业报表。

5．企业营业收入利润率

该指标反映国家高新区企业群体的单位营业收入获得税后利润的能力，用来衡量高新区企业全部预付资本的增值程度。因为创新能带来高额的利润，结合其他创新指标，该指标可以用来评判高新区创新的价值实现能力。计算公式：企业营业收入利润率＝净利润/营业收入；数据来源：企业报表。

（四）创新的国际化

1．内资控股企业设立的境外研发机构数量

该指标反映国家高新区内的本土企业"走出去"整合全球创新资源的能力和水平。计算公式：内资控股企业设立的境外研发机构数量＝内资控股企业设立的境外技术研发机构数；数据来源：企业报表。

2．内资控股企业万人拥有欧美日专利授权数量及境外注册商标数量

该指标反映园区内本土企业的自主创新能力及其技术创新的国际竞争力，向产业价值链高端攀升及打入国际市场的程度。计算公式：内资控股企业万人拥有欧美日专利授权数量及境外注册商标数量＝（内资控股企业拥有的有效欧美日专利授权数＋有效的境外注册商标数）/内资控股企业年末从业人员总数×10 000；数据来源：企业报表。

3．技术服务出口占出口总额比例

该指标反映国家高新区产业向产业链高端延伸及国际市场开拓和竞争能力，也是美国各州创新经济指数关注的重要指标。计算公式：技术服务出口占出口总额比例＝技术服务出口额/出口总额；数据来源：企业报表。

4．企业委托境外开展研发活动费用支出

该指标反映国家高新区企业开展国际创新合作的程度，直接反映国家高新区利用国际创新资源和要素开展创新活动的成效。计算公式：企业委托境外开展研发活动费用支出＝园区内企业委托境外开展科技活动的经费支出；数据来源：企业报表。

5．企业从业人员中留学归国人员和外籍常驻人员所占比重

国际化的核心是人员的国际化，该指标集中体现园区的国际化水平。国际化人才是新竹、班加罗尔、以色列等后发区域形成国际竞争力的重要支撑，而硅谷等发达国家区域则十分关注吸引全球人才迁徙落户的情况，外籍常驻人员是一个城市或区域国际化最集中的标志。计算公式：企业从业人员中留学归国人员和外籍常驻人员所占比重＝（留学归国人员+外籍常驻人员）/年末从业人员数；数据来源：企业报表。

（五）创新驱动发展

1．园区生产总值占其所在城市GDP比例

该指标反映国家高新区经济发展对城市的引领带动作用。计算公式：园区生产总值占其所在城市GDP比例＝本年度高新区园区生产总值（相当于全口径增加值）占所在城市生产总值（GDP）比重；数据来源：企业报表。

2．企业单位增加值中劳动者报酬所占比重

该指标又被称为GDP含金量指数，是直接衡量GDP质量的指标，由人力资本价值的实现间接反映出创新所带来的贡献及由创新所助推实现的人的全面自由发展和整体经济社会的和谐发展。计算公式：企业单位增加值中劳动者报酬所占比重＝劳动者报酬/增加值；数据来源：企业报表。

3．工业企业万元增加值综合能耗

该指标是全球度量产业能耗的重要指标，也是衡量园区低碳经济实现程度的重要参考。计算公式：工业企业万元增加值综合能耗＝工业企业综合能源消费量（煤炭、

石油、天然气、电等）/工业企业增加值；数据来源：企业报表。

4．企业人均营业收入

该指标直接反映国家高新区在知识经济下创造价值的效率，间接反映国家高新区持续创造价值的能力。计算公式：企业人均营业收入＝企业营业收入/年末从业人员总数；数据来源：企业报表。

5．企业净资产利润率

国际上公认的体现企业群体运行效率的指标，反映投资的获利能力，指标值越高说明投资带来的收益越高。计算公式：企业净资产利润率＝净利润/年末所有者权益；数据来源：企业报表。

三、测算过程

根据国家高新区创新能力评价的功能定位，指标体系需要完成两项功能：一是动态视角下国家高新区整体创新能力的变化指数；二是同期国家高新区内部创新能力的排名比较。当前国际上较为流行的评价方法是先对指标数据进行标准化或者是归一化处理，然后用加权求和的方法得出评价指标的效用总值。计算得出的效用总值既可以依据时间序列形成波动指数，又可以作为相互比较的依据。但是，自2010年开始，新一轮国家高新区升级工作再次启动后，国家高新区的基数发生变化，加之国家高新区自身区域范围的调整，使得国家高新区整体的物理空间不断扩充，传统的指数测算方法难以剔除规模扩张所带来的增长效应。

基于上述情况，在指数测算时，我们进行了针对性的处理。首先考虑高新区不断升级的影响，本期纳入指数测算的国家高新区数量以上期为标准（例如，2018年创新能力指数测算时，是使用2018年157家高新区与原2017年157家高新区的数据计算而来，2018年当年新升级的12家高新区则未纳入指数测算范围）；其次考虑高新区自身不断调整区域范围的影响，先计算各个指标的对称变化率，即以本期和上期两者的平均数为基数求得相对增长率；最后分层级对各指标进行加权，由各指标的合成指数作为国家高新区创新能力指数（附图1）。

1.增长率的测算采用对称增长率

计算公式如下：

$$Y_{it} = \frac{X_{it} - X_{i(t-1)}}{\frac{X_{it} + X_{i(t-1)}}{2}} \times 100$$

其中，Y_{it}表示第i个指标在第t年的对称增长率；t为年份，$t \geq 2011$（下同）。

对称增长率可以消除基数变化的影响，使各指标增速的范围可以控制在[−200, 200]，较一般增长率而言更为平稳，而且能有效防止因分母为0而造成的无法计算。

2.计算上层指标的加权增速

计算公式如下：

$$W_{jt} = \frac{\sum_{i=1}^{n} Y_{it} \times A_i}{\sum_{i=1}^{n} A_i}$$

其中，W_{jt}表示第j个上层指标的加权对称增长率；A_i表示第i个下层指标的权重。

3.合成分指数

计算公式如下：

$$S_{jt} = S_{j,t-1} \times (200 + W_{jt}) / (200 - W_{jt})$$

其中，S_{jt}表示第t年的合成分指数；$S_{j,t-1}$表示基期，初始值设为100。

4.计算总指数

计算公式如下：

$$Z_t = \sum_{i=1}^{5} a_i S_{t-1}。$$

其中，Z_t表示创新能力总指数；a_i表示各分指数对总指数的权重。

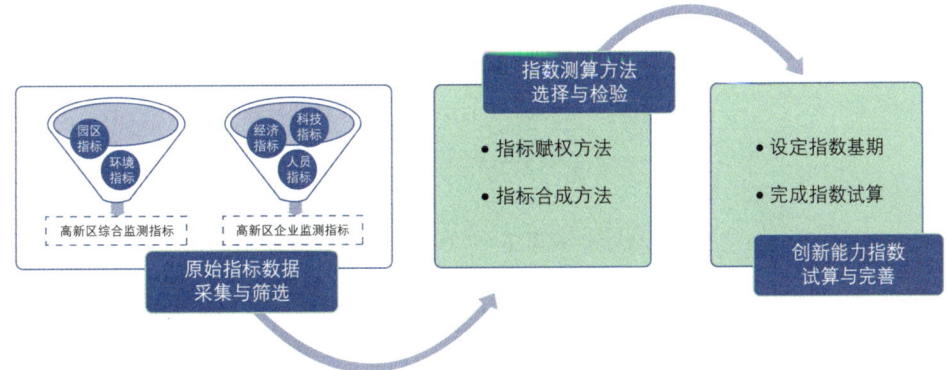

附图1　国家高新区创新指数测算过程

四、园区分类说明

为方便明晰报告中所表达的国家高新区分类，按不同的分类标准将截至2021年底的169家国家高新区分成不同类别（参见附表2和其后注）。

附表2　各类国家高新区群体划分情况

地区	省份	高新区	类型	升级年份
东北地区 （16家高新区）	辽宁（8家）	沈阳	其他园区	1991
		大连	创新型特色园区	1991
		鞍山	其他园区	1992
		本溪	其他园区	2012
		锦州	其他园区	2015
		营口	其他园区	2010
		阜新	其他园区	2013
		辽阳	其他园区	2010
	吉林（5家）	长春	创新型科技园区	1991
		长春净月	其他园区	2012
		吉林	其他园区	1992

续表

地区	省份	高新区	类型	升级年份
东北地区 （16家高新区）	吉林（5家）	通化	其他园区	2013
		延吉	其他园区	2010
	黑龙江（3家）	哈尔滨	其他园区	1991
		齐齐哈尔	其他园区	2010
		大庆	创新型科技园区	1992
东部地区 （70家高新区）	北京（1家）	中关村	世界一流高科技园区	1988
	天津（1家）	天津	创新型科技园区	1991
	河北（5家）	石家庄	创新型特色园区	1991
		唐山	其他园区	2010
		保定	创新型特色园区	1992
		承德	其他园区	2012
		燕郊	其他园区	2010
	上海（2家）	上海张江	世界一流高科技园区	1992
		上海紫竹	其他园区	2011
	江苏（18家）	南京	创新型特色园区	1991
		无锡	创新型科技园区	1992
		江阴	创新型特色园区	2011
		徐州	其他园区	2012
		常州	创新型科技园区	1992
		武进	创新型特色园区	2012
		苏州	创新型科技园区	1992
		昆山	创新型特色园区	2010
		苏州工业园	世界一流高科技园区	2006
		常熟	创新型特色园区	2015
		南通	其他园区	2013
		连云港	其他园区	2015
		淮安	其他园区	2017
		盐城	其他园区	2015
		扬州	其他园区	2015
		镇江	其他园区	2014
		泰州	创新型特色园区	2009
		宿迁	其他园区	2017

续表

地区	省份	高新区	类型	升级年份
东部地区 （70家高新区）	浙江（8家）	杭州	世界一流高科技园区	1991
		萧山	其他园区	2015
		宁波	创新型科技园区	2007
		温州	其他园区	2012
		嘉兴	其他园区	2015
		湖州莫干山	其他园区	2015
		绍兴	其他园区	2010
		衢州	其他园区	2013
	福建（7家）	福州	其他园区	1991
		厦门	创新型科技园区	1991
		莆田	其他园区	2012
		三明	其他园区	2015
		泉州	其他园区	2010
		漳州	其他园区	2013
		龙岩	其他园区	2015
	山东（13家）	济南	创新型科技园区	1991
		青岛	创新型科技园区	1992
		淄博	创新型科技园区	1992
		枣庄	其他园区	2015
		黄河三角洲	其他园区	2015
		烟台	创新型特色园区	2010
		潍坊	创新型科技园区	1992
		济宁	其他园区	2010
		泰安	其他园区	2012
		威海	创新型科技园区	1991
		莱芜	其他园区	2015
		临沂	其他园区	2011
		德州	其他园区	2015

续表

地区	省份	高新区	类型	升级年份
东部地区 （70家高新区）	广东（14家）	广州	世界一流高科技园区	1991
		深圳	世界一流高科技园区	1991
		珠海	其他园区	1992
		汕头	其他园区	2017
		佛山	创新型特色园区	1992
		江门	创新型特色园区	2010
		湛江	其他园区	2018
		茂名	其他园区	2018
		肇庆	其他园区	2010
		惠州	创新型特色园区	1992
		源城	其他园区	2015
		清远	其他园区	2015
		东莞	其他园区	2010
		中山	创新型科技园区	1991
	海南（1家）	海口	其他园区	1991
西部地区 （39家高新区）	内蒙古（3家）	呼和浩特	其他园区	2013
		包头	创新型特色园区	1992
		鄂尔多斯	其他园区	2017
	广西（4家）	南宁	创新型特色园区	1992
		柳州	创新型特色园区	2010
		桂林	创新型特色园区	1991
		北海	其他园区	2015
	重庆（4家）	重庆	其他园区	1991
		璧山	其他园区	2015
		荣昌	其他园区	2018
		永川	其他园区	2018

续表

地区	省份	高新区	类型	升级年份
西部地区（39家高新区）	四川（8家）	成都	世界一流高科技园区	1991
		自贡	其他园区	2011
		攀枝花	其他园区	2015
		泸州	创新型特色园区	2015
		德阳	其他园区	2015
		绵阳	其他园区	1992
		内江	其他园区	2017
		乐山	其他园区	2012
	贵州（2家）	贵阳	其他园区	1992
		安顺	其他园区	2017
	云南（3家）	昆明	创新型特色园区	1992
		玉溪	其他园区	2012
		楚雄	其他园区	2018
	陕西（7家）	西安	世界一流高科技园区	1991
		宝鸡	创新型科技园区	1992
		杨凌	其他园区	1997
		咸阳	其他园区	2012
		渭南	其他园区	2010
		榆林	其他园区	2012
		安康	创新型特色园区	2015
	甘肃（2家）	兰州	其他园区	1991
		白银	其他园区	2010
	青海（1家）	青海	其他园区	2010
	宁夏（2家）	银川	其他园区	2010
		石嘴山	其他园区	2013
	新疆（3家）	乌鲁木齐	创新型特色园区	1992
		昌吉	其他园区	2010
		石河子	其他园区	2013

续表

地区	省份	高新区	类型	升级年份
中部地区（44家高新区）	山西（2家）	太原	其他园区	1991
		长治	其他园区	2015
	安徽（6家）	合肥	世界一流高科技园区	1991
		芜湖	其他园区	2010
		蚌埠	创新型特色园区	2010
		淮南	其他园区	2018
		马鞍山	其他园区	2012
		铜陵狮子山	其他园区	2017
	江西（9家）	南昌	其他园区	1991
		景德镇	其他园区	2010
		九江共青城	其他园区	2018
		新余	其他园区	2010
		鹰潭	其他园区	2012
		赣州	其他园区	2015
		吉安	其他园区	2015
		宜春丰城	其他园区	2018
		抚州	其他园区	2015
	河南（7家）	郑州	创新型科技园区	1991
		洛阳	创新型科技园区	1992
		平顶山	其他园区	2015
		安阳	创新型特色园区	2010
		新乡	其他园区	2012
		焦作	其他园区	2015
		南阳	其他园区	2010

续表

地区	省份	高新区	类型	升级年份
中部地区（44家高新区）	湖北（12家）	武汉	世界一流高科技园区	1991
		黄石大冶湖	其他园区	2018
		宜昌	创新型特色园区	2010
		襄阳	创新型特色园区	1992
		荆门	创新型特色园区	2013
		孝感	其他园区	2012
		荆州	其他园区	2018
		黄冈	其他园区	2017
		咸宁	其他园区	2017
		随州	其他园区	2015
		仙桃	其他园区	2015
		潜江	其他园区	2018
	湖南（8家）	长沙	创新型科技园区	1991
		株洲	创新型特色园区	1992
		湘潭	创新型特色园区	2009
		衡阳	其他园区	2012
		常德	其他园区	2017
		益阳	其他园区	2011
		郴州	其他园区	2015
		怀化	其他园区	2018

注：为方便读者查阅及对表格中内容进行补充解释，此处对文中涉及的各类别、各区域国家高新区群体的划分做统一说明。

1.三类园区和非三类园区（其他园区）

三类园区是指科技部分类指导的世界一流高科技园区、创新型科技园区和创新型特色园区：世界一流高科技园区（10家），包括中关村、成都、上海张江、深圳、武汉、西安、合肥、广州、杭州、苏州工业园；创新型科技园区（18家），包括宝鸡、常州、大庆、济南、洛阳、宁波、青岛、厦门、苏州、天津、威海、潍坊、无锡、长春、长沙、郑州、中山、淄博；创新型特色园区（29家），包括石家庄、保定、包头、大连、南京江宁（位于南京高新区之内）、江阴、无锡宜兴环保园（位于无锡高新区之内）、武进、蚌埠、烟台、安阳、襄阳、宜昌、株洲、湘潭、惠州、江门、南宁、桂林、柳州、昆明、乌鲁木齐、荆门、泸州、佛山、昆山、常熟、泰州、安康。

非三类园区（其他园区）是指除了以上三类园区以外的其他国家高新区。

2.稳定期高新区和新升级高新区

稳定期高新区是指1988—2006年升级为国家高新区的园区，共计54家，包括最早批准设立的中关村，1991年、1992年批复设立的51家高新区，在1997年批复设立的杨凌高新区，2006年纳入高新区管理序列的苏州工业园。

新升级高新区是指2007年及之后升级为国家高新区的园区，共计115家。

3.国家自主创新示范区园区和非国家自主创新示范区园区

国家自主创新示范区园区（简称"自创区园区"）是指2021年国家自主创新示范区（21家）涵盖国家高新区（61家），包括中关村、天津、沈阳、大连、上海张江、南京、无锡、江阴、常州、武进、苏州、昆山、镇江、杭州、萧山、合肥、芜湖、蚌埠、福州、厦门、泉州、济南、青岛、淄博、烟台、潍坊、威海、郑州、洛阳、新乡、武汉、长沙、株洲、湘潭、广州、深圳、珠海、佛山、江门、肇庆、惠州、东莞、中山、重庆、成都、西安、苏州工业园、宁波、温州、兰州、白银、乌鲁木齐、昌吉、石河子、南昌、景德镇、新余、鹰潭、赣州、吉安、抚州。

非国家自主创新示范区园区（简称"非自创区园区"）是指2021年纳入国家自主创新示范区之外的国家高新区，共计108家。

4.四大地区国家高新区

东北地区（16家）：沈阳、大连、鞍山、营口、辽阳、本溪、阜新、长春、吉林、延吉、长春净月、通化、哈尔滨、大庆、齐齐哈尔、锦州。

东部地区（70家）：中关村、天津、石家庄、保定、唐山、燕郊、承德、上海张江、上海紫竹、南京、常州、无锡、苏州、苏州工业园、泰州、昆山、江阴、武进、徐州、南通、镇江、杭州、宁波、绍兴、温州、衢州、福州、厦门、泉州、莆田、漳州、济南、青岛、淄博、潍坊、威海、济宁、烟台、临沂、泰安、广州、深圳、珠海、惠州、中山、佛山、肇庆、江门、东莞、海口、盐城、萧山、龙岩、三明、枣庄、源城、连云港、清远、嘉兴、常熟、莱芜、扬州、湖州莫干山、德州、黄河三角洲、淮安、宿迁、汕头、湛江、茂名。

西部地区（39家）：包头、呼和浩特、南宁、桂林、柳州、重庆、成都、绵阳、自贡、乐山、贵阳、昆明、玉溪、西安、宝鸡、杨凌、渭南、咸阳、榆林、兰州、白银、青海、银川、石嘴山、乌鲁木齐、昌吉、新疆石河子、北海、泸州、德阳、安康、璧山、攀枝花、鄂尔多斯、内江、安顺、荣昌、永川、楚雄。

中部地区（44家）：武汉、襄阳、宜昌、孝感、荆门、长沙、株洲、湘潭、益阳、衡阳、合肥、蚌埠、芜湖、马鞍山、郑州、洛阳、安阳、南阳、新乡、南昌、景德镇、新余、鹰潭、太原、抚州、平顶山、郴州、吉安、赣州、仙桃、随州、焦作、长治、铜陵狮子山、黄冈、咸宁、常德、淮南、九江共青城、宜春丰城、黄石大冶湖、荆州、潜江、怀化。